权威・前沿・原创

皮书系列为
“十二五”国家重点图书出版规划项目

贵州国有企业社会责任发展报告（2014~2015）

ANNUAL REPORT ON DEVELOPMENT OF STATE-OWNED ENTERPRISES SOCIAL RESPONSIBILITY IN GUIZHOU(2014-2015)

主　编／郭　丽　周　航　万　强
副主编／谢忠文　黎　煌　何翔云

社会科学文献出版社
SOCIAL SCIENCES ACADEMIC PRESS (CHINA)

图书在版编目(CIP)数据

贵州国有企业社会责任发展报告. 2014 ~ 2015/郭丽，周航，万强主编. —北京：社会科学文献出版社，2015. 12
（贵州蓝皮书）
ISBN 978 - 7 - 5097 - 8572 - 0

Ⅰ. ①贵… Ⅱ. ①郭… ②周… ③万… Ⅲ. ①国有企业 - 企业责任 - 社会责任 - 研究报告 - 贵州省 - 2014 ~ 2015 Ⅳ. ①F279. 277. 3

中国版本图书馆 CIP 数据核字（2015）第 312989 号

贵州蓝皮书
贵州国有企业社会责任发展报告（2014 ~2015）

主　　编／郭　丽　周　航　万　强
副 主 编／谢忠文　黎　煌　何翔云

出 版 人／谢寿光
项目统筹／丁　凡
责任编辑／丁　凡　李　闯

出　　版／社会科学文献出版社 · 皮书出版分社（010）59367127
地址：北京市北三环中路甲 29 号院华龙大厦　邮编：100029
网址：www. ssap. com. cn
发　　行／市场营销中心（010）59367081　59367090
读者服务中心（010）59367028
印　　装／北京季蜂印刷有限公司

规　　格／开 本：787mm × 1092mm　1/16
印 张：16. 5　字 数：246 千字
版　　次／2015 年 12 月第 1 版　2015 年 12 月第 1 次印刷
书　　号／ISBN 978 - 7 - 5097 - 8572 - 0
定　　价／69. 00 元

皮书序列号／B - 2015 - 486

《贵州蓝皮书·国有企业社会责任》编纂领导小组

组　长　金安江　贵州省社会科学院党委书记、研究员

吴大华　贵州省社会科学院院长、研究员、博士后

成　员　丁军生　贵州省经济和信息化委员会机关党委书记

陈亮贵　贵州省国有资产监督管理委员会党委副书记

张英峰　贵州省工业经济行业联合协会会长

《贵州国有企业社会责任发展报告（2014～2015）》编委会

主　　编　郭　丽　周　航　万　强

副 主 编　谢忠文　黎　煌　何翔云

编　　委　贾庆祥　王鹏平　刘玉文　戴卫华　王家珍
谭　敏　陈志平　李光坤　黄　淮

本书作者　（以文序排列）
郭　丽　杨红英　刘舜青　管毓和　孙兆霞
罗　毅　夏　兵　童祥龙　韩玉江　李　妍
黎嫦娟　许　峰　谢忠文　贾梦嫣　王　曼
吴承业　陈燕武

主要编撰者简介

郭　丽　贵州省社会科学院党建研究所所长、研究员、省委宣传部“四个一批”人才。研究方向：国有企业社会责任、基层党建研究。主持完成国家社会科学基金课题“西部地区黑社会性质组织的生成机制及治理对策研究”1项，主持完成省长基金课题“贵州省农村公共产品供给新体制研究”、省招标课题“贵州省‘整脏治乱’法规政策研究”2项，横向课题研究十余项；著作5本。其中，专著《贵州省加强换届后县级领导班子建设研究》，主编《贵州国有企业社会责任发展报告（2014～2015）》，参与编撰《长征路上的新长征》《中国共产党成立90周年理论研讨会论文集》等。在省级以上公开刊物发表文章25篇。

摘 要

2014年，中国经济进入一个全新的发展时期，中国经济进入新常态。国有企业一方面要面临新常态下经济结构的调整和转型；另一方面要以高度的责任感和使命感履行好社会责任，处理好这两方面的关系，将对国有企业社会责任顺利履行大有裨益。

2014年，贵州国有企业社会责任履行取得显著成效，初步形成政府引导激励、行业全力助推、企业主动履责、社会共同参与的发展格局。从总体情况来看，国有企业（国有独资、国有控股、中央在黔企业、外资企业）员工对企业履行社会责任的意识有所增强，参与社会责任发布会的国有企业数量创历史新高。贵州国有企业尤其是工业企业克服种种困难，稳步推进改革发展，保持企业运行平稳，在工业增加值、资产保值增值、税收等主要发展指标上取得不错的业绩。社会公益事业在拓宽渠道、积极促进就业、大力引进和培养高素质人才，扶弱济困、社会捐助等方面成效明显。社会责任制度建设在法律层面和国家层面都取得较大进展，新《环境保护法》、新《安全生产法》、新《食品安全法》、《国务院关于促进慈善事业健康发展的指导意见》、《关于加快推进生态文明建设的意见》等纷纷出台。从国有企业社会责任纵向比较来看，企业职工权益保障水平得到进一步提升，科技创新意识增强，可持续发展能力进一步提升。

但是由于受经济下行的影响，贵州国有企业履行社会责任的压力依然加大，履行社会责任能力整体不强，认识不到位，管理体制机制不健全，国有企业社会责任履行推进依然艰难。2015年，随着贵州省国资委监管企业产权制度改革三年行动计划的不断深入和落实，贵州省监管企业集团及子公司产权制度改革将取得突破性进展，投资运营公司将更加规范运行，公共服务性企业保障能力将显著提升。国有资本与各类社会资本广泛融合，混合所有制企业治理模式基本形成。多渠道筹措改革资金、依法妥善处理职工劳动关系、实施社会管理职能移交、科技创新力度将加大。在新《环境保护法》正式实施的情况下，贵州省国有企业按照“减量化、再利用、资源化”的原则和“控制总量、优化结构、合理布局、降低消耗，走新型工业化发展道路”的要求，进一步提高环保意识，减排目标顺利完成。

Abstract

Chinese economy has entered a new period since 2014 and the New Normal Situation has been seen. State-owned enterprises not only have to face the adjustment and transition of economy structure, but also should performance their social responsibilities with significant sense of duty, the coordination of which brings significant challenge to State-owned enterprises in their performance of social responsibility. Significant achievement was obtained in 2014. The development pattern including governmental guidance and inspiration, industrial promotion, corporate performance and social participation, has been initially shaping. Generally, employees' consciousness in such field has been enhanced and there has been more state-owned enterprises participating in the new conferences regarding social responsibilities. The achievements concerning industrial added value, maintenance and appreciation of assets value and tax contribution was obtained. And remarkable results in Social and public welfare undertakings was achieved. New progress was made in the area of mechanism construction from legal and national levels. Legislation in such fields as environment protection, safety of production, food security were put forward. Vertically, better protection on employees' rights was achieved, the consciousness of scientific and technological innovation was promoted and the ability of sustainable development was further improved. However, due to the economic downturn, there has been increasing stress in the performance of social responsibility of the state-owned enterprises in Guizhou due to such issues as incompetence of duty performance, insufficiency in recognition and imperfection of management mechanisms. As the implementation of the Three-year Plan of Property Rights Reform of enterprises monitored by Guizhou Provincial SASAC in 2015, a breakthrough is to be obtained in such enterprises and their subsidiary corporations, more standardized operation should be seen in investing corporations and the capacity of public enterprises will be

significantly promoted. The extensive fusion of governmental capital and social capital will lead to the basic management pattern of the enterprises with mixed ownership. The financing activities and duly handling of labor-capital relationship will benefit the transferring of social management functions. Greater effort will be invested in the fields of scientific and technological innovation. With the implementation of the new Environment Protection Law, the awareness in the relevant field of such enterprises will be further promoted thus the completion of energy conservation and emission reduction, based on the principle of "reduction, reuse and recycling" and on the requirement of "total quantity control, structure optimization, reasonable allocation, consumption of reduction and taking a new road to industrialization".

目　录

ⅠB Ⅰ　总报告

B Ⅱ　分报告

B Ⅲ　区域篇

BⅣ 案例篇

BⅤ 专题篇

BⅥ 大事记

皮书数据库阅读**使用指南**

CONTENTS

𝔹 I General Report

𝔹 II Topical Reports

BⅢ Regional Reports

BⅣ Case Studies

B V Special Topics

B VI Key Events

总 报 告

General Report

B.1

2014～2015年贵州省国有企业社会责任形势分析与预测

郭 丽 杨红英*

摘 要： 企业认真履行社会责任是构建社会主义和谐社会的关键。近年来，面对世界经济增长乏力、国内经济增速放缓、市场竞争加剧、经营成本大幅上升等诸多不利因素，贵州省国有企业积极履行社会责任，主动履行社会责任的意识在不断增强。2014 年贵州省国有企业更加全面深入地履行社会责任，逐步建立了政府主导、行业引导、企业主体、社会监督的“四位一体、多元共促”的社会责任推进格局。随着全省企业社会责任建设工作的不断深化，2015 年贵州省国有企业

* 郭丽，贵州省社会科学院党建研究所所长、研究员；杨红英，贵州省社会科学院社会研究所副研究员。

社会责任发展态势将持续向好，呈现新的亮点，协力推进企业社会责任建设将上新台阶。

关键词： 国有企业 社会责任 分析与预测

2014 年，是贵州省认真贯彻落实党的十八大和十八届三中、四中全会精神的关键之年，同时也是贵州实施“十二五”规划即将收官的重要之年。在贵州省委、省政府的领导下，贵州省紧紧围绕“加速发展、加快转型、推动跨越”主基调，坚定不移地贯彻实施工业强省战略和城镇化带动战略，坚持发展为要、民生为本、企业为基、环境为重的工作理念，牢牢守住发展和生态两条底线，经济社会发展总体平稳、稳中有进、稳中向好。

2014 年，贵州省经济增速继续位居全国前列、主要经济指标取得重大突破、全面小康实现程度稳步提升。2014 年地区生产总值 9251 亿元，较上年增长 10.8%，人均 GDP 4295 美元，财政总收入 2132 亿元，一般公共预算支出 3542 亿元，均提前一年实现“十二五”规划翻番目标。第一产业、第二产业和第三产业分别实现增加值 1275.45 亿元、3847.06 亿元和 4128.50 亿元，分别较上年增长 6.6%、12.3% 和 10.4%。固定资产投资、城镇居民人均可支配收入、农民人均现金收入分别比上年增长 23.6%、9.6% 和 13.1%。市场主体、注册资本分别比上年增长 22% 和 41%。全面小康实现程度达到 76.4%。扩大对外开放，进入“一带一路”和长江经济带、珠江－西江经济带建设规划。贵阳综合保税区封关运行，贵安新区综合保税区获批建设，20 余家 500 强企业新落户贵州。重点培育“五大新兴产业”，大数据、大健康、现代山地高效农业、文化旅游、新型建筑建材等转型发展产业成为新的增长点。这些极大地提升了全省人民加快发展的信心，确保实现全省经济社会持续健康较快发展和同步实现小康。

2014 年，也是贵州省国有企业履行社会责任取得新进展的一年。全省国有企业特别是工业企业紧紧围绕省委、省政府中心工作，增强内生动力，加快转型升级，广泛深入地履行社会责任，并取得较好的社会效益。在世界经济增长乏力、国内经济增速放缓、市场竞争加剧、经营成本大幅上升等不利于经济发展的情况下，全省国有企业积极履行社会责任，主动履行社会责任的意识在不断增强。2014 年贵州省国有企业更加全面深入地履行社会责任，逐步建立了政府主导、行业引导、企业主体、社会监督的“四位一体、多元共促”的社会责任推进格局。

一　2014年贵州省国有企业社会责任发展形势分析

国有企业是我国国民经济的支柱，是国家支撑、引导和带动经济社会发展的主要力量，同时也是承担社会责任的“主力军”和“领头羊”。当前，贵州省已经进入后发赶超、加快全面小康建设的重要阶段。贵州省大多数国有企业积极发挥履行社会责任的主体作用，在抓好经济增长、资产保值增值、节能环保、科技创新、安全生产、质量保证、维护职工和消费者权益、支持公益事业等方面，更好地履行社会责任，并取得显著成效。

（一）社会责任意识逐渐增强，社会责任建设进展顺利

企业社会责任（Corporate Social Responsibility，CSR）这个概念，最早于 20 世纪 20 年代，由英国学者欧立文·谢尔顿提出。此后，经历了近一个世纪的发展。20 世纪 90 年代中期到 21 世纪初，特别是加入 WTO 后，中国企业开始引入社会责任理念，并逐渐得到广泛关注。近十年来，中国企业以经济责任、社会责任和环境责任为主要内容，主动履行社会责任。

贵州省委、省政府高度重视全省国有企业社会责任建设工作。认真贯彻落实国务院国资委制定的《关于中央企业履行社会责任的意见》（2008）和党的十八届三中全会通过的《中共中央关于全面深化改革若干重大问题的

决定》（2012）的相关精神和要求，推进国有企业社会责任建设。积极引导全省国有企业更好地履行社会责任，国有企业主动履行社会责任的意识在不断增强。

自2011年起，贵州省每年召开企业社会责任报告年度发布会。发布会由贵州省经济和信息化委员会主办，贵州省工业与知识经济联合会等相关部门承办。企业社会责任报告参照《中国工业企业及工业协会社会责任指南》，对企业的社会责任理念、员工福利、环境污染、产品质量、生产安全、社会公益事业等方面社会责任进行客观反映。2014年全省国有企业社会责任报告发布在数量和结构上都有了新突破。从参加社会责任报告发布的企业数量来看，全省参与社会责任报告发布会的企业由2011年的9家发展到2014年的47家。从企业性质来看，47家企业中有国有企业22家（中央在黔企业5家，省属国有企业17家），占46.6%；混合所有制企业11家，占23%；民营企业14家，占30%。从行业分布来看，有白酒、能源、化工、冶金、装备制造等传统优势产业，也有电子信息、金融、医药、建筑、食品加工等新兴支柱产业。

根据“贵州国有企业社会责任发展报告”课题组开展的随机抽样问卷调查统计结果显示，国有企业员工对企业社会责任表示“了解”（包括“很了解”和“比较了解”）的比例超过6成（60.3%）。这表明，贵州省国有企业员工对企业社会责任的认知程度较高，有利于深化国有企业对于履行社会责任重要性的认识，自觉发挥履行社会责任的主体作用。

（二）国有企业经济运行平稳，社会责任履责基础不断夯实

贵州国有企业在全省经济发展总量中占有相当的份额，在保证国民经济平稳运行中也发挥着重要作用。做大做强做优，不断提高经济效益，是国有企业履行的最大的社会责任。

在国际环境复杂、市场需求低迷、国内经济下行压力增大等不利于经济发展的情况下，贵州国有企业尤其是工业企业克服种种困难，稳步推进改革

发展，保持企业运行平稳。2014 年，在工业增加值、资产保值增值、税收等主要发展指标取得了不错的业绩，为贵州经济平稳运行及较快增长做出重要贡献，为履行社会责任奠定了坚实基础。

2014 年，全省规模以上工业企业实现工业增加值 3117.60 亿元，占贵州省生产总值的 33.70%，较上年增长 11.3%，增速排名全国第五。其中，国有工业企业实现增加值 737.96 亿元，较上年增长 7.1%；国有控股企业实现工业增加值 1503.53 亿元，较上年增长 7.9%，均较好地实现了国有资产的保值增值。从利税总额和利润总额来看，全省规模以上国有工业企业在全省规模以上工业企业中的比重有升有降，其中，国有工业企业的利润总额占比在 2014 年仍达到 37.23%，较上年高出 2 个百分点；利税总额略有下降，降幅不大，仅减少了 1.84 个百分点。2014 年，贵州省国有企业的产值利税率、资金利税率、销售利税率等经济效益指标分别达到 25.9%、17.1% 和 27.2%，与 2013 年相比，分别增加了 4.3 个、2.4 个和 4.8 个百分点。

（三）社会责任制度逐步完善，“四位一体”的格局协同推进

社会责任制度建设是国有企业履行社会责任的重要保障。长期以来，我国致力于建立和实施企业社会责任制度，规范企业的社会责任行为，对企业履行社会责任进行有效监管。从国家层面的制度设计和制度保障来看，党的十三届三中全会通过的《中共中央关于经济体制改革的决定》，明确了现代意义的企业社会责任，企业成为独立的法人。紧接着我国相继颁布修订了《工会法》（1992）、《公司法》（1994）、《环境保护法》（1994）、《消费者权益保护法》（1994）、《劳动法》（1995）、《职业病防治法》（2002）、《安全生产法》（2002），《清洁生产促进法》（2003）、《公司法》（2006 年修订）等法律法规。党的十八届三中全会通过的《中共中央关于全面深化改革若干重大问题的决定》，首次将国有企业承担社会责任列入深化国有企业改革的六大重点内容，充分体现了中央对国有企业社会责任工作的高度重视，同时对国有企业社会责任提出更高要求。至此，对企业社会责任建设从

法律层面和国家层面都做出要求，企业社会责任制度逐步完善。贵州省认真贯彻实施《国务院关于进一步促进贵州经济社会又好又快发展的若干意见》（国发〔2012〕2号）、《省人民政府关于进一步加快国有企业改革发展的意见》（黔府发〔2012〕26号）和《贵州省企业履行社会责任指导意见》等文件精神，建立完善企业社会责任制度，进一步引导和规范企业履行社会责任。

企业社会责任建设是一项系统工程。推进企业社会责任建设，需要政府、行业、企业、社会各方的共同努力。长期以来，贵州省委、省政府高度重视全省企业社会责任建设工作。支持、引导、激励、规范、监管国有企业全面履行社会责任，进一步围绕坚持依法经营诚实守信、不断提高持续盈利能力、切实提高产品质量和服务水平、加强资源节约和环境保护、推进自主创新和技术进步、保障生产安全、维护职工合法权益、参与社会公益事业等8项主要内容进行指导。全省国有企业坚持和深化对社会责任的认同，广泛深入地履行社会责任，在扶贫攻坚、环境保护、生态发展、科技进步、职业健康、安全生产、劳动保障等方面做了大量工作，取得较好的社会效益，逐步建立政府主导、行业引导、企业主体、社会监督的“四位一体、多元共促”的社会责任协同推进格局。

（四）国有企业主体作用增强，社会责任绩效得到提升

加强人才队伍建设。继续大力实施人才强企战略，建立完善人才引进、培养、使用和激励机制，为企业生产经营建设发展提供有力支撑。建立人才培养长效机制和激励学习制度，采取“走出去、请进来”和内部培训相结合的人才培养方式，加强管理、技术、工人三支人才队伍建设，提高职工队伍整体素质。

坚持依法经营诚实守信。遵守法律法规和社会公德、商业道德以及行业规则。及时足额纳税，维护投资者和债权人权益。积极推进知识产权保护，忠实履行合同，恪守商业信用，反对不正当竞争，杜绝商业活动中的腐败行为。

确保产品质量和提高服务水平。制定严格的质量保障体系，加强产品质量过程控制、质量基础管理、质量认证体系等关键环节，保证产品质量过关。建立完善服务体系，为社会提供优质安全健康的产品和服务，最大限度地满足消费者的需求。

推进自主创新和科技进步。全省国有企业积极开展科技研发活动，加大研究开发投入，建立和完善技术创新机制，推动创新成果和新技术应用。不断加强知识产权的管理、保护和运用，促进企业市场竞争力。

保障安全生产。认真贯彻落实有关安全工作会议精神和要求，严格落实安全生产责任制，加大安全生产投入，增强安全生产风险防范意识，强化日常管理和监督，为职工创造安全、健康、舒适的工作环境。建立健全应急管理体系，提高应急管理水平和应对突发事件的能力。

加强资源节约和环境保护。在绿色发展理念引领下，贵州省国有企业认真落实节能减排责任，积极探索低投入、低消耗、低排放和高效率的发展道路。扎实做好环境保护、节能减排和废品再利用系列工作，大力引进节能新技术、新设备、新材料、新工艺，推进安全文明型、资源节约型、环境友好型企业建设。

维护职工合法权益。严格贯彻国家用工政策，坚决杜绝违法用工、侵害职工权益等行为。严格执行《劳动法》、《劳动合同法》等法律法规，签订劳动合同。严格按照《职业病防治法》，做好健康监护，维护职工健康权益。严格执行国家和地方关于职工薪酬和福利分配的政策规定，及时为职工缴纳“五险一金”。

参与社会公益事业。国有企业在追求经济效益的同时，还要承担社会和谐发展和维护社会稳定的责任。在当前社会矛盾凸显期，贵州省国有企业积极参与各种社会公益事业，在实现全面建成小康社会的目标和维护社会的稳定大局方面起到重要作用。在发生重大自然灾害和突发事件的情况下，贵州国有企业积极主动提供财力、物力和人力等方面的支持和援助。积极参与社区建设和慈善、捐助等社会公益事业，关心支持教育、文化、卫生等公共福利事业。

二　贵州省国有企业履行社会责任中存在的主要问题

贵州省国有企业守住“两条底线”，加快推动转型升级，自觉履行社会责任，在抓好经济增长、资产保值增值、节能环保、科技创新、安全生产、质量保证、维护消费者权益、支持公益事业等方面，都取得显著成效，树立了良好的社会形象。但是，贵州省国有企业社会责任建设在具体实践中仍面临着一些困难和问题。

（一）国有企业对社会责任的认识尚未统一，履责意识有待加强

起源于西方发达国家的企业社会责任理论引进我国是在20世纪90年代。发展至今，我国学界、法律界、企业及政府对社会责任内涵和范围的界定仍没有达到统一认识，企业履行社会责任的标准不一。目前，国有企业履行社会责任的依据是2008年1月国务院国资委颁布的《关于中央企业履行社会责任的意见》，主要围绕坚持依法经营诚实守信、不断提高持续盈利能力、切实提高产品质量和服务水平、加强资源节约和环境保护、推进自主创新和技术进步、保障生产安全、维护职工合法权益、参与社会公益事业等8个方面。除此之外，还有行业协会制定的指导意见，国有企业对履行社会责任还没有形成一个统一的认识。

在调研中发现，贵州省国有企业对社会责任的认识不一。本课题问卷抽样调查结果显示：在回答“企业社会责任应该包括哪些方面?”时，92.9%的受访者认为，企业的社会责任是坚持诚实守信，确保企业产品货真价实的责任；84.3%的受访者认为是坚持科学发展，担负起增加税收和国家发展的使命和坚持保护环境，担当起维护自然和谐的重任；87.1%的受访者认为坚持可持续发展，高度关注节约资源，改变经济增长方式，发展循环经济；84.3%的受访者坚持保护环境，担当起维护自然和谐的重任；64.3%的受访者则认为是支持公共服务建设，担当起发展医疗卫生、科技教育和文化建设的责任；67.1%的受访者认为是发展

慈善事业，重视和承担起扶贫济困的责任；94.3%的受访者认为是维护职工权益，确保职工待遇和承担起保护职工生命和健康的责任；70%的受访者认为是推动科技创新，重视科技研发和引进技术的消化吸收，加大资金和人才的投入。由此可见，全省国有企业比较认可和接受与企业运营相关的经济责任，而对社会公益事业、公共服务建设等社会责任则较容易忽视。

大多数国有企业在很大程度上将社会责任视为政府责任，对于履行社会责任存在一定的误区。有的认为政府应该是承担社会责任的主体；有的认为企业履行社会责任会增加企业成本和负担，影响企业发展；有的认为社会责任就是做公益活动、救灾捐款和慈善。2014年贵州省召开企业社会责任报告发布会，参加的47家企业中，省内国有企业17家，占发布企业总数的36%，而在全省576家国有企业中，仅占2%。

（二）国有企业经济效益降低，履行社会责任的能力不强

由于受世界经济增长乏力、国内经济增速放缓、市场竞争加剧、经营成本大幅上升等不利因素影响，全省国有企业特别是工业企业的发展出现生产活力不足、效益降低及增速回落等现象。一些主要经济发展指标逐渐下降。2014年贵州省规模以上国有工业企业由2013年的225个减少到156个，其所占的比重也由2013年的6.27%降低到4.01%，减少了2.26个百分点。规模以上国有工业企业总产值1365.87亿元，仅占14.37%，与2013年的20.95%相比，下降了6.58个百分点。规模以上国有工业企业的工业增加值、资产合计、主营业务收入分别占全省规模以上工业企业的23.67%、17.04%、15.05%，与2013年的28.60%、30.64%、22.23%相比，分别减少了4.93个、13.60个和7.18个百分点，下降幅度都比较大，尤其是资产合计，降幅达到了两位数。规模以上国有工业企业销售产值却由2013年的1619.55亿元减少到2014年的1298.53亿元，减少了321.02亿元，其比重也由2013年的21.17%下降到2014年的14.34%，减少了6.83个百分点。同期国有企业的出口交货值比重也由2013年的28.99%下降到17.20%，减

少了 11.79 个百分点，下降幅度比较大。因此，贵州省国有企业的发展放缓，严重影响了企业社会责任履责能力的提升。

（三）国有企业社会责任管理体制有待健全

目前，贵州省国有企业归属省工业信息化委员会和省国资委共同管理。但是，对国有企业履行社会责任缺乏明确的部门专门管理，仅由工业经济联合会、行业协会推动，管理力度和推进强度不够。国有企业自身也缺乏明确的社会责任管理部门，大多数都由群工部门或群团部门负责，缺乏专门机构和专人负责。国有企业没有将社会责任纳入企业日常管理和企业发展的战略规划，管理随意性较大。本课题问卷抽样调查结果显示：在 74 家受访国有企业中，表示“企业发展战略中有社会责任描述”的企业为 38 家，占受访总数的 51.4%；表示“已制定社会责任目标、指标和管理方案”的企业有 4 家，占受访总数的 5.4%；表示“有专门负责企业社会责任部门及主管”的企业有 7 家，占受访总数的 9.5%；表示“已编写社会责任报告”的企业有 8 家，占受访者总数的 10.8%；表示“与利益相关方建立有效沟通机制”的企业有 5 家，占受访总数的 6.8%。

（四）国有企业社会责任制度建设尚需进一步加强

目前，贵州省国有企业履行社会责任的主要依据有《公司法》《关于中央企业履行社会责任的指导意见》和《贵州省企业履行社会责任指导意见》，在实际操作中都不同程度地存在困难，缺乏具体的实施细则。国有企业社会责任制度建设仍需进一步加强，考核机制、监督机制、激励机制等都不完善。

缺乏社会责任指标考核机制。国有企业尚未建立一套社会责任评价指标体系。目前，国际上通用的社会责任评价指标体系 SA8000，由于各个企业行业发展的情况不一样，在实际操作中存在一定困难。

缺乏监督机制。国有企业履行社会责任缺乏有效监督。政府监督不到位，没有建立企业履行社会责任检查制度和及时向社会公布企业履行社会责任信息。企业自身监督缺乏主动性，没有将企业履行社会责任指标纳入绩效考核和定期向企业员工发布本企业履行社会责任信息。群众监督软弱无力，缺乏正常监督渠道。

缺乏激励机制。国有企业是履行社会责任的主力军和领头羊，甚至还承担政府公共责任，往往会觉得压力过大，大多数国有企业履行社会责任并没有专项经费和专职人员做保障。由于政府没有相应的政策支持，国有企业履行社会责任的主动性和积极性不高。

三 促进国有企业履行社会责任的对策建议

企业履行社会责任的目的是提升核心竞争力，实现可持续发展。推动国有企业履行社会责任，不仅仅是经济社会发展的需要，也是企业自身发展的需要。企业社会责任的履行涉及经济、社会、环境各个领域，是一项长期复杂的任务。

（一）加强发展是国有企业履行社会责任的第一要务

贫困落后是贵州省的主要矛盾、加快发展是根本任务的基本省情没有变。既要“干”又要“转”的双重任务没有变。

一是坚持五大理念的发展思路。贵州省国有企业要将中央提出的创新、协调、绿色、开放、共享的五大发展理念，融入国有企业的发展进程。培育发展新动力，优化劳动力、资本、土地、技术、管理等要素配置，激发创新创业活力，推动大众创业、万众创新，释放新需求，创造新供给，推动新技术、新产业、新业态蓬勃发展。构建发展新体制，加快形成有利于创新发展的市场环境、产权制度、投融资体制、分配制度、人才培养引进使用机制，深化行政管理体制改革，进一步转变政府职能，持续推进简政放权、放管结合、优化服务，提高政府效能，激发市场活力和社会创造力，完善各类国有资产管理体制，建立健全现代财政制度、税收制度，改革并完善适应现代金融市场发展的金融监管框架。创新和完善宏观调控方式，在区间调控基础上

加大定向调控力度，减少政府对价格形成的干预，全面放开竞争性领域商品和服务价格。推动低碳循环发展，建设清洁低碳、安全高效的现代能源体系，实施近零碳排放区示范工程。全面节约和高效利用资源，树立节约集约循环利用的资源观，建立健全用能权、用水权、排污权、碳排放权初始分配制度，推动形成勤俭节约的社会风尚。加大环境治理力度，以提高环境质量为核心，实行最严格的环境保护制度，深入实施大气、水、土壤污染防治行动计划，实行省以下环保机构监测监察执法垂直管理制度。筑牢生态安全屏障，坚持保护优先、自然恢复为主，实施山水林田湖生态保护和修复工程，开展大规模国土绿化行动，完善天然林保护制度。

二是积极推进《贵州省国资委监管企业产权制度改革》。支持各类社会资本通过参股、控股或并购等形式和途径参与监管企业产权制度改革。各类投资者可以通过整体收购、出资入股、收购股权、认购可转债、融资租赁、与国有企业联合重组成立公司或股权投资基金等多种方式受让国有产权、参与监管企业改制重组或国有控股上市公司增发股票，也可收购关闭破产国有企业处置资产。各类投资者可以用货币出资，也可以用实物、知识产权、土地使用权等法律法规允许的方式出资。对实施混合所有制改革的企业，国有资本持股比例原则上不设限制。推动有条件的企业改制上市，充分利用现有上市公司平台调整优化国有资本配置以及股权结构，打造优强上市公司，实现国有资本有序进退。推动具有技术、管理、资本和资源等优势的监管企业通过合资、合作、收购、兼并等方式走出去，培育成为战略投资者，发展混合所有制经济，促进企业做优做强。支持混合所有制企业员工持股。允许关键岗位的经营管理人员、技术核心人员和业务骨干入股参与企业改制。探索建立员工持股和期权激励合理进退、动态调整的运行机制，形成资本所有者和劳动者利益共同体。对没有市场竞争力、资不抵债、经营特别困难、扭亏无望的企业通过依法破产、整体出让等形式实现国有资本退出。

三是加大企业重组力度。根据国有资本布局结构调整要求和企业战略定位，支持大企业强强联合、优强联合，通过兼并重组方式组建跨行业、跨地区、跨所有制的大型企业集团，推动大企业整合中小企业、并购重组关停企业、盘活土地、厂房、设备等有效资产，有效增加就业岗位，打造特色优势服务，形成新的竞争优势。重点引导和推动湄潭、冶金、化工、装备制造、白酒、建安、旅游等行业企业整合和战略重组。

四是积极推进国有企业负责人薪酬制度改革。第一，坚持国有企业完善现代企业制度的方向，健全省管国有企业负责人薪酬分配的激励和约束机制，将物质激励与精神激励相结合，按照权责利相统一的要求，建立健全科学合理、可追溯的资产经营责任制，将省管国有企业负责人经营业绩与激励约束机制相挂钩，业绩升薪酬增、业绩降薪酬降，强化省管国有企业负责人责任，增强国有企业发展活力；第二，坚持分类分级管理，建立与省管国有企业负责人选任方式相匹配、与企业功能性质相适应的差异化薪酬分配办法，严格规范省管国有企业负责人薪酬分配，省管国有企业市场化选聘的职业经理人实行市场化薪酬分配机制；第三，坚持统筹兼顾，形成省管国有企业负责人与国有企业职工之间的合理工资收入分配关系，合理调节不同行业国有企业负责人之间的薪酬差距，促进社会公平正义；第四，坚持政府监管与国有企业自律相结合，完善省管国有企业薪酬监管体制机制，规范收入分配秩序。

（二）强化国有企业履行社会责任意识

国有企业对社会责任的理解，现阶段既有法律法规制度建设上的问题，也有国有企业自身认识不足的问题。因此，国有企业履行好社会责任，首要问题是统一政府、学界、企业、社会对社会责任的统一认识。

一是根据中国标准化研究院发布 GB/T 6000－2015《社会责任指南》、GB/T 36001－2015《社会责任报告编写指南》和 GB/T 6002－2015《社会责任绩效分类指引》三项国家标准的内容，结合国资委制定颁布的《关于中央企业履行社会责任的意见》，结合全省国有企业的实际，制定符合全省国有企业社会责任的具体内容，统一认识，使得国有企业社会责任的内容进一步明确化。

二是积极推进贵州省国有企业社会责任的立法。党的十八届三中全会将

国有企业社会责任上升至国家层面，党的十八届四中全会明确加快推进社会责任的立法工作。将目前分散在30多个法律法规中关于国有企业社会责任的内容进行梳理，结合2015年我国颁布的新法律规定内容，整合制定符合贵州实际的《贵州省国有企业社会责任条例》，将国有企业中经济增长、资产保值增值、节能环保、科技创新、安全生产、质量保证、维护消费者权益、支持公益事业等方面的内容，进一步明确、细化。

三是加大国有企业负责人社会责任的培训工作。国有企业社会责任最大的不统一，主要在于负责人意识的不统一。要有计划、有组织地对国有企业负责人进行社会责任的专门培训，提升他们对社会责任的正确认识，将社会责任与国有企业的发展有机结合，将社会责任作为国有企业战略和国有企业文化中的一个重要组成部分，将履行社会责任变成推动国有企业发展的新动力，让整个社会促进国有企业社会责任和发展，国有企业发展又能为社会更好的服务，社会共享服务后对国有企业形成强大的推动力，双方是共赢的关系。

（三）加快国有企业社会责任评价指标体系建设

评价指标体系建立为国有企业履行社会责任提供风向标。贵州省对国有企业履行社会责任情况缺乏评价指标体系，形成“为政府分忧，为社会尽力”就是社会责任主流看法。因此，加快评价指标体系建立是非常紧迫的任务。

一是全面掌握贵州省国有企业的实际能力是基础。国有企业履行社会责任的基础和前提条件是国有企业正常发展。适应经济发展新常态，意味着国有企业要面对改革、创新和转型，要积极探索新的发展模式和增长方式，国有企业的发展规模、发展能力与社会责任履行能力是相当的，没有发展能力也就没有履行社会责任的能力。全面摸清贵州省国资委监管企业、市县国有企业、县级国有企业的整体实力，是对国有企业履行好社会责任的基础工作。

二是细化评价指标体系。将经济责任中的国有资产保值增值、营业收入增长率、净资产增长率、净利润增长率、纳税增长率作为经济的具体评价内容；将国有企业社会责任的管理体系作为评价指标。具体包括：是否建立专门的管理机构和专职人员负责社会责任工作，社会责任管理团队是否有明确的目标和考核要求等作为社会责任工作推进的评价指标体系；在评价企业产品安全与服务指标方面增加了“是否存在产品与服务虚假宣传”“是否因违反消费者权益法规而受到监管部门处罚”“是否建立产品与服务的可持续评估体系”三个评价指标。对企业是否建立环境影响管理体系及节能减排举措进行了评价，具体采用“是否接受环境影响的第三方评估”“是否对供应商进行环境影响评估”“是否制定了节能减排目标并完成三个指标”等作为评价指标，同时还要构建职工权益保护指标体系和社会公益事业责任指标体系。

（四）建立和完善国有企业社会管理制度

一是在企业内部建立企业社会责任工作的管理体制。成立以企业党委为中心的社会责任工作领导小组，组长由董事长和总经理担任，下设独立机构，专职人员负责，企业内部各个部门负责人被纳入社会责任工作组，如销售部门负责产品质量保证；工会负责职工权益保护，各个部门都是社会责任的履行者和任务承担者，将社会责任融入企业的日常管理工作，将社会责任工作与企业年度计划同部署、同规划。

二是建立社会责任投入保障机制。国有企业履行社会责任，需要一定的专项经费开展本项工作，各企业内部建立社会责任投入机制。

三是建立国有企业社会责任履行激励机制。鼓励国有企业要成为履行社会责任的领头羊和排头兵，加大对履行社会责任的国有企业的奖励力度，制定纳税减免政策和优先支持国有企业发展政策。

四是加大对国有企业创新能力政策支持。允许企业按当年实际发生的技术研发费用150%抵扣当年应纳税所得额。实际发生的技术开发费用当年抵扣不足部分，可按税法规定在5年内结转抵扣。企业提取的职工教育经费在计税工资总额2.5%以内的可在企业所得税前扣除，对符合国家规定的企业技术中心、国家工程中心等，进口规定范围内的科学研究和技术开发用品，免征进口关税和进口环节增值税。

五是完善国有企业重大资产损失责任追究制度。保证国有资产保值增值、维护国有企业稳定发展是国有企业最大的社会责任。贵州省国资委要尽快建立《国有企业资产损失责任追究管理办法》，对国有资产损失责任的认定、国有资产损失的责任追究范围、国有资产损失责任划分以及国有资产损失的责任处罚等内容做出明文规定，确保国有企业投资重大项目的责任心。

六是建立国有企业履行社会责任监督制度。建立国有企业社会责任专属网站，及时更新国有企业社会责任进展情况，特别是加大对贵州省百强企业社会责任履行情况的曝光幅度和力度，增强社会公众对国有企业社会责任的了解程度。建立国有企业社会责任的统一举报电话。建立定期对国有企业履行社会责任不好的企业的曝光制度，促进国有企业自觉履行社会责任。

四　2015年贵州国有企业社会责任建设形势预测分析

2015 年将是国有企业社会责任建设标志性的一年。中国经济进入新常态，整个国家增长模式和发展方式的转型以及法律法规的出台，都注定这一年将不平凡。贵州省将坚持守住发展和生态两条底线，深入落实主基调主战略，科学认识新常态，主动适应新常态，培育后发优势、奋力后发赶超，走出一条有别于东部、不同于西部其他省份的发展新路。2015 年贵州省国有企业将处于一个改革、发展、转型的关键时期，受经济下行压力的影响，外部环境的不利、经济效益的下滑，国有资产企业数量占比下降快，国有资产企业主要指标在总量中的占比下降，2015 年国有控股企业的经济效益指标则略有下降，税收也略有下降。贵州省国有企业将面临资源配置、绿色发展、科技进步、现代管理、社会责任意识、劳动条件、社会保障、安全生产、利益相关方和劳动者权益保护多方位的考验，特别是全省处于全面建成小康社会的决胜期，对国有企业社会责任的履行提出更高要求。

一是经济责任仍是国有企业最大的社会责任。2015 年经济下行压力仍在加大，贵州国有企业发展仍受经济增速调整、经济结构调整和消化前期刺激政策“三期叠加”的影响，长期积淀形成的深层问题和结构性矛盾日益凸显，我国工业经济遇到了提质增效、转型升级的严峻挑战。发展仍是国有企业的主要任务。为此，贵州省制定了《贵州省国资委监管企业产权制度改革三年行动计划》，加快推进省国资委监管企业（以下简称“监管企业”）产权制度改革，推动投资主体和产权多元化，发展混合所有制经济，构建有利于企业科学发展的产权制度和体制机制，促进企业做优做强，不断增强国有经济活力和带动力。三年内全面完成监管企业产权制度改革任务。国有资本布局明显优化，形成3户功能性投资运营企业、2户公共服务性企业，大多数竞争性企业实现产权多元化，发展成为混合所有制企业，具备条件的打造成为投资控股公司，不具备竞争优势的实现国有资本有序退出。2015年，监管企业集团及子公司产权制度改革取得突破性进展，投资运营公司规范运行，公共服务性企业保障能力显著提升。国有资本与各类社会资本广泛融合，混合所有制企业治理模式基本形成。

二是改革创新步伐将进一步加大。第一，股比设置最大开放度。就是要以最大的开放度，充分发挥市场在资源配置中的决定性作用，把决定权交给市场，推动国有资本与各类社会资本深度融合，提高国有产权运营质量和效率，放大国有资本功能。从集团公司和子公司层面全面推进股权多元化，推动企业国有产权跨企业、跨区域、跨所有制优化资源配置，推动国有产权“进、退、流、转”。第二，合作方式最大灵活性。监管企业产权制度改革的方式不设限制、可选路径多样，渠道畅通、空间广阔。各类投资者可以通过整体收购、出资入股、收购股权、认购可转债、融资租赁、与国有企业联合重组成立公司或股权投资基金等多种方式受让国有产权、参与监管企业改制重组或国有控股上市公司增发股票，也可收购关闭破产国有企业处置资产；可以货币出资，也可用实物资产、知识产权、土地使用权等法律法规允许的方式出资。我们还支持混合所有制企业员工持股，允许关键经营管理人员、技术核心人员和业务骨干入股参与企业改制。总之，只要各类投资者愿意参与改革，出资方式、合作模式都可以敞开谈，都可以大胆试。第三，改革落实上的最大推动力。改革是最大的红利，省国资委为了推动改革任务落实，会同企业紧锣密鼓地制定改革方案，明确改革路线图、时间表和工作量，对改革任务逐一量化、细化，对落实情况实行逐月跟踪、督导，建立了工作责任机制、协调服务机制、激励考核机制、信息发布机制、舆论宣传机制等改革推进机制，切实处理好改革、发展与稳定之间的关系，确保改革积极稳妥推进。把监管企业产权制度改革完成情况作为2014～2016年企业领导人员任期考核的一票否决指标，强化激励奖惩，大力推进改革。

三是技术创新将更进一步。贵州省工业经济发展处于“旧力渐弱、新力将生”的交替困难时期。虽然高科技产业增速快于工业增速5个百分点，是工业经济增长点，但目前在工业经济中所占比重只有12%，新力的增长尚不能弥补旧力的弱化[①]，在交替过渡时期，工业企业将面临巨大的经营压力，企业履行社会责任与扭亏增盈、生存与发展之间出现暂时性矛盾。贵州省将加快健全企业技术创新机制，激发国有企业创新活力。构建以企业为主体、市场为导向、能够利用和整合地区资源、产学研相结合的技术创新体系。建立激励机制，培育、吸引创新人才。加大国有企业技术改造力度，提高科技成果转化能力，增强企业自主创新能力。支持国有企业参与开发国家重大产业技术，实施技术标准战略，使国有经济在转变经济发展方面率先取得突破。进一步实施品牌战略，努力形成一批具有自主知识产权、科技含量高、附加值高、国际竞争力较强的知名品牌。

四是国有企业将依法处理职工的劳动关系。《贵州省国资委监管企业产权制度改革三年行动计划》的执行，2015年是最为关键的一年，国有企业改制中要依照法律和法规妥善处理职工劳动关系，企业国有资产变现所得优先用于安置职工。积极探索监管企业改革发展混合所有制企业过程中员工就业保障机制。采取延续劳动合同、经济补偿、职工内部退养等方式，依法处理职工劳动关系，保障职工合法权益。经企业计算汇总并由其管理机构核准

---

① 《适应新常态解决新问题开创企业履责新局面》，李毅中在“2015中国工业经济行业企业社会责任报告发布会暨第二届中国企业履责星级榜发布会”上的讲话。

的企业拖欠职工的工资和集资款，以及由参保地社会保险经办机构审核确认欠缴的基本养老保险、基本医疗保险、失业保险、工伤保险、生育保险等费用，在企业改制时计入成本并一次性清偿和缴齐。医疗卫生、教育和物业管理、供水、供电等社会管理和公共服务职能，由原企业移交所在市（州）或县（市、区、特区）人民政府，纳入属地社会化管理，因此发生的人员移交管理、设施设备改造费用等计入改革改制成本。①

五是国有企业社会责任的履行将更加规范。2014 年以来，企业社会责任制度的建立健全应注重强制性制度安排与引导性制度安排。新《环境保护法》、新《安全生产法》、新《食品安全法》《国务院关于促进慈善事业健康发展的指导意见》《关于加快推进生态文明建设的意见》《关于构建和谐劳动关系的意见》等纷纷出台，2015 年将陆续正式实施，意味着国有企业社会责任履行将更加规范，与时俱进。从引导性制度创新来看，主要是制定和出台了各类企业社会责任标准、指南、规范等指导性文件，如《社会责任指南》《社会责任报告编写指南》和《社会责任绩效分类指引》。其中，《社会责任指南》明确提出企业社会责任管理目标是推进企业与经济社会的协调可持续发展，界定了社会责任管理的内涵与外延以及与企业各项职能管理的关系，提出企业社会责任管理的推进实施路径、方法和要求。②

六是企业环保压力将加大。2015 年 1 月 1 日实施的新《环境保护法》明文规定，环境保护坚持保护优先、预防为主、综合治理、公众参与、损害担责的原则。企业应当优先使用清洁能源，采用资源利用率高、污染物排放量少的工艺、设备以及废弃物综合利用技术和污染物无害化处理技术，减少污染物的产生。重点排污单位应当如实向社会公开其主要污染物的名称、排放方式、排放浓度和总量、超标排放情况，以及防治污染设施的建设和运行情况，接受社会监督。企业事业单位和其他生产经营者违法排放污染物，受到罚款处罚，被责令改正，拒不改正的，依法做出处罚决定的行政机关可以

① 《贵州省国资委监管企业产权制度改革三年行动计划》，深窗综合，2014 年 3 月 18 日。

② 《适应新常态解决新问题开创企业履责新局面》，李毅中在“2015 中国工业经济行业企业社会责任报告发布会暨第二届中国企业履责星级榜发布会”上的讲话。

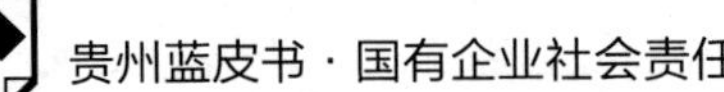

自责令改正之日的次日起，按照原处罚数额按日连续处罚。国家实行环境保护目标责任制和考核评价制度。新《环境保护法》提出两大类相关需求，即企业需公开自身排污信息，政府需公开企业环境信息。这些都对企业环境信息公开加大了监管力度。由此可见，新环保法在很多方面都较以往更加严厉，对企业履行环境责任提出更高要求。

七是园区发展将成为撬动国有企业履行社会责任的新杠杆。2014 年，全省产业园区进一步夯实基础设施、加快推进项目建设、创新经营模式、提升发展质量，园区发展势头迅猛，各项主要指标同比增速大幅攀升，建设发展取得令人瞩目的成绩。从省经信委提供的数据来看，全省实现工业总产值100 亿元以上的产业园区达到 21 个，比上年增加 7 个。21 个产业园区共实现工业总产值 4111 亿元，占全省产业园区工业总产值比重 59.3%，其中小河－孟关装备制造业生态工业园、仁怀－习水名酒工业园分别实现工业总产值 521 亿元、501 亿元，在全省产业园区中率先突破 500 亿元，向 1000 亿级园区加速迈进。2015 年，省经信委将继续推进 100 个产业园区成长工程，从分类指导、提质增效、防范债务风险等方面，突出抓好重点产业园区和特色产业园区发展，按照 1000 亿级、500 亿级、100 亿级梯次培育，促进产业园区健康快速发展。工业园区迅猛发展，将成为撬动贵州省国有企业履行社会责任的新动力和新杠杆。

分 报 告

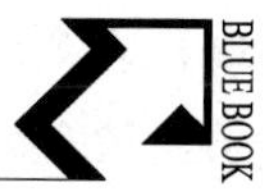

Topical Reports

B.2

2014年贵州省国有经济发展主要指标分析报告

刘舜清*

摘 要： 在国际环境复杂、市场需求低迷、国内经济下行压力增大等不利于经济发展的情况下，贵州国有资产企业尤其是国有工业企业和国有控股企业克服种种困难，在工业增加值、资产保值增值、税收等主要发展指标上取得不错的业绩，为贵州经济平稳运行及较快增长做出重要贡献。但国有工业企业的生产活力不足、效益降低及增速回落等现象，也应引起高度重视。

关键词： 贵州 国有工业企业 国有控股工业企业 经济指标

---

* 刘舜清，贵州省社会科学院副研究员。

按照《中华人民共和国企业国有资产法》《关于中央企业履行社会责任的指导意见》有关规定，国有企业的经济责任是依法经营诚实守信、不断提高持续盈利能力、切实提高产品质量和服务水平以及推进自主创新和技术进步等四项，而依法经营诚实守信是企业从事生产经营活动的基本前提条件。因此在2014年经济责任的分析评价中，我们主要分析贵州省国有企业不断提高持续盈利能力和提高产品质量以及推进自主创新和技术进步等相关经济指标，并根据收集到的相关资料把它们归纳为经济主要发展指标、经济效益指标、创税能力指标等三个方面，旨在从宏观层面客观分析评价2014年贵州省国有企业经济发展的主要概况及在贵州省经济发展中的作用和地位。

从企业提供的资料及课题组调查来看，工业企业占了80%以上，同时考虑到贵州省国有工业企业在经济社会发展中的重要性及统计资料对其他国有行业信息披露的有限性，本报告主要以贵州省规模以上国有工业企业的数据为主，并分别对规模以上国有工业企业和国有控股工业企业的经济发展指标进行分析和评价。

在国际环境复杂、国内经济下行压力不断增大的情况下，贵州省充分发挥工业企业的作用，2014年先后“启动实施了工业‘百千万’工程，及时出台了稳增长38条措施、促投资稳增长6条措施、支持工业企业加快发展37条措施”①，为贵州省保持比较稳定的发展速度做出重要贡献。2014年贵州省实现生产总值9251.01亿元，较上年增长10.8%，是全国5个增速达到两位数的省份之一。

从三次产业来看，贵州省第一产业、第二产业和第三产业分别实现增加值1275.45亿元、3847.06亿元和4128.50亿元，分别较上年增长6.6%、12.3%和10.4%，第二产业增速最快。

从工业来看，尽管面临煤炭、白酒等主要行业进入深入调整期，但贵州省各工业企业仍克服各种困难，全年规模以上工业企业实现工业增加值

① 《贵州省2014年国民经济和社会发展计划执行情况与2015年国民经济和社会发展计划草案的报告》，《贵州日报》2015年5月22日。

3117.60亿元，较上年增长11.3%，增速“排名全国第五”①，占贵州省生产总值的33.70%。其中国有工业企业实现增加值737.96亿元，较上年增长7.1%；国有控股企业实现工业增加值1503.53亿元，较上年增长7.9%，均较好地实现了国有资产的保值增值。

尽管在下面的分析评价中，笔者发现，国有资产企业的主要经济指标在全省的份额在逐渐下降，但由于其基数较大，笔者深信：在一个相当长的时期里，国有资产企业不仅在贵州经济总量中仍占有相当的份额，同时在保证国民经济平稳运行中也会发挥重要作用。

一　国有工业企业经济责任

（一）主要经济发展指标

1. 企业数和总产值

2014年贵州省规模以上工业企业上升到3895个，比2013年的3590个增加了305个，但规模以上国有工业企业却由2013年的225个减少到156个，其所占的比重也由2013年的6.27%降低到4.01%，降低了2.26个百分点。2011年以来规模以上国有工业企业在全省规模以上工业企业中的比重逐年下降，三年来降低了6.85个百分点（见表1）。

表1　2011～2014年规模以上国有工业企业数及占比

单位：个，%

指标	企业数			
	2011年	2012年	2013年	2014年
全省规模以上工业企业	2329	2752	3590	3895
其中：规模以上国有工业企业	253	267	225	156
规模以上国有工业企业比重	10.86	9.7	6.27	4.01

资料来源：《贵州统计年鉴》（2012～2015）。

① 《转型升级　绽放活力——2014年贵州省工业发展综述》，《贵州日报》2015年1月20日。

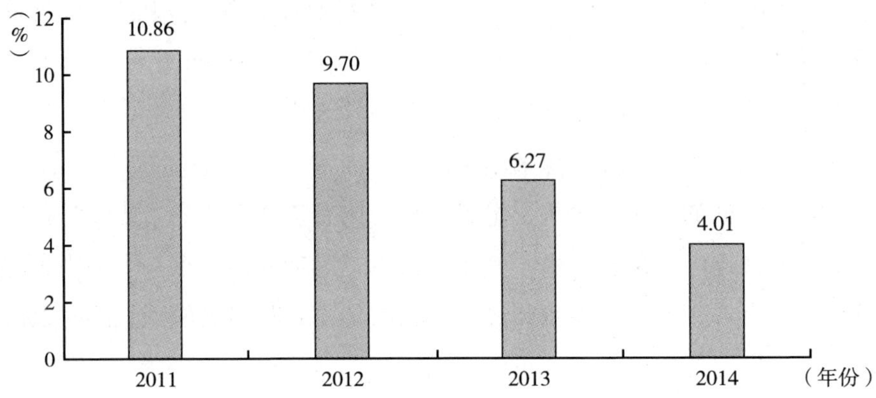

图 1　2011 ~2014 年规模以上国有工业企业数占比

2011 年贵州省规模以上工业企业工业总产值 5520. 68 亿元，其中规模以上国有工业企业总产值 1484. 30 亿元，占 26. 89%，2012 年这一比值上升到 27. 70%，但 2013 年下降到 20. 95%，减少了 6. 75 个百分点。

2014 年贵州省规模以上工业企业总产值达到了 9507. 33 亿元，其中规模以上国有工业企业总产值 1365. 87 亿元，仅占 14. 37%，与 2013 年的 20. 95%相比，下降了 6. 58 个百分点。应该说 2012 年以来规模以上国有工业企业在全省规模以上工业企业中所占的比重连续下降，且下降幅度较大（见表 2）。

表 2　2011 ~2014 年规模以上国有工业企业总产值及占比

单位：亿元，%

指标	总产值			
	2011 年	2012 年	2013 年	2014 年
全省规模以上工业企业产值	5520. 68	6544. 02	8074. 6	9507. 33
其中:规模以上国有工业企业产值	1484. 3	1812. 38	1691. 64	1365. 87
规模以上国有工业企业比重	26. 89	27. 70	20. 95	14. 37

资料来源:《贵州统计年鉴》（2012 ~2015 年）。

2. 主要发展指标

2014 年规模以上国有工业企业的工业增加值、资产合计、主营业务收入分别占全省规模以上工业企业的 23. 67%、17. 04%、15. 05%，与 2013 年

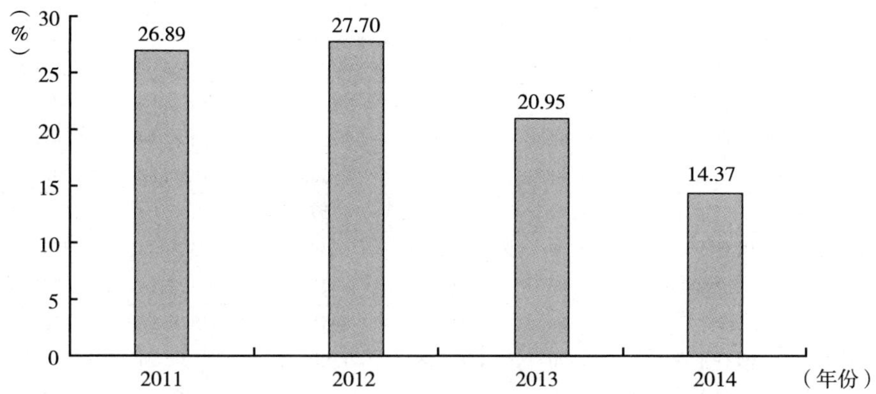

图 2　2011～2014 年规模以上国有工业企业总产值占比

的 28.60%、30.64%、22.23% 相比，分别减少了 4.93 个、13.60 个和 7.18 个百分点，下降幅度都比较大，尤其是资产合计，降幅达到了两位数。

此外，从 2011 年以来的数据来看，工业增加值、资产合计和主营业务收入三个指标在 2012 年都达到近四年的最高值，但与总产值一样，近两年来都大幅度下降，尤其是资产合计，2014 年占比仅有 17.04%，比 2013 年的 30.64% 下降了 13.6 个百分点（见表 3）。

从利税总额和利润总额来看，2011 年以来贵州省规模以上国有工业企业在全省规模以上工业企业中的比重有升有降，其中国有工业企业的利润总额占比在 2014 年仍达到 37.23%，比 2013 年的 35.23% 高出 2 个百分点，利税总额比 2013 年有所下降，但与其他经济发展指标相比，降幅不大，仅降低了 1.84 个百分点（见表 3）。

表 3　2011～2014 年规模以上国有工业企业主要经济指标及占比

单位：亿元，%

年份	指标	工业增加值	资产合计	主营业务收入	利税总额	利润总额
2011	全省	1723.58	7384.82	5290.90	924.04	464.89
	国有企业	485.22	2574.79	1458.22	276.51	164.45
	比重	28.15	34.87	27.56	29.92	35.37

续表

年份	指标	工业增加值	资产合计	主营业务收入	利税总额	利润总额
2012	全省	2055.46	8302.29	5966.52	1172.15	627.02
	国有企业	707.85	3256.36	1735.42	384.64	241.05
	比重	34.44	39.22	29.09	32.81	38.44
2013	全省	2531.92	10339.87	7357.43	1268.68	636.59
	国有企业	724.16	3168.03	1635.66	365.94	224.26
	比重	28.60	30.64	22.23	28.84	35.23
2014	全省	3117.6	11747.39	8655.87	1310.38	628.68
	国有企业	737.96	2001.30	1302.96	354.14	234.06
	比重	23.67	17.04	15.05	27.03	37.23

资料来源：《贵州统计年鉴》（2012～2015年）。

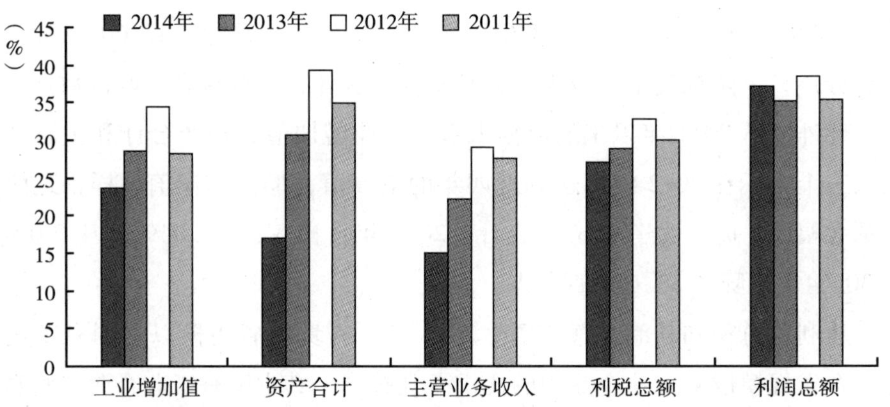

图3　2011～2014年规模以上国有工业企业主要经济指标比重

3. 工业销售产值

2014年规模以上工业企业销售产值达到9052.59亿元，较2013年的7650.08亿元增加了1402.51亿元，但规模以上国有工业企业销售产值却由2013年的1619.55亿元减少到1298.53亿元，减少了321.02亿元，其比重也由2013年的21.17%下降到14.34%，减少了6.83个百分点。同期国有企业的出口交货值比重也由2013年的28.99%下降到17.20%，减少了11.79个百分点，下降幅度比较大（见表4）。

从中央企业和地方企业来看，2014年中央企业、地方企业的销售产值在全省的比重分别是7.19%和7.15%，与2013年相比分别下降了3.39个和3.44个百分点，降幅相当，但地方企业的出口交货值却由2013年的28.99%下降到15.95%，减少了13.04个百分点（见表4）。

表4　2013年、2014年规模以上工业销售产值及占比

单位：亿元，%

类别		2013年		2014年	
		销售产值	#出口交货值	销售产值	#出口交货值
全省		7650.08	100.00	9052.59	122.94
内资企业	总额	7428.47	93.35	8731.48	117.45
	占全省的比重	97.10	93.35	96.45	95.53
国有企业	总额	1619.55	28.99	1298.53	21.15
	占全省的比重	21.17	28.99	14.34	17.20
中央企业	总额	809.24	—	651.06	1.53
	占全省的比重	10.58	—	7.19	1.24
地方企业	总额	810.31	28.99	647.47	19.61
	占全省的比重	10.59	28.99	7.15	15.95

资料来源：《贵州统计年鉴》（2012～2015）。

（二）经济效益指标

1. 产值利税率

2011年以来的数据显示，2012年贵州省规模以上工业企业的各项效益指标都达到了一个较高的水平。其产值利税率是17.91%，之后的两年基本上每年减少2个百分点，至2014年已降至13.8%。

从国有企业来看，2012年以来其产值利税率却稳步上升，2014年达到25.9%，分别比2012年、2013年提高了4.68个、4.3个百分点。

从央企和地方企业来看，2012年以来央企的产值利税率是下降的，而地方企业的产值利税率是上升的，到2014年达到47.5%，比2013年高出8.3个百分点，上升幅度较大（见表5）。

此外，从内资企业和国有企业对比来看，国有企业的产值利税率自2011年以来均高于内资企业（见表5、图4）。

表5　2011～2014年规模以上国有工业企业产值利税率

单位：%

年份	2011	2012	2013	2014
全省总计	15.95	17.91	15.7	13.8
内资企业	16.1	18.12	15.8	13.8
国有企业	18.37	21.22	21.6	25.9
中央企业	5.5	6.4	3.1	2.7
地方企业	28.77	33.35	39.2	47.5
集体企业	5.13	8.05	13.1	3.8
股份合作企业	11.76	12.48	14.3	16.0
联营企业	15.83	14.97	16.4	18.3
有限责任公司	15.55	18.25	15.2	13.0
股份有限公司	15.07	15.86	9.4	9.2
私营企业	15.34	15.5	13.9	10.1
其他企业	10.71	15.66	16.2	8.6

资料来源：《贵州统计年鉴》（2012～2015年）。

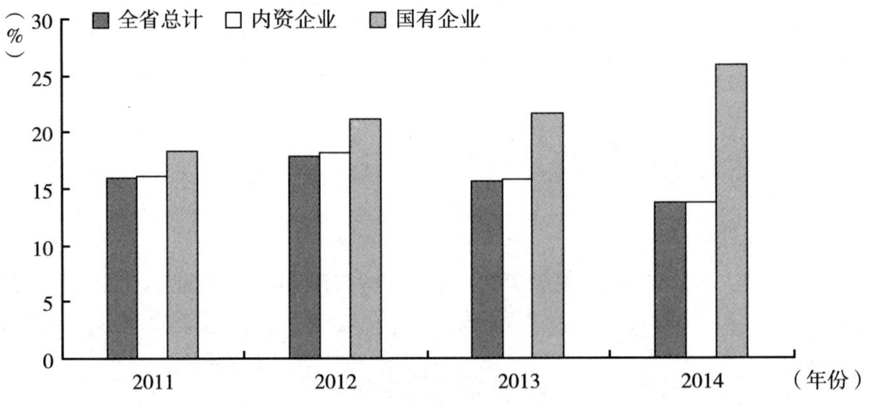

图4　2011～2014年规模以上国有工业企业产值利税率变动情况

2. 资金利税率

2014年国有工业企业的资金利税率是17.1%，比2013年的14.7%高了2.4个百分点，而同期全省规模以上工业企业和内资企业的资金利税率都是

15.3%，都比2013年减少了2个多百分点，集体企业、联营企业和私营企业下降的幅度就更大，其他企业基本持平（见图5、表6）。

表6　2011～2014年规模以上国有工业企业资金利税率

单位：%

年份	2011	2012	2013	2014
全省总计	13.85	19.91	17.6	15.3
内资企业	14.06	20.32	17.7	15.3
国有企业	12.28	17.38	14.7	17.1
中央企业	3.91	5.27	2.1	1.8
地方企业	18.36	27.21	26.6	31.7
集体企业	9.14	27.74	28.9	9.8
股份合作企业	17.18	22.52	13.3	12.3
联营企业	10.08	12.18	9.6	7.0
有限责任公司	13.98	22.82	20.0	14.9
股份有限公司	9.62	11.67	8.8	7.8
私营企业	24.06	28.71	24.5	18.4
其他企业	19.93	33.88	13.8	13.3

资料来源：《贵州统计年鉴》（2012～2015年）。

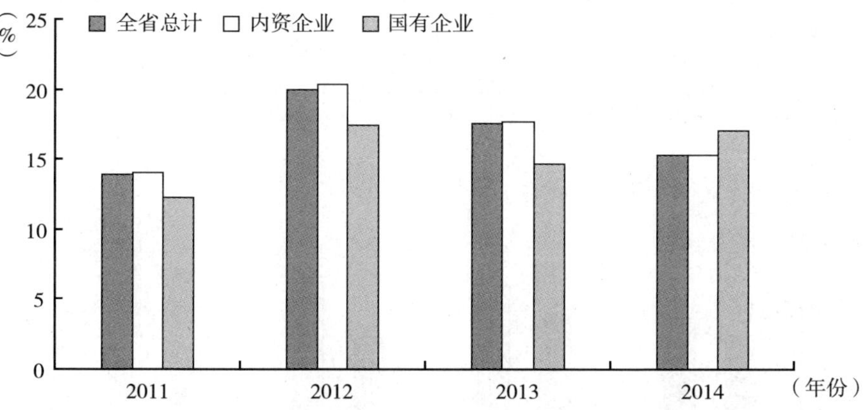

图5　2011～2014年规模以上国有工业企业资金利税率变动情况

3. 销售利税率

2014年贵州省规模以上工业企业和内资企业的销售利税率分别是15.1%和15.2%，与2013年相比，下降了2个百分点。而同期国有企业销售利税率是27.2%，较上年的22.4%增加了近5个百分点，其中地方企业的利税率达到了51.5%，比上年的41.1%增加了10.4个百分点。从其他类型企业来看，除了联营企业2014年增加了近3个百分点外，集体企业、私营企业和其他企业的销售利税率都是下降的（见表7）。

表7 2011~2014年规模以上国有工业企业销售利税率

单位：%

年份	2011	2012	2013	2014
全省总计	17.46	19.29	17.2	15.1
内资企业	17.6	19.49	17.2	15.2
国有企业	18.96	21.7	22.4	27.2
中央企业	5.89	6.25	3.2	2.8
地方企业	28.85	35.46	41.1	51.5
集体企业	5.79	9.13	14.2	4.2
股份合作企业	15.45	20.52	22.9	22.8
联营企业	16.89	15.08	16.6	19.1
有限责任公司	17.21	19.05	16.5	14.0
股份有限公司	16.1	17.76	11.5	11.3
私营企业	17.76	18.17	15.4	11.6
其他企业	10.3	17.66	17.6	10.9

资料来源：《贵州统计年鉴》（2012~2015年）。

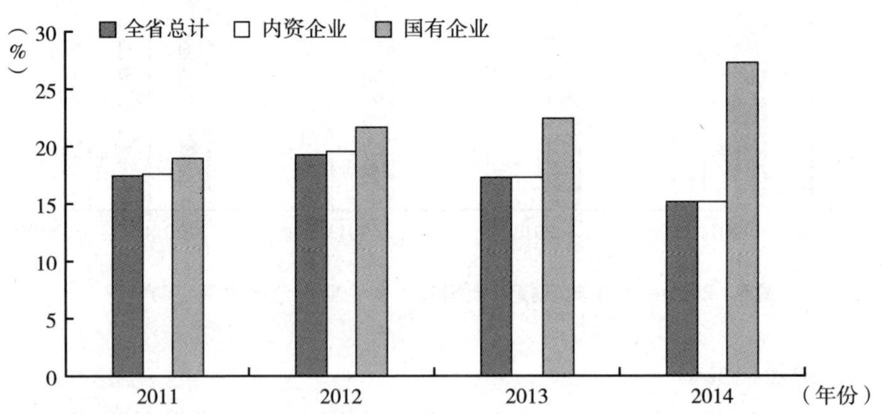

图6 2011~2014年规模以上国有工业企业销售利税率变动情况

（三）创税能力

2011～2013年，贵州省规模以上工业企业实现的税收占全省规模以上工业企业比重基本保持在11%以上。2014年规模以上国有工业企业实现税收196.92亿元，占全省规模以上工业企业的11.02%，占比比较稳定（见表8）。

表8　2011～2014年国有工业企业税收收入及占比

单位：亿元，%

年份	税收总额	国有企业	比重
2011	1072.87	126.59	11.80
2012	1308.3	154.24	11.79
2013	1546.5	182.57	11.81
2014	1787.08	196.92	11.02

资料来源：《贵州统计年鉴》（2012～2015年）。

二　国有控股工业企业

（一）主要经济发展指标

1. 企业数及总产值

2011年以来的数据显示，全省规模以上工业企业和国有控股工业企业的数量都是上升的，但国有控股工业企业的增幅却小于全省，其在全省所占的比重也是逐年下降的。

2014年贵州省规模以上工业企业达到3895个，比2013年增加了305个，增长8.50%。其中国有控股工业企业有509家，与2013年相比增加了7个，占比13.07%，比2013年的13.98%略有下降（见表9和图7）。

表 9　2011～2014 年规模以上国有控股企业数及占比

单位：个，%

指标	企业数			
	2011 年	2012 年	2013 年	2014 年
全省规模以上工业企业	2329	2752	3590	3895
其中：国有控股工业企业	431	470	502	509
国有控股工业企业比重	18.51	17.08	13.98	13.07

资料来源：《贵州统计年鉴》（2012～2015 年）。

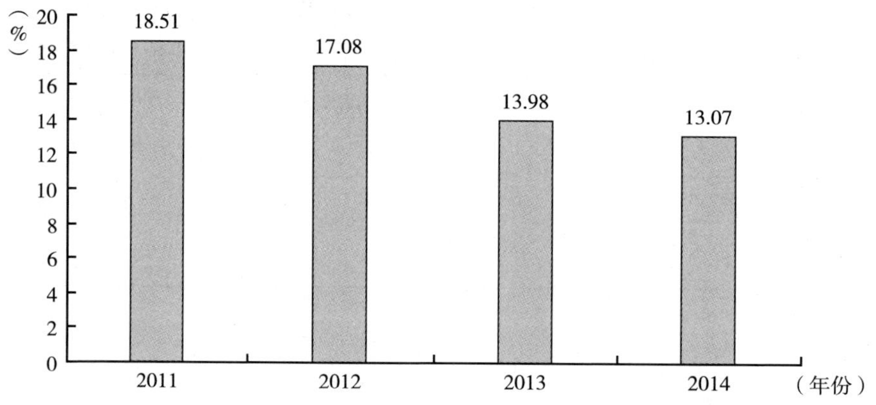

图 7　2011～2014 年规模以上国有控股工业企业占比

从国有控股工业企业的分布来看，按轻重工业分，2011 年以来，轻工业逐年减少，但 2014 年增加的 7 个企业中轻工业有 2 个，扭转了下降的趋势，重工业则是逐年上升的，2014 年达到 441 个企业。

从企业规模来看，大、中型企业逐年增加，小型企业逐渐减少，2014 年减少了 18 个，只有 179 个，微型企业是先降后升，2014 年增加了 14 个，达到 23 个。

从工业行业来看，采矿业相对比较稳定，而制造业和电力、燃气及水的生产和供应业，2012 年下降幅度较大，分别只有 258 个和 139 个，2013 年略有上升，达到了 265 个和 160 个，分别增加了 7 个和 21 个，2014 年制造业减少了 2 个，只有 263 个，电力、燃气及水的生产和供应业则增加了 9 个，达到了 169 个（见表 10）。

表 10 2011～2014 年规模以上国有控股工业企业分布情况

单位：个

指标	2011 年	2012 年	2013 年	2014 年
全省总计	576	470	502	509
按轻重工业分				
轻工业	120	75	66	68
重工业	456	395	436	441
按企业规模分				
大型企业	52	55	68	69
中型企业	189	193	228	238
小型企业	289	211	197	179
微型企业	46	11	9	23
按工业行业分				
采矿业	79	73	77	77
制造业	303	258	265	263
电力、燃气及水的生产和供应业	194	139	160	169

资料来源：《贵州统计年鉴》（2012～2015 年）。

2013 年贵州省规模以上国有控股工业企业总产值是 3614.78 亿元，占全省规模以上工业企业的 44.77%，跌至五成以下，与 2011 年、2012 年相比也分别减少了 8.51 个、5.42 个百分点。

2014 年贵州省规模以上工业企业总产值达到 9507.33 亿元，其中国有控股工业企业总产值达到 3966.86 亿元，虽然比 2013 年增加了 300 多亿元，但比重只有 41.72%，比 2013 年的 44.77% 减少了 3.05 个百分点，但降速有所放缓（见表 11）。

表 11 2011～2014 年规模以上国有控股工业企业总产值及占比

单位：亿元，%

指标	总产值			
	2011 年	2012 年	2013 年	2014 年
全省规模以上工业企业	5520.68	6544.02	8074.6	9507.33
其中：国有控股工业企业	2941.63	3284.31	3614.78	3966.86
国有控股工业企业比重	53.28	50.19	44.77	41.72

资料来源：《贵州统计年鉴》（2012～2015 年）。

2. 主要经济发展指标

从规模上看，2014 年贵州省规模以上国有控股工业企业的主要经济发展指标均高于 2013 年，但从比重上看，各指标则表现不一。其利税总额和利润总额占贵州省的比重是高于 2013 年的，资产合计与 2013 年持平，工业增加值和主营业务收入与 2013 年相比则有所下降。

从各个指标来看，2011 年、2012 年和 2013 年贵州省国有控股工业企业工业增加值占贵州省规模以上工业企业的比重分别是 53.66%、58.13% 和 52.12%，占比都在 50% 以上，但略有起伏。2014 年贵州省规模以上工业企业实现增加值 3117.6 亿元，其中国有控股企业实现增加值 1503.54 亿元，占 48.23%，与 2013 年的 52.12% 相比减少了 3.89 个百分点，降幅收窄（见表 12 和图 8）。

从资产合计来看，2011 年、2012 年和 2013 年国有控股工业企业占全省规模以上工业企业的比重分别是 69.51%、64.08% 和 62.60%，2014 年国有控股企业的资产达到 7354.07 亿元，占比保持在 62.60%（见表 12 和图 8）。

2011 ~ 2014 年，国有控股企业的主营业务收入在全省中的占比分别是 54.98%、53.18%、46.69% 和 44.26%，2014 年其占比仍在四成以上，但三年来减少了 10 个百分点（见表 12）。

从利税总额和利润总额来看，2011 年以来规模以上国有控股企业虽然起伏较大，但除 2013 年的利润总额比重不到 50% 外，其他年份这两个指标的比重均超过 50%，尤其是 2014 年规模以上国有控股企业的利税总额和利润总额分别达到 761.39 亿元和 317.31 亿元，分别占贵州省规模以上工业企业的 58.1% 和 50.47%，双双高于 2013 年（见表 12 和图 8）。

表 12　2011 ~ 2014 年规模以上国有控股工业企业主要经济指标及占比

单位：亿元，%

年份	指标	工业增加值	资产合计	主营业务收入	利税总额	利润总额
2011	全省	1723.58	7384.82	5290.90	924.04	464.89
	国有控股	924.79	5133.05	2908.98	557.77	237.90
	比重	53.66	69.51	54.98	60.36	51.17

续表

年份	指标	工业增加值	资产合计	主营业务收入	利税总额	利润总额
2012	全省	2055.46	8302.29	5966.52	1172.15	627.02
	国有控股	1194.83	5320.52	3172.91	729.50	359.59
	比重	58.13	64.08	53.18	62.24	57.35
2013	全省	2531.92	10339.87	7357.43	1268.68	636.59
	国有控股	1319.74	6472.76	3435.50	715.62	296.35
	比重	52.12	62.60	46.69	56.41	46.55
2014	全省	3117.6	11747.39	8655.87	1310.38	628.68
	国有控股	1503.54	7354.07	3831.49	761.39	317.31
	比重	48.23	62.60	44.26	58.10	50.47

资料来源：《贵州统计年鉴》（2012～2015 年）。

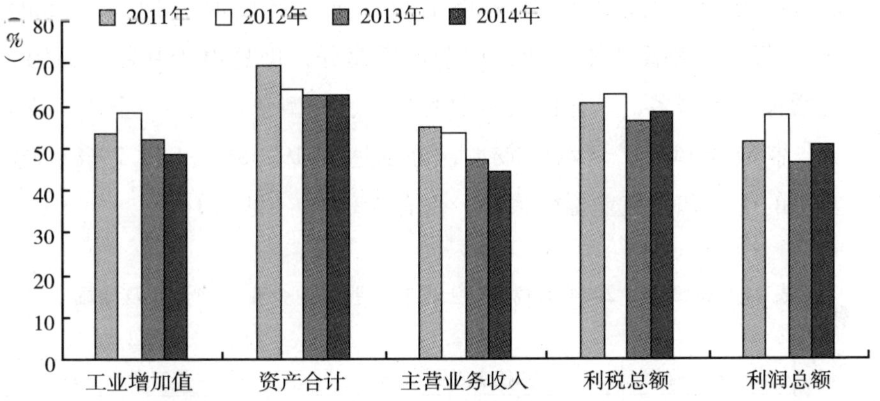

图 8　2011～2014 年规模以上国有控股工业企业主要经济指标占比

3. 各类型企业的经济发展指标

从 2014 年不同类型企业的增加值来看，按轻重工业分，轻、重工业的增幅分别是 9.06% 和 9.94%，大体相同；按企业规模分，微型企业由于基数小，增幅最大，达到 5 倍多，其次是中、小型企业，分别增加了 19.41% 和 17.23%，大型企业增幅最小，不到 5%；按工业行业分，制造业增幅最大，达到 14.53%，其次是采矿业，最小是电力、燃气及水的生产和供应业，只有 1.41%（见表 13）。

表 13　2013 年、2014 年规模以上国有控股工业企业增加值及增幅

单位：亿元，%

年份	按轻重工业分		按企业规模分				按工业行业分		
	轻工业	重工业	大型企业	中型企业	小型企业	微型企业	采矿业	制造业	电力、燃气及水的生产和供应业
2013	814. 59	2800. 19	2443. 41	938. 87	230. 94	1. 56	348. 15	1998. 11	1268. 51
2014	888. 43	3078. 43	2565. 39	1121. 09	270. 73	9. 65	391. 95	2288. 47	1286. 43
增减金额	73. 84	278. 24	121. 98	182. 22	39. 79	8. 09	43. 80	290. 36	17. 92
增幅	9. 06	9. 94	4. 99	19. 41	17. 23	518. 59	12. 58	14. 53	1. 41

资料来源：《贵州统计年鉴》（2012～2015 年）。

从资产合计来看，2014 年轻重工业资产合计增幅分别是 15. 53% 和 13. 21%，轻工业略高于重工业；按企业规模分，仍是由于基数的原因，微型企业增长了 9 倍多，其他依次是中型企业、大型企业和小型企业；按工业行业分，制造业和采矿业增幅较大，分别达到 19. 33% 和 18. 29%，电力、燃气及水的生产和供应业增幅最小，仅有 4. 09%（见表 14）。

表 14　2013 年、2014 年规模以上国有控股工业企业资产合计及增幅

单位：亿元，%

年份	按轻重工业分		按企业规模分				按工业行业分		
	轻工业	重工业	大型企业	中型企业	小型企业	微型企业	采矿业	制造业	电力、燃气及水的生产和供应业
2013	1124. 84	5347. 92	4417. 08	1656. 19	393. 83	5. 66	825. 03	3195. 18	2452. 55
2014	1299. 48	6054. 58	4939. 96	1919. 35	435. 97	58. 78	975. 90	3812. 89	2565. 27
增减金额	174. 64	706. 66	522. 88	263. 16	42. 14	53. 12	150. 87	617. 71	100. 23
增幅	15. 53	13. 21	11. 84	15. 89	10. 70	938. 52	18. 29	19. 33	4. 09

资料来源：《贵州统计年鉴》（2012～2015）。

从 2014 年企业的主营业务收入来看，按轻重工业分，重工业的主营业务收入增幅是 13. 81%，轻工业较小，只有 4. 02%；按企业规模分，微型企业的主营业务收入增长了 4 倍多，小型企业增长了近 50%，中型企业增长

21.96%，大型企业只有5.14%；按工业行业分，采矿业和制造业分别增长13.18%和13.73%，电力、燃气及水的生产和供应业增幅是7.41%（见表15）。

表15　2013年、2014年规模以上国有控股工业企业主营业务收入及增幅

单位：亿元，%

年份	按轻重工业分		按企业规模分				按工业行业分		
	轻工业	重工业	大型企业	中型企业	小型企业	微型企业	采矿业	制造业	电力、燃气及水的生产和供应业
2013	802.76	2632.74	2440.86	826.76	166.46	1.42	287.65	1975.68	1172.17
2014	835.04	2996.45	2566.39	1008.28	248.67	8.14	325.56	2246.92	1259.00
增减金额	32.28	363.71	125.53	181.52	82.21	6.72	37.91	271.24	86.83
增幅	4.02	13.81	5.14	21.96	49.39	473.24	13.18	13.73	7.41

资料来源：《贵州统计年鉴》（2012～2015年）。

从企业利税来看，2014年按轻重工业分，轻重工业分别增幅3.52%和17.82%，轻工业较低；按企业规模分，小型企业增幅最大，其次分别是中型企业和大型企业，微型企业的利税是负增长；按工业行业分，电力、燃气及水的生产和供应业增幅最大，达到25.84%，其次是制造业，采矿业则是负增长（见表16）。

表16　2013年、2014年规模以上国有控股工业企业利税、利润总额及增幅

单位：亿元，%

指标	年份	按轻重工业分		按企业规模分				按工业行业分		
		轻工业	重工业	大型企业	中型企业	小型企业	微型企业	采矿业	制造业	电力、燃气及水的生产和供应业
利税	2013	571.63	143.99	623.95	73.33	18.19	0.15	37.06	606.18	72.38
	2014	591.74	169.65	661.39	80.16	20.37	-0.54	26.95	643.38	91.08
	增减金额	20.11	25.66	37.44	6.83	2.18	-0.69	-10.11	37.20	18.70
	增幅	3.52	17.82	6.00	9.31	11.98	-460.00	-27.28	6.14	25.84

续表

指标	年份	按轻重工业分		按企业规模分				按工业行业分		
		轻工业	重工业	大型企业	中型企业	小型企业	微型企业	采矿业	制造业	电力、燃气及水的生产和供应业
利润	2013	151.73	86.25	211.48	21.18	5.00	0.32	38.37	185.62	13.98
	2014	273.68	43.62	272.98	35.02	9.88	-0.57	-2.12	286.29	33.16
	增减金额	121.95	-42.63	61.50	13.84	4.88	-0.89	-40.49	100.67	19.18
	增幅	44.56	-97.73	22.53	39.52	49.39	156.14	1909.91	35.16	57.84

资料来源：《贵州统计年鉴》（2012～2015年）。

（二）经济效益发展指标

1. 产值利税率

2011年以来的数据显示，几年来全省规模以上工业企业和国有控股企业的产值利税率在2012年达到最高，之后两年不断下降，但国有控股企业下降速度明显放缓，2014年国有控股企业的产值利税率是19.2%，仅比2013年的19.8%低了0.6个百分点。而同期全省规模以上工业企业的产值利税率每年降约2个百分点，2014年降到13.8%，国有控股工业企业产值利税率比全省高出5.4个百分点。此外，数据还显示国有控股工业企业的产值利税率一直高于全省平均水平3～6个百分点（见表17）。

从不同企业来看，按轻重工业分，轻工业产值利税率较高且稳定，保持在60%～70%，重工业低且不稳定。不过与2013年相比，2014年的轻工业产值利税率减少了3.6个百分点，而重工业则上升了0.4个百分点。

按企业规模分，2011年以来大、中型企业的产值利税率比较平稳，分别稳定在25%和7%左右，小型企业有升有降，2014年的产值利税率较2013年低了0.4个百分点，微型企业2013年的产值利税率是9.3%．2014年则降到-5.6%，降幅较大（见表17）。

按工业行业来分，2012年以来采矿业、制造业和电力、燃气及水的生产和供应业的产值利税率基本上是下降的，但采矿业下降幅度最大，两年来减少了13.48个百分点，不过2014年降幅收窄，仅比2013年减少了3.7个百分点。制造业相对比较平稳，两年来减少2.36个百分点。电力、燃气及水的生产和供应业的产值利税率也高于2013年（见表17）。

表17　2011～2014年规模以上国有控股工业企业产值利税率

单位：%

年份	2011	2012	2013	2014
全省规模以上工业企业	15.95	17.91	15.7	13.8
国有控股工业企业	18.67	22.2	19.8	19.2
按轻重工业分				
轻工业	62.73	63.48	70.2	66.6
重工业	8.02	7.86	5.1	5.5
按企业规模分				
大型企业	24.58	24.48	25.5	25.8
中型企业	7.66	7.57	7.8	7.2
小型企业	5.91	5.97	7.9	7.5
微型企业	6.31	6.97	9.3	-5.6
按工业行业分				
采矿业	22.8	20.38	10.6	6.9
制造业	26.01	30.46	30.3	28.1
电力、燃气及水的生产和供应业	5.3	8.65	5.7	7.1

资料来源：《贵州统计年鉴》（2012～2015年）。

2. 资金利税率

从规模以上工业企业资金利税率来看，2011年以来国有控股企业和全省一样，也是2012年最高，之后两年逐渐下降，2014年分别降到14.0%和15.3%，四年来全省水平均高出国有控股工业企业2个百分点左右。

从不同类型企业来看，按轻重工业分，2014年轻、重工业的资金利税率分别是57.1%和3.9%，轻工业比2013年低了5.4个百分点，重工业则比2013年高出0.6个百分点。

按企业规模大小分，2011年以来各类型企业的表现不一，其中中、小型企业的资金利税率是稳定逐年增长的，2014年分别达到了6.7%和7.9%，较2013年分别增加了1.4个和2个百分点，大型企业2013年略有

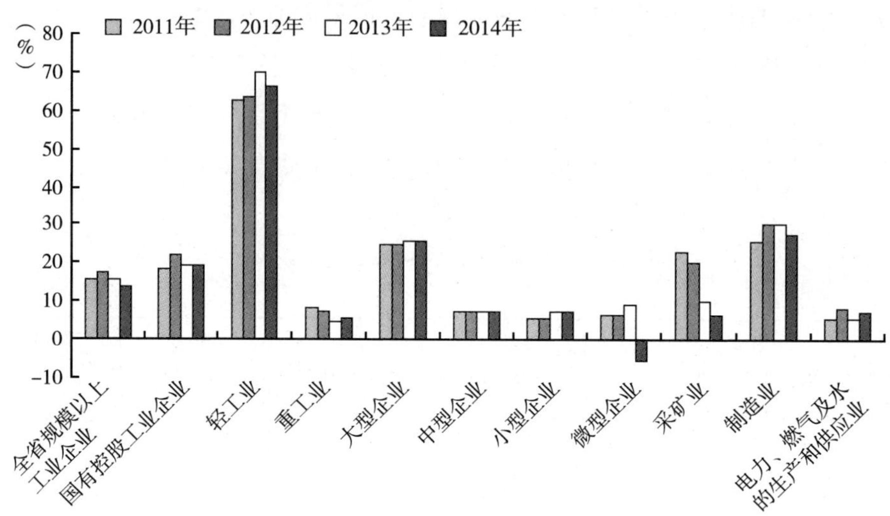

图 9　2011～2014 年规模以上国有控股工业企业产值利税率变动情况

下降，但 2014 年达到 18.0%，比 2013 年增加了 0.4 个百分点，同样浮动较大的是微型企业，2012 年以来其资金利税率一直在下降，2014 年只有 -3.0%（见表 18）。

按工业行业分，采矿业、制造业和电力、燃气及水的生产和供应业的资金利税率在 2012 年以来都是下降的，但采矿业下降幅度最大，2014 年仅有 5.0%，比 2012 年减少了 12.45 个百分点（见表 18）。

表 18　2011～2014 年规模以上国有控股工业企业资金利税率

单位：%

年份	2011	2012	2013	2014
全省规模以上工业企业	13.85	19.91	17.6	15.3
国有控股工业企业	11.86	18.5	15.7	14.0
按轻重工业分				
轻工业	49.11	50.57	62.5	57.1
重工业	4.87	5.78	3.3	3.9
按企业规模分				
大型企业	15.8	18.22	17.6	18.0
中型企业	4.95	5.27	5.3	6.7

续表

年份	2011	2012	2013	2014
小型企业	4.74	5.55	5.9	7.9
微型企业	4.44	9.46	9.4	-3.0
按工业行业分				
采矿业	14.03	17.45	8.0	5.0
制造业	19.41	30.8	27.0	22.9
电力、燃气及水的生产和供应业	2.72	5.9	3.9	4.4

资料来源:《贵州统计年鉴》(2012~2015年)。

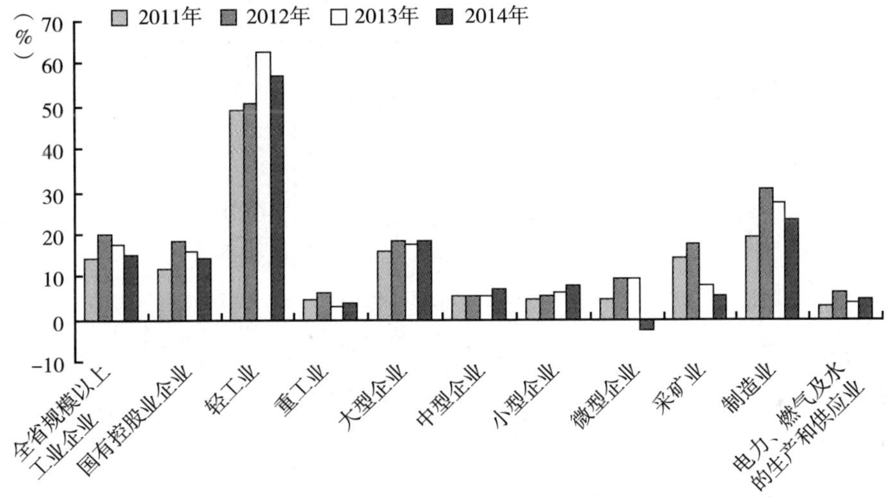

图10　2011~2014年规模以上国有控股工业企业资金利税率

3. 销售利税率

2011年以来贵州省规模以上国有控股工业企业和全省规模以上工业企业的销售利税率也是2012年最高，之后两年下降，但国有控股工业企业一直高于全省水平（见表19）。

从不同类型企业来看，按轻重工业分，轻工业的销售利税率总体上是上升的，但2014年比2013年减少了0.3个百分点，重工业则比2013年增加了0.2个百分点。

按企业规模分，大、中型企业都比较稳定，小型企业在2014年比2013

年减少了2.7个百分点，微型企业销售利税率的变动幅度最大，2012年是70.93%，2013年降到10.2%，2014年更是降到－6.6%（见表19）。

按工业行业分，制造业的销售利税率最稳定，2014年仅比2013年减少了2.1个百分点，其次比较稳定的是电力、燃气及水的生产和供应业，变动最大的最不稳定的是采矿业，2014年销售利税率仅有8.3%，比2011年减少了20个百分点（见表19）。

表19　2011～2014年规模以上国有控股工业企业销售利税率

单位：%

年份	2011	2012	2013	2014
全省规模以上工业企业	17.46	19.29	17.2	15.1
国有控股工业企业	19.17	22.6	20.8	19.9
按轻重工业分				
轻工业	61.97	62.19	71.2	70.9
重工业	8.32	7.83	5.5	5.7
按企业规模分				
大型企业	24.01	23.04	25.6	25.8
中型企业	8.53	8.19	8.9	8.0
小型企业	6.34	6.3	10.9	8.2
微型企业	5.79	70.93	10.2	－6.6
按工业行业分				
采矿业	28.37	24.76	12.9	8.3
制造业	25.24	30.2	30.7	28.6
电力、燃气及水的生产和供应业	5.66	8.69	6.2	7.2

资料来源：《贵州统计年鉴》（2012～2015年）。

（三）企业创税能力

2011年以来的数据显示，尽管贵州省国有控股工业企业面临数量增长缓慢、主要经济发展指标占比减少、经济效益减弱等现象，但在税收缴纳上，国有控股工业企业却始终保持一个比较稳定的发展水平，其在贵州省规模以上工业企业的税收收入中的比重一直稳定在24%左右，2014年是

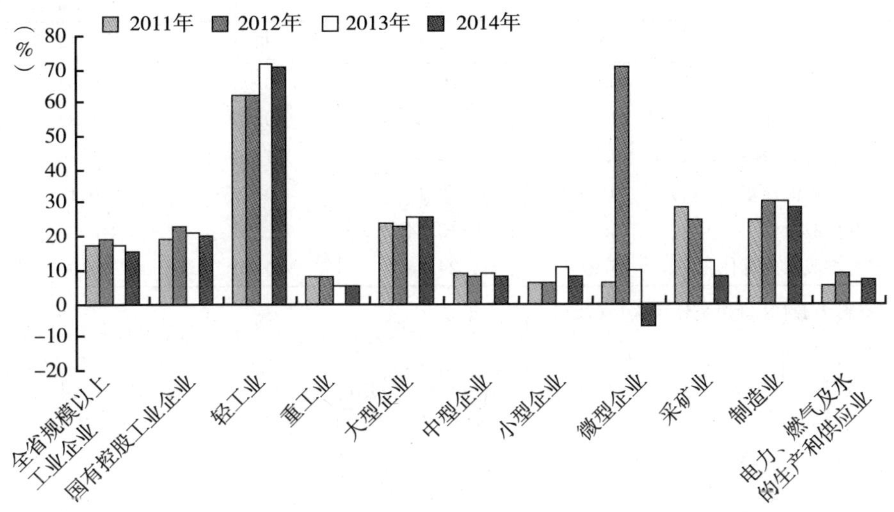

图 11　2011～2014 年规模以上国有控股工业企业销售利税率

24.96%，仅比 2013 年减少 1.74 个百分点（见表 20）。

从四类国有控股企业来看，“国有控股”税收收入主要是由股份公司中的国有控股企业实现的，其占总计中的比重都在 24% 以上，其他国有控股企业如联营企业、港澳台投资企业、外商投资企业中的国有控股企业提供的税收收入在总计中的占比小且变化不大（见表 20）。

表 20　2011～2014 年规模以上国有控股工业企业税收收入

单位：亿元，%

年份	2011	2012	2013	2014
联营企业	0.87	0.88	0.78	0.91
其中:国有控股	0.48	0.32	0.08	0.05
占总计的比重	0.04	0.02	0.01	0.00
股份公司	636.01	824.87	1006.37	1193.25
其中:国有控股	274.39	316.77	411.32	444.02
占总计的比重	25.58	24.21	26.60	24.85
港澳台投资企业	5.30	7.47	11.22	14.35
其中:国有控股	0.46	0.26	0.28	0.19

续表

项目	2011	2012	2013	2014
占总计的比重	0.04	0.02	0.02	0.01
外商投资企业	24.70	19.42	20.75	21.87
其中:国有控股	2.71	1.49	1.20	1.80
占总计的比重	0.25	0.11	0.08	0.10
国有控股合计	278.03	318.84	412.88	446.06
国有控股占总计比重	25.91	24.36	26.70	24.96

资料来源:《贵州统计年鉴》(2012~2015年)。

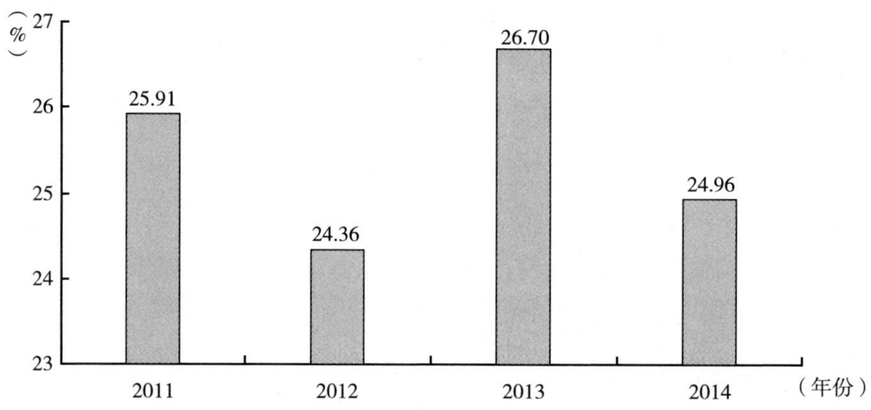

图12　2011~2014年规模以上国有控股工业企业税收收入变动情况

三　小结

总体上看贵州工业显示了以下特点:

一是保持了较快的增长速度。2014年贵州“紧紧守住发展和生态两条底线,坚持主基调、主战略”①,因此尽管面临各种困难,贵州经济仍然保持平稳、较快的增长速度,2014年实现生产总值9251.01亿元,较上年增

① 贵州省统计局,国家统计局贵州调查总队:《贵州省2014年经济运行情况》,中经专网,2015年2月3日。

长 10.8%。其中第一产业实现增加值 1275.45 亿元，增长 6.6%；第二产业实现增加值 3847.06 亿元，增长 12.3%；第三产业实现增加值 4128.50 亿元，增长 10.4%，第二产业增速最快。

数据资料还显示：2014 年贵州省规模以上工业增加值比上年增长 11.3%，不仅比全国的 8.3% 高出 3 个百分点，同时也分别比东部、中部和西部地区的 7.1%、8.1% 和 10.3% 高出 4.2 个、3.2 个和 1 个百分点。

二是在生产总值中的比重得到提高。从产业结构上看，2013 年三次产业分别占 12.9%、40.5% 和 46.6%，2014 年则分别达到了 13.8%、41.6% 和 44.6%，第一产业和第二产业分别增加了 0.9 个和 1.1 个百分点，第三产业则减少了 2 个百分点，产业结构趋于优化。

2014 年全省实现工业增加值 3140.88 亿元，占全省生产总值的 34.0%，比 2013 年的 33.0% 提高了 1 个百分点。其中规模以上工业企业实现增加值 3117.60 亿元，占工业增加值的 99.26%。

三是主要传统行业增长较稳，新兴产业快速增长。“19 个重点监测的工业行业有 18 个保持增长，11 个增速达到两位数。其中，电器机械和器材制造业，金属制品业，非金属矿物制品业，计算机、通信和其他电子设备制造业，食品制造业等增长较快，分别增长 33.7%、29.2%、23.6%、20.7% 和 20.2%，装备制造、建材、大数据、特色轻工等新兴产业加快发展形成新增长点。”①

四是工业十大产业发展迅速。数据显示，与 2013 年相比，十大工业产业中的装备制造业和建材产业工业增加值分别增长了 33.5% 和 30.9%，特色食品和有色产业分别增长 28.1% 和 20.8%，煤炭产业、冶金产业、化工产业、烟酒产业和民族制药业分别增长 13.8%、13.8%、14.9%、15.6% 和 12.9%，电力产业增速较低，但其增长速度也达到 7.8%。

五是高技术产业发展差异大。与 2013 年相比，工业增加值增长幅度超

① 贵州省统计局，国家统计局贵州调查总队：《贵州省 2014 年经济运行情况》，中经专网，2015 年 2 月 3 日。

过50%的有中药饮片加工业、光电子器件及其他电子器件制造业和半导体分立器件制造业，分别达到了77.7%、68.9%和50.5%，增长速度在30%~40%的是卫生材料和医药用品制造业、通信终端设备制造业和电子元件及组件制造业等，分别达到了40.0%、38.4%和30.0%，但视听设备制造业、电子真空器件制造业和信息化学品制造业等的增长速度却分别只有0.5%、2.2%和2.2%，高技术产业增长速度差异较大。

结合我们前面对国有工业企业和国有控股工业企业的分析，可以得出以下基本结论。

一是国有资产企业数量占比下降快。2014年规模以上工业企业增加305个，增幅8.5%，但国有企业却大幅减少，由2013年的225个减少到156个，占比减少了2个多百分点。国有控股企业数虽然有所增加，但仅有7个，占增加企业数的2.3%，增长幅度小。

二是国有企业工业增加值增长速度放缓。2014年贵州省规模以上工业企业增长速度虽然达到了11.3%，高于同期全国、东部、中部和西部地区，但比贵州2013年的13.6%低了2.3个百分点，也是贵州2011年以来的最低点。其中国有工业企业和国有控股企业工业增加值则仅分别增长7.1%和7.9%，均低于贵州平均水平（11.3%）。

三是国有资产企业主要指标在总量中的占比下降。随着私有经济的快速发展，贵州省规模以上国有工业企业的工业增加值、资产合计、主营业务收入和销售产值等在规模以上工业企业中的比重分别由2013年的28.60%、30.64%、22.23%、21.17%下降到23.67%、17.04%、15.05%和14.34%；国有控股工业企业相对较稳定，其工业增加值、主营业务收入在规模以上工业企业中的比重分别由2013年的52.12%、46.69%减少到2014年的48.23%和44.26%，下降幅度较小。

四是国有企业的经济效益较好。与2013年相比，2014年贵州省规模以上工业企业的产值利税率、资金利税率和销售利税率等指标是下降的，但国有工业企业的上述指标是上升的，2014年其产值利税率、资金利税率和销售利税率分别达到了25.9%、17.1%和27.2%，基本上都高于集体企业、联营企业、私营企业和其他企业，特别是地方国有企业，上述三项指标分别达到了47.5%、31.7%和51.5%，远高于其他类型企业。2014年国有控股企业的经济效益指标则略有下降。

五是国有资产企业创税能力相对比较稳定。2011年以来贵州规模以上国有工业企业的税收总额占比基本上稳定在11%左右，国有控股企业基本稳定在24%左右。2014年尽管国有工业企业面临数量减少、增长放缓等不利因素，但其税收总额仍稳定在11.02%，仅比2013年的11.81%低0.79个百分点。国有控股工业企业数虽然增加，但增幅有限，不过其税收总额却占24.96%，仅比2013年的26.70%减少了1.74个百分点。

B.3

2014年贵州省国有企业社会公益责任发展报告

黎嫦娟*

摘 要： 国有企业作为我国经济社会发展中的一类特殊主体，是履行社会公益责任的先锋、标杆及主力军，在践行社会公益责任方面理应起好模范带头作用。2014年，贵州省国有企业处于奋力前行、勇于担当、多做贡献的精神状态，处于改革、发展、转型的关键时期，面临着资源配置、绿色发展、科技进步、现代管理、社会责任意识、社会保障、安全生产、利益相关方和劳动者权益等多方位的考验。2014年贵州省国有企业社会公益责任的履行面临更高要求。本报告立足于2014年贵州省国有企业社会公益责任现状，深入分析了国有企业履行社会公益责任存在的困境及原因，力争能为2015年贵州省国有企业社会公益责任的更好履行提出切实可行的对策建议。

关键词： 贵州省　国有企业　社会公益责任

2015年7月17日，由贵州省经济和信息化委员会主办、贵州省工业与知识经济联合会承办的“2015贵州省企业社会责任报告发布会暨企业社会责任图片展”在贵阳筑城广场举行，来自9个市州和贵安新区的116家

* 黎嫦娟，贵州省社会科学院党建研究所副研究员。

企业参会，并发布了2014年企业社会责任报告。参加发布会的企业中，有中央在黔企业、省属国有企业，混合所有制企业，中外合资和民营企业，覆盖了不同所有制的企业。从发布情况来看，2014年，随着中央以及各地方政府对国有企业社会责任履行的进一步落实，贵州省各国有企业结合自身经营性质及具体情况，相继践行了系列社会公益责任举措，为社会公益事业奉献了力量，相比2013年而言有了一定程度的提高与加强，但仍有提升的空间。

一 2014年贵州省国有企业社会公益责任履行的现状

2014年，面对严峻复杂的外部环境和经济下行压力，贵州省委、省政府牢牢守住发展和生态两条底线，坚持主基调、主战略，坚持全面深化改革，统筹做好稳增长、促改革、调结构、惠民生、防风险等各项工作，全省地区生产总值实现9251.01亿元，比上年增长10.8%，经济社会发展呈现出运行平稳、转型加快、活力增强、民生改善的良好态势①。同时应该引起注意的是，贵州虽然能源、矿产、生物、旅游资源等方面得天独厚，有着极为突出的资源优势，但是，工业不发达、产业经济发展相对滞后一直以来都是贵州经济社会发展的短板，一定程度上制约了贵州经济的发展。企业数量相对较少，规模相对较小，缺乏在全国具有影响力的龙头企业，是贵州省国有企业的总体现状，很大程度上制约了社会公益责任的履行。

（一）2014年贵州省国有企业履行社会公益责任的基本情况

为了全面弄清2014年全省国有企业社会公益责任的履行情况，本研究课题组在全省范围内开展了广泛调研，对其中的43家国有企业（不完全统计）2014年度社会公益责任履行情况进行了详细了解，依据各企业

① 数据来源：《2014年贵州省国民经济和社会发展统计公报》。

提供的“2014 年度社会责任报告”，按照行业划分标准①进行了如下梳理（见表 1）。

表 1　全省国有企业抽样调查基本情况

单位：家

行业类别	数量（家）	企业名称	行政区域	社会公益责任履行情况
信息传输、软件和信息技术服务业	2	中国铁路通信信号贵州建设有限公司	贵　阳	B
		中国移动数据中心（贵州）	贵　阳	A
采矿业	8	西南能矿集团股份有限公司	贵　阳	A
		中国铝业遵义氧化铝有限公司	遵　义	A
		贵州川恒化工有限责任公司	黔　南	B
		贵州紫金矿业股份有限公司	黔西南	A
		贵州开磷控股（集团）有限责任公司	贵　阳	A
		贵州成黔集团	贵　阳	B
		贵州省黔晟国有资产经营有限责任公司	贵　阳	B
		贵州瓮福集团有限责任公司	贵　阳	A
建筑业	5	中国建筑第四工程局有限公司	贵　阳	A
		贵州路桥集团有限公司	贵　阳	A
		中铁贵州旅游文化发展有限公司	贵　阳	A
		贵州高速公路集团有限公司	贵　阳	A
		贵州建工集团有限公司	贵　阳	A
制造业	11	贵州凯星液力传动机械有限公司	遵　义	A
		贵州钢绳（集团）有限责任公司	遵　义	A
		毕节市力帆骏马振兴车辆有限公司	毕　节	A
		贵州航天新力铸锻有限责任公司	遵　义	
		中国贵州茅台酒厂（集团）有限责任公司	遵　义	AA
		贵州轮胎股份有限公司	贵　阳	A
		贵州红星发展股份有限公司	安　顺	A
		贵州盐业（集团）有限责任公司	贵　阳	B
		贵州红林机械有限公司	贵　阳	A
		贵阳卷烟厂	贵　阳	B
		保利久联控股集团有限责任公司	贵　阳	A

① 根据国家统计局统计标准关于行业划分标准的分类规定，将行业划分为农、林、牧、渔业，采矿业，制造业，电力、燃气及水的生产和供应业，建筑业，批发和零售业，交通运输、仓储和邮政业，住宿和餐饮业，信息传输、软件和信息技术服务业，金融业，房地产业，租赁和商务服务业，科学研究和技术服务业，水利、环境和公共设施管理业，居民服务、修理和其他服务业，教育、卫生和社会工作，文化、体育和娱乐业，公共管理、社会保障和社会组织，国际组织等。

续表

行业类别	数量(家)	企业名称	行政区域	社会公益责任履行情况
电力、燃气及水的生产和供应业	8	贵州乌江水电开发有限责任公司	贵　阳	A
		贵州黔桂发电有限责任公司	贵　阳	A
		贵州黔源电力股份有限公司	贵　阳	A
		贵州省天生桥水力发电总厂	黔西南	B
		中电投贵州金元集团股份有限公司	贵　阳	A
		贵州电网有限责任公司	贵　阳	A
		贵州电建二公司	贵　阳	A
		贵阳北控水务有限责任公司	贵　阳	A
交通运输、仓储和邮政业	4	贵州航空有限公司	贵　阳	A
		贵州省机场集团有限公司	贵　阳	A
		贵阳市公共交通运输公司	贵　阳	A
		贵阳汽车客运有限公司	贵　阳	A
科学研究和技术服务业	2	贵州省兴绿洲水禽研究院	黔东南	A
		贵州电力设计研究院	贵　阳	A
金融业	3	贵州产业投资(集团)有限责任公司	贵　阳	B
		贵州省农村信用社	贵　阳	A
		贵州旅游投资控股(集团)有限公司	贵　阳	A
合计	43			

说明：抽样国有企业基本情况由国资委/工信委收集并提供的各企业“2014年度社会责任报告”经整理所得。

1. 抽样企业主要行业分布情况

图1表明，本次抽样国有企业共计43家，主要分布在信息传输、软件和信息技术服务业，采矿业，建筑业，制造业，电力、燃气及水的生产和供应业，交通运输、仓储和邮政业，科学研究和技术服务业，金融业等八大行业。其中，信息传输、软件和信息技术服务业为2家，占比4.65%；采矿业为8家，占比18.60%；建筑业为5家，占比11.63%；制造业为11家，占比25.58%；电力、燃气及水的生产和供应业为8家，占比18.60%；交通运输、仓储和邮政业为4家，占比9.30%；科学研究和技术服务业为2家，占比4.65%；金融业为3家，占比6.98%。

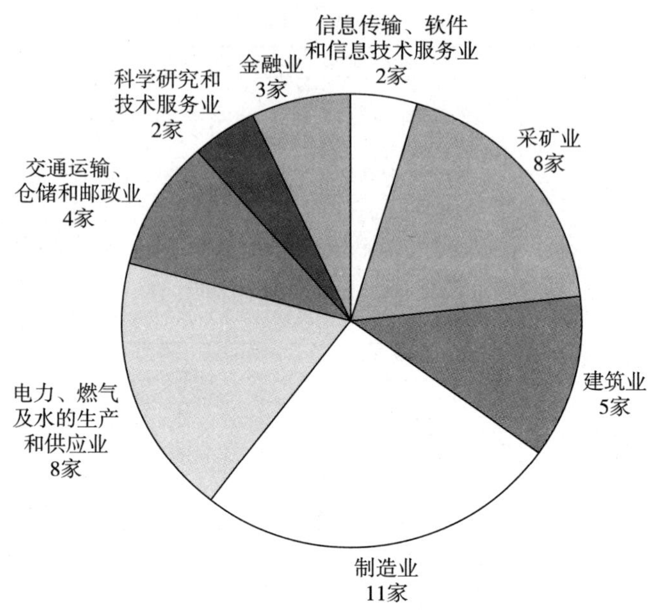

图1　2014年贵州省国有企业社会公益责任主要抽样企业行业分布情况

图1还表明，本次抽样国有企业主要分布在制造业、采矿业及电力、燃气及水的生产和供应业等3个行业，合计占比62.78%。从全省国有企业的行业分布来看，也主要集中在这三个行业。本次抽样企业基本上反映了全省国有企业行业分布的总体情况。

2. 抽样企业主要区域分布

图2表明，本次抽样国有企业共计43家，主要分布在贵阳、遵义、毕节、黔西南、黔南、黔东南和安顺等七个地州（市）。其中，贵阳为32家，占比74.42%；遵义为5家，占比11.63%；毕节为1家，占比2.33%；黔西南为2家，占比4.65%；黔南为1家，占比2.33%；黔东南为1家，占比2.33%；安顺为1家，占比2.33%。需要特别说明的是，该数据只是针对43家调研企业做出的统计。从区域分布来看，只涉及七个地州（市）的部分国有企业，缺乏铜仁、六盘水及贵安新区等相关数据；从企业行政区域分布来看，主要集中在贵阳，所涉其他区域的企业数量相对也较少。本次抽样企业基本上能

反映贵阳辖区国有企业社会公益责任履行的总体情况，但不能分别反映出其他所涉地州（市）国有企业社会公益责任履行的相关情况。值得一提的是，从全省国有企业的主要分布来看，贵阳市辖区占据的比重较大，从某种程度而言这对了解全省国有企业社会公益责任履行基本情况有一定的作用。

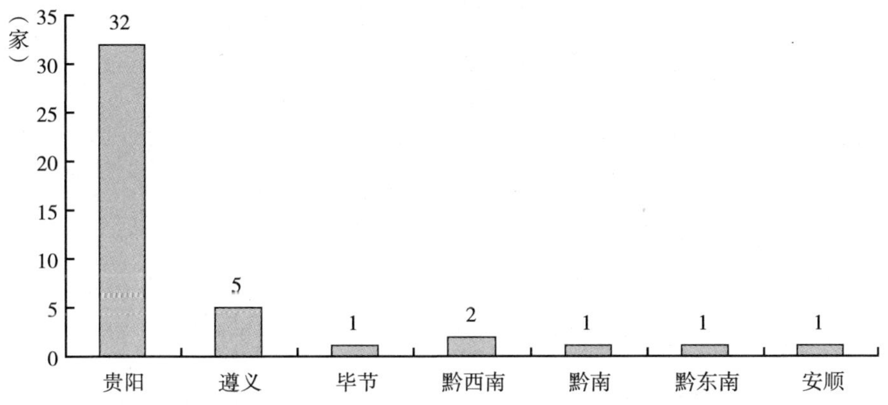

图 2　2014 年贵州省国有企业履行社会公益责任主要抽样企业行政区域分布情况

3. 抽样企业履行社会公益责任情况评价

图 3 表明，针对本次抽样国有企业共计 43 家，将社会公益责任履行分为 A 级（较好）和 B 级（较差）两种等级，其中 A 级为 35 家，占比 81.40%；B 级为 8 家，占比 18.60%。

值得注意的是，2014 年度全省国有企业履行社会公益责任的情况并不乐观。调研结果显示，国有企业履行社会公益责任受企业规模、经营状况、行业差异、社会责任意识以及区域经济发展不平衡等诸多因素影响，尚缺乏衡量企业社会公益责任履行的统一标准。“大企业有大气度，小企业有小善举”。在设定 A、B 两个等级时，本研究主要是以企业是否有履行社会公益责任为标准，凡是履行的，皆纳入 A 级（较好）范畴。但是，从 43 家企业提供的“2014 年度社会责任报告”来看，除了贵州乌江水电开发有限责任公司、贵州高速公路集团有限公司、中国贵州茅台酒厂（集团）有限责任公司、贵州开磷控股（集团）有限责任公司以及中国铝业遵义氧化铝有限公司等少数企业履行较好之外，其他绝大多数企业履行力度均有待进一步加强。

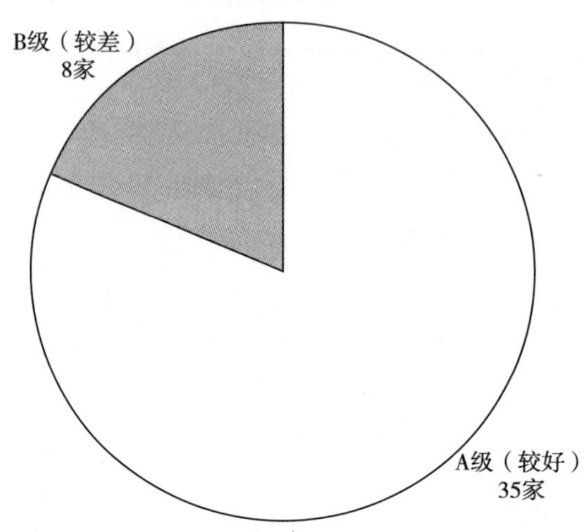

图3　2014年贵州省主要抽样企业社会公益责任履行情况评价

（二）2014年贵州省国有企业履行社会公益责任的主要做法

全省国有企业整体履行社会公益责任的总体水平和质量相对不高。深究其原因，除了部分国有企业自身社会责任意识淡薄等因素外，还受各行业及各国有企业经济发展不均衡、区域经济发展不均衡以及企业自身生产经营情况等其他外部诸多客观因素制约。但从全省国有企业社会公益责任履行总的发展趋势来看，自2010年以来，全省国有企业社会责任履行意识不断增强，社会公益责任履行的力度和方式逐渐增强、丰富，在践行社会公益责任方面作了有益探索，积累了丰富经验。

1. 拓宽渠道，积极促进就业

贵州省各国有企业立足于实际情况，在促进就业方面实施了一系列有效举措，例如，举办多种形式的高校毕业生大型招聘会，为企业揽才、为学子觅岗；扎实开展就业服务月活动，为高校毕业生搭建就业平台；开展就业政策进校园活动，为高校毕业生解惑释疑；建立高校毕业生就业见习示范基地，不断提高就业能力；提供公益岗位，给困难群众创造再就业机会；等等。

以贵州开磷控股（集团）有限责任公司为例，2014 年，在实体经济下行、就业压力增大的情况下，开磷控股集团新增就业人员 446 人。其中，招收农村务工人员 117 人，招收城镇人员 28 人，安置退伍军人 4 人，招聘大中专毕业生 297 人。另外，根据企业工作需要，全年组织开展从业人员培训 169 期，培训 9013 人次。组织安全生产专项培训 6 期 342 人次。

以中国建筑第四工程局有限公司为例，2014 年，该企业始终牢记央企责任，在环境保护、吸纳就业、慈善事业、帮扶新农村建设等方面做出积极努力。在促进就业方面，2014 年该企业共计吸纳大中专毕业生 145 人，吸纳农民工 4276 人。

2. 大力引进和培养高素质人才

2014 年，全省各国有企业积极致力于高素质人才的引进和培养。《2014 年贵州省国资委工作总结》显示，2014 年全省各国有企业着力于积极引进一批高素质人才，共引进和培养各类人才 751 人，其中副高级以上职称人才 209 人、高技能人才 381 人、高级职业（执业）资格人才 112 人、中层副职以上管理人才 49 人。柔性引进人才 426 人，其中副高级以上职称人才 114 人、高技能人才 290 人、高级职业（执业）资格人才 19 人、中层副职以上管理人才 3 人，柔性引进人才团队 92 个，柔性引进中科院院士 1 人、中国工程院院士 1 人。①

3. 促进地方经济发展

近年来，全省国有企业发生了结构性变化：资产负债率相对降低，企业组织结构也发生了重大变化，逐步建成一个比较完整的国有资产管理体制；组建并成功运作了国有资产重组和经营平台；充分利用资本市场，推进国有企业的改革和重组。在推行工业反哺农业战略过程中，全省国有企业始终牢

① 数据来源：《2014 年贵州省国资委工作总结》。

固树立服务社会理念，大力推进新农村建设，促进“三农”发展。全省国有企业促进地方经济发展，在地方经济发展中积极发挥支撑、带动和主导作用。

以贵州建工集团为例，该企业在自身发展的同时，秉持“诚信立业、回报社会”的责任理念，积极支持公益事业，促进地方经济发展。2014 年，该企业大力开展干部下基层帮村扶贫活动，建工集团作为省直机关扶贫工作队成员单位，与省科技厅、贵州广播电视台、黔西南民族职业技术学院一起深入帮扶联系晴隆县，了解制约当地经济社会发展、人民生活水平提高的主要问题，采取了一系列帮扶措施，内联外引、穿针引线、倾情服务，帮助协调项目建设资金 2000 多万元用于当地产业化发展和基础设施建设，捐款 10 万元为晴隆县马场乡小学食堂征地、购买课桌椅，并选派 8 名干部参加驻村帮扶，帮助联系村脱贫致富，取得一定的成效，得到当地政府和群众的一致好评。

以贵州开磷控股（集团）有限责任公司为例，2014 年，开磷利用自身优势，开展送肥（磷酸二铵和高塔硝基复合肥）6662 吨。其中，为息烽全县送肥 6427 吨（小寨坝镇 456 吨）；为独山县上司镇、玉水镇送肥 85 吨；为省国资委小城镇建设帮扶点兴义市玉龙新区雨樟镇送肥 150 吨，全年送肥价值超过 1000 万元。

4. 扶弱济困、社会捐助

扶弱济困、社会捐助是国有企业义不容辞的社会责任。贵州省国有企业在扶弱济困、社会捐助方面的主要做法有：第一，捐资助学。通过对希望工程、贫困大学生等困难群体捐助，为困难学生接受教育提供帮助与救助。第二，参加公益活动。通过参加公益活动，为公益事业奉献爱心或给予资金支持，提高企业知名度与美誉度，践行社会责任。第三，志愿者服务。国有企业一方面在担负着艰巨的经济社会稳定责任，另一方面也发挥着服务社会的模范带头作用。国有企业的志愿者尤其是青年志愿者作为社会中坚力量，在激发社会管理活力、搭建社会协同平台、开拓公众参与渠道、配合维稳发展工作、促进健康文明生活、塑造友善互助形象等方面发挥着积极作用。

以西南能矿集团股份有限公司为例，2014 年，该企业建立扶贫解困基金 10 万元，主要用于资助困难员工生活和子女入学等，设立了专项党建扶贫款，先后在项目所在地开展捐资助学、助困活动，在铜仁大龙蔡溪村，按省同步小康驻村安排，派 1 名干部在铜仁大龙蔡溪村进行驻村工作，投资近 10 万元帮助村学校完成体育场地修缮和村广播站建立，帮助当地村民开展绿色农业种植，尽快实现致富目标；在凤冈施工项目部，共捐资助学品学兼优贫困学生 15 名，首期捐款 5 万多元，一直帮助到他们上大学；在罗甸县和其他项目所在地也开展了捐资助学助困活动，全年各类社会捐资款 20 余万元，较好地帮助困难员工和群众渡过了难关，彰显了集团公司的社会责任意识。

以毕节市力帆骏马振兴车辆有限公司为例，2014 年 8 月 3 日，云南省昭通市鲁甸县发生里氏 6.5 级地震，此次地震是 18 年来云南震级最高的一次，造成重大的伤亡及群众财产损失。此次灾情传来，便引起力帆时骏集团的高度关注，集团领导立即行动，向云南昭通地震灾区捐赠 50 万元现金，并组织了救灾车队，连夜筹备了价值 60 余万元的救灾物资赶往鲁甸灾区，其中包括大米、食用油、方便面、矿泉水、奶粉、饼干六种灾区急需的食品。此次赈灾车队除了十辆物资车外，还有两辆售后服务车，到灾区为参与救灾的车辆提供紧急救援服务。灾难发生后，力帆时骏集团以最快速度做出反应，是为了让这些车辆和物资在地震抢险的黄金时间内发挥最大作用，以挽救更多生命并帮助更多受灾群众摆脱困境。此后，力帆时骏集团还继续关注灾情发展，并随时准备为支持抗震救灾采取进一步的行动。

5. 促进生态文明建设

科学发展观要求我们必须坚持走生产发展、生活富裕、生态良好的文明发展道路。建设生态文明是我们党深入贯彻落实科学发展观提出的一个重大战略思想和战略任务，也是中国特色社会主义伟大事业总体布局的重要组成部分。在促进生态文明建设过程中，全省国有企业切实树立尊重自然、顺应自然、保护自然的生态文明理念，把生态文明建设融入经济建设的全过程，努力形成节约资源和保护环境的空间格局、产业结构、生产方式、生活方

式，努力从源头上扭转生态环境恶化的趋势，推进绿色发展、循环发展、低碳发展。抓紧完善标准、制度和法规体系，采取切实的防治污染措施。

以贵州钢绳（集团）有限责任公司为例，20 世纪 80 年代，公司向遵义市政府无偿承包了 450 亩山林（红花岗区老鸦山）的绿化任务，用实际行动践行环保理念、生态意识和社会责任，除每年“植树节”组织干部职工植树外，公司多年来投入大量人力、财力对山林进行精心培育和保护，过去光秃秃的山坡现在已绿树成荫，一片葱郁。

以中铁贵州旅游文化发展有限公司为例，该企业积极主办绿丝带大型公益活动。2014 年 3 月 20 日，该企业主办了“绿韵双龙”绿丝带大型公益绿化活动，免费提供植树道具及树苗，接待贵州省本地居民 2700 组，广州、重庆、成都等市民 300 组，成功栽植树苗 4000 逾株，为双龙航空港经济区增添了新绿。

（三）2014年贵州省国有企业履行社会公益责任情况的综合评价

1. 2014年贵州省逐渐加强履行国有企业社会公益责任

图 4 表明，从 2011 ~2015 年全省企业社会责任发布情况来看，2011 年为 9 家，2012 年为 33 家，2013 年为 38 家，2014 年为 47 家，2015 年为 116 家，逐年呈上升态势，且上升态势明显。以 2015 年为例，2015 年有 116 家

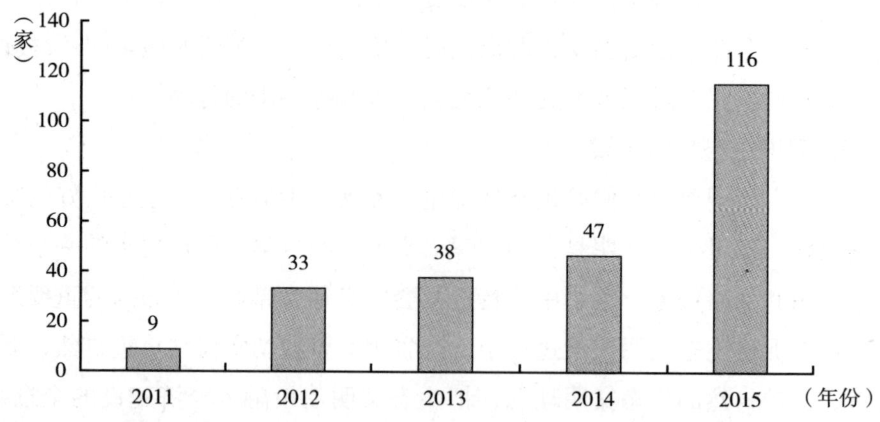

图 4　2011 ~2015 年贵州省企业社会责任发布企业数量对比

企业发布了“2014 年度社会责任报告”，相比 2011 年的 9 家，增加了 107 家，增加了 11.89 倍；相比 2012 年的 33 家，增加了 83 家，增加了 2.52 倍；相比 2013 年的 38 家，增加了 78 家，增加了 2.05 倍；相比 2014 年的 47 家，增加了 69 家，增加了 1.47 倍。

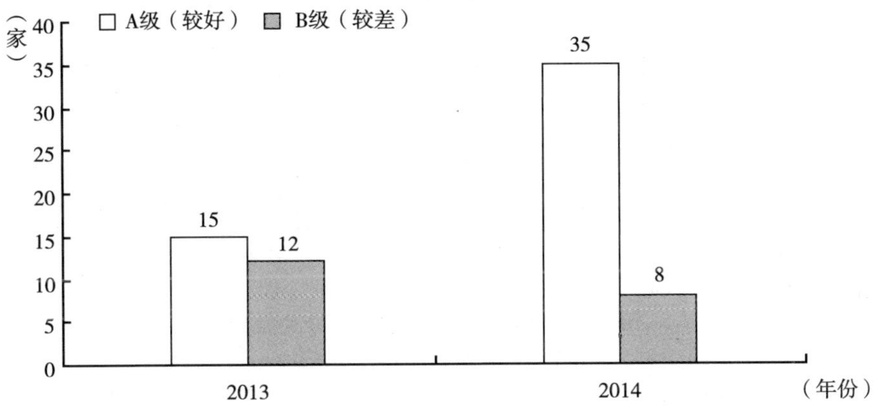

图 5　2013 年、2014 年贵州省抽样国有企业社会公益责任履行情况对比

说明：2013 年相关数据系“2013 年贵州省国有企业社会责任发展报告”课题组调研数据，且为不完全统计。

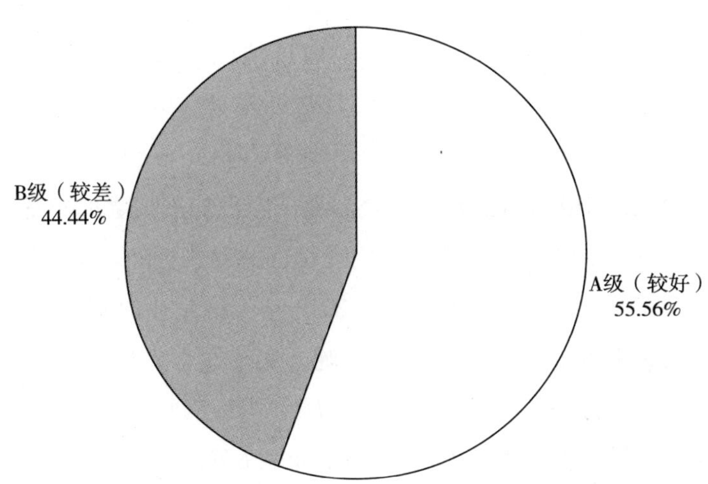

图 6　2013 年贵州省抽样国有企业社会公益责任履行情况

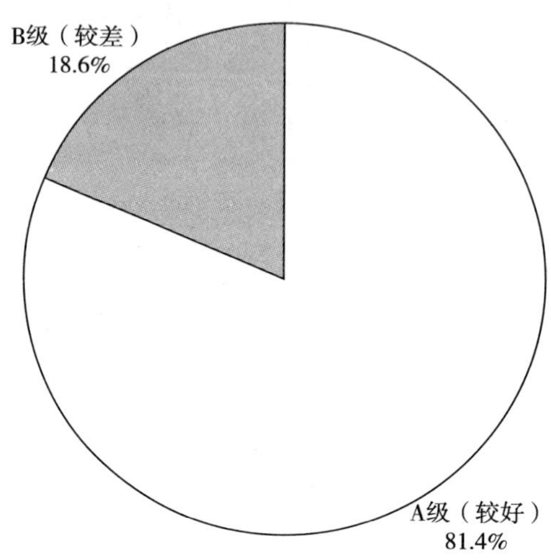

图7　2014年贵州省抽样国有企业社会公益责任履行情况

2013年共计抽样调查国有企业27家，其中社会公益责任履行情况较好的为15家，占比55.56%；履行情况较差的为12家，占比44.44%（见图5、图6）。2014年共计抽样调查国有企业43家，其中社会公益责任履行情况较好的为35家，占比81.40%；履行情况较差的为8家，占比18.60%（见图5、图7）。2014年相比2013年，履行情况较好等级增加了25.84%，履行情况较差等级减少了25.84%。研究结果表明，2014年贵州省国有企业社会公益责任履行情况相对2013年，呈加强趋势。

2. 2014年贵州省国有企业社会公益责任履行的形式更加丰富

2014年，部分国有企业社会公益责任履行的形式更加丰富，且力度更大。本报告以贵州钢绳集团为例进行说明。2013年，该企业向遵义市红花岗区金鼎山镇金川村捐助资金2万元、水泥75吨，用于饮水工程，解决人畜饮水问题；向遵义市红花岗洛江小学捐助资金1万元，用于该校教学设施建设；向遵义市红花岗南关镇残疾工程救助捐款5000元[①]（见图8）。

① 数据来源：《2013年贵州钢绳（集团）有限责任公司社会责任报告》。

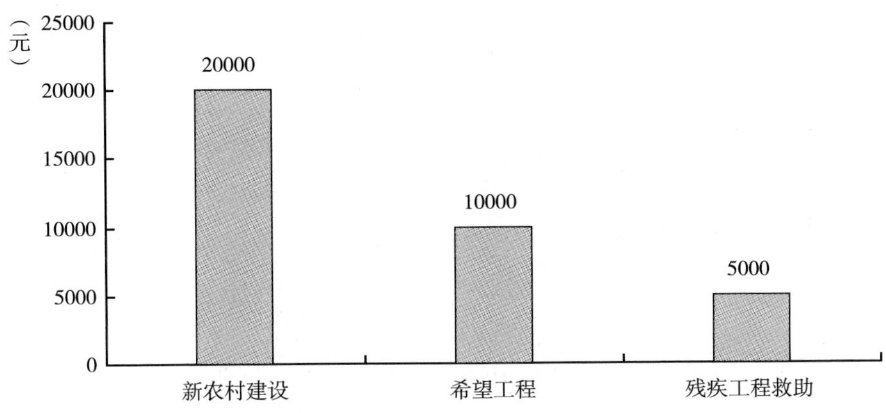

图 8　2013 年贵州钢绳集团社会公益捐赠情况

2014 年，贵州钢绳集团加大社会公益责任履行力度。一是高度重视保护弱势群体利益。尊重残疾人的能力和权益，积极建立残疾人就业基地，为其提供平等的工作待遇和特殊的关爱政策，安置了 18 名残疾人就业。二是积极致力于做好“双拥”及民兵建设工作。2014 年共计拨出专项经费 4 万元（见图 9），慰问优扶对象 160 人次。三是积极促进就业。2014 年共计招聘大专院校毕业生 207 人、中等职业学校毕业生 132 人、社会青年 88 人就业（见图 10）。

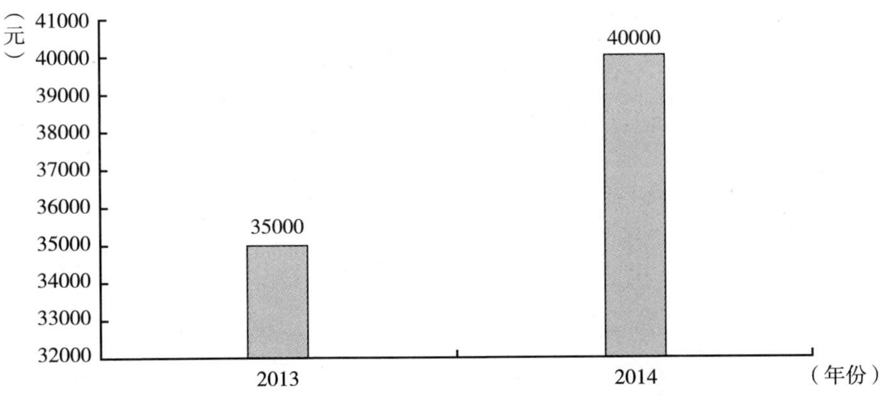

图 9　2013 年、2014 年贵州钢绳集团社会捐赠情况对比

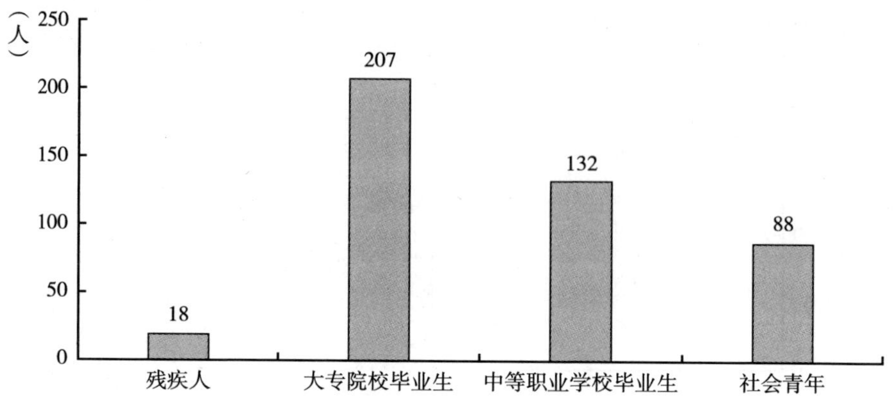

图10　2014年贵州钢绳集团促进就业情况

3. 部分国有企业履行社会公益责任遭遇阻碍

从2014年抽样国有企业社会公益责任履行情况来看，虽然企业的社会责任意识不断增强，总体情况相对2013年有所好转，但是从履行的力度来看，还有待加强。贵州省国有企业从生产经营规模来看，大多属于中小型国有企业范畴。调研发现，由于受整体经济下行压力、区域经济发展不平衡等因素的影响，2014年，中小型国有企业生产经营面临困境，社会责任履行压力大，力量不足。但是，就资源垄断型国有企业而言，由于自身行业优势、资源优势、政策优势等支撑，受经济下行形势影响不大，企业发展情况良好。但囿于社会责任公益资金支出审批难、企业权益主体利益不一致等因素，履行社会公益责任出现了“有心有力但无门”等两难境地，社会公益责任履行不但没有加强，反而呈现弱化趋势。

以贵州乌江水电开发有限责任公司为例，2010年完成社会捐款365.62万元，2011年完成701.44万元，2012年完成93.8万元，2013年完成126万元，2014年完成64万元。2011年相比2010年，增加了335.82万元，增幅91.85%。2012年、2013年、2014年相比2010年、2011年，尤其是相比2011年，减少趋势明显。2014年比2011年，减少了637.44万元，降幅90.88%；2014年比2012年，减少了29.8万元，降幅31.77%；2014年比

2013 年减少了 62 万元，降幅 49.21%。2014 年贵州乌江水电开发有限责任公司社会捐款是自 2010 年以来最少的一年（见图 11）。

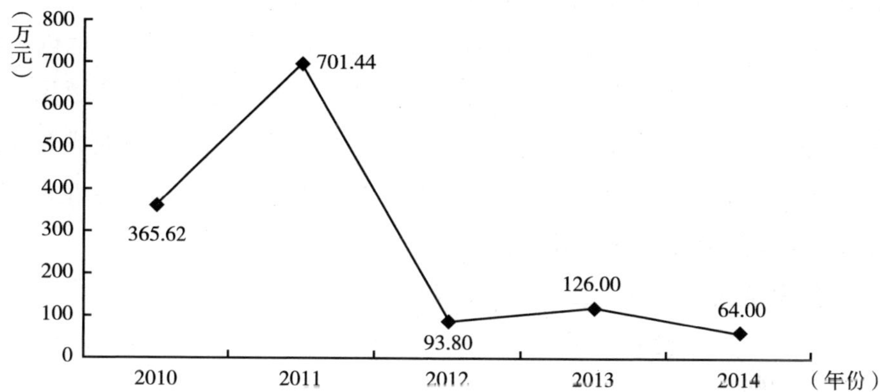

图 11　2010～2014 年贵州乌江水电开发有限责任公司社会捐款情况对比

二　贵州省国有企业履行社会公益责任的困境及原因分析

（一）社会公益责任履行意识较为淡薄

国有企业对为什么要履行社会公益责任感到困惑，归根结底是其社会公益责任意识相对淡薄。从企业的本质属性来看，以实现利益最大化为宗旨，在利益构成中，经济效益是企业最为关注的核心利益。国有企业由于自身的特殊性，从某种程度而言代表国家从事关切国计民生领域的生产经营活动，对社会公益责任有着特殊要求，是市场经济主体履行社会责任的中坚力量和旗帜。国有企业相对于民营企业而言肩负着更多的社会责任。但是，从贵州省国有企业履行社会公益责任过程中的实际情况来看，部分国有企业对什么是社会公益责任，为什么要履行社会公益责任，应该怎样履行社会公益责任仍然心存困惑。贵州省国有企业社会公益责任意识淡薄主要体现为国有企业主管（监管）部门、企业管理者意识淡薄。

1. 国有企业对社会公益责任本身存在认识误区

社会公益责任是企业社会责任的重要组成部分，履行社会公益责任是企业尤其是国有企业回馈社会、造福社会、关爱社会的直接体现，是国有企业应承担的重大使命。部分企业经营者和管理人员片面认为自身财富的创造和资本积累是靠自己有效管理、有效经营实现的，财富创造所需的资源是国家及社会理应提供的，企业在创造财富的过程中只要依法纳税，就完成对国家经济发展的贡献，就为促进社会就业奉献了自己的力量。社会公益事业是国家的事，是政府的事，和企业无关。

2. 国有企业普遍缺少自己的企业文化

社会公益事业发展不到位，这主要是由于企业的捐赠理念和内在驱动力不足。贵州省国有企业普遍规模不大，大多数是中小型企业，企业经营发展理念较为落后，企业文化缺少奉献精神。“一个企业的企业文化对企业的发展有不可忽视的作用。作为企业发展的软条件之一，企业文化可以帮助企业很好地融入社会当中，与社会形成互动。但是贵州省企业很少拥有自己的企业文化，只有少部分大企业拥有企业文化。多数企业是督促员工努力工作，更好地降低成本，扩大生产，很少与社会责任相关，造成企业在社会上过于独立，没有真正融入社会，更别说参加城市建设、文化发展了。”①

（二）经济发展新形势下国有企业履行社会公益责任压力增大

2014 年是中国经济的转型之年，全国经济发展速度放缓。国家统计局统计结果显示，2013 年全国经济增长 7.7%，2014 年经济增长 7.4%。“2013 年贵州全省地区生产总值增长 12.5%，保持了高于全国、高于西部、高于以往时期的发展速度，经济增速从 2010 年排名全国第 18 位连续攀升到 2011 的第 3 位、2012 的第 2 位、2013 年跃居全国第 1 位。”② 2014 年，贵州

① 刘志国：《浅谈我国企业履行社会责任存在的问题原因及对策》，中华励志网，2011 年 8 月 18 日。

② 孙晓蓉：《2013 年贵州经济增速跃居全国第一》，《贵州日报》2014 年 1 月 19 日。

省 GDP 增速为10.8%，位居全国第二。结果显示，2014 年，全国经济下行压力增大，贵州经济发展速度放缓。

1. 国有企业竞争压力加大，社会公益责任履行压力加大

2013 年，全省全年规模以上工业（统计口径为年主营业务收入 2000 万元及以上工业企业）增加值 2531.92 亿元，比上年增长 13.6%。按经济类型划分，国有企业增加值 724.16 亿元，比上年增长 7.4%；集体企业增加值 8.72 亿元，比上年增长 13.2%；股份制企业增加值 1354.78 亿元，比上年增长 16.3%；外商及港澳台投资企业增加值 44.65 亿元，比上年增长11.5%。[①] 2014 年，全省全年规模以上工业增加值 3117.60 亿元，比上年增长 11.3%。按经济类型划分，国有企业增加值 737.96 亿元，比上年增长 7.1%；集体企业增加值 3.89 亿元，下降 16.5%；股份制企业增加值 1917.08 亿元，增长 14.1%；外商及港澳台投资企业增加值 75.05 亿元，增长 12.7%。由此可见，贵州省民营企业增加值获得极快增长。国有企业改革任务艰巨，竞争压力加大，社会公益责任履行压力加大。

2. 国有企业社会公益责任履行存在体制机制障碍

贵州省自 2011 年首次举行“企业社会责任发布会”，至今五年，社会责任履行体制机制还很不健全，滞后于其他省份。从近年来社会公益责任履行情况来看，企业的社会公益责任履行往往被视为企业的“善举”，主要是从道德层面来进行评判，做得好的企业由政府、媒体进行宣传，做得不好的或者干脆不履行社会公益责任的企业，并没有对应制裁措施，缺乏健全的体制机制。以本次抽样的 43 家国有企业为例，针对履行社会公益责任较差（含不履行）的 8 家企业，政府及相关部门并没有出台相应制裁措施和激励措施。“权利可以放弃，义务必须履行”。义务的履行除了正面倡导之外，更需要制度进行保障。贵州省当前国有企业社会公益责任制度不健全主要表现在激励企业履行社会公益责任的激励机制不健全、督促企

① 数据来源：《2013 年贵州省国民经济和社会发展统计公报》。

业履行社会公益责任的考核机制不健全、支持企业履行社会公益责任的保障机制不健全以及追究不履行社会公益责任的制裁机制不健全等四个方面。

（三）国有企业社会公益责任履行的政策支持相对不足

贵州省国有企业抽样调查结果显示，各国有企业履行社会公益责任，往往是根据政府及相关部门的“指示”执行的。上面要求什么就做什么，上面没要求的坚决不做，上面下达的“指标”是什么，按照“指标”完成即可。履行社会公益责任的形式与途径也往往形式化，缺乏实际意义。相反，完成国有企业对怎样结合本企业经营性质及经营范围，进行有实际意义的社会公益活动往往不太关注。贵州省国有企业履行社会公益责任的内生动力严重不足，缺乏履责的积极性与主动性。2013 年着重调研的 27 家国有企业中，有 12 家企业履行效果较差，绝大部分企业未把社会责任重心放在社会公益事业上，甚至出现社会公益“零责任”。

1. 地方政府对国有企业履行社会公益责任的引导不到位

政府在引导国有企业履行社会公益责任时，往往采取“坐机关下命令”方式，“一刀切”地给各国有企业下死命令，让不少国有企业产生抵触情绪。地方各级政府应该承担起国有企业社会公益引导主体责任，除了大众化社会公益领域外，更要引导各国有企业立足于自身经营范围，为社会大众提供更为有益的支持。

2. 地方政府对国有企业履行社会公益责任的政策支持相对不足

社会责任是国有企业的一项重大使命，社会公益责任是社会责任中最考验企业社会公德意识的一项责任，社会公益责任往往都是没有直接经济回报的。在贵州省企业履行社会责任之初，引导国有企业履行社会公益责任不能仅仅依靠“指标”“命令”，还要考虑到贵州省各国有企业经济发展不平衡的现状，通过政府政策支持等方式，给国有企业履行社会公益责任提供广阔的空间。

三　强化贵州省国有企业社会公益责任履行的对策建议

（一）进一步增强企业社会公益责任意识

社会责任意识是企业履行社会公益责任的内生动力和源泉，没有社会公益责任意识就没有责任的履行。强化贵州省国有企业社会公益责任的关键环节在于增强国有企业社会公益责任意识。

1. 进一步加强企业社会公益责任意识的教育与宣传

目前，贵州省国有企业领导者和管理者队伍总体上是好的，但也存在一些必须引起高度重视和亟待解决的问题。我国企业领导者和管理者内部构成复杂，素质参差不齐，贵州省国有企业也不例外。因此，对企业领导者和管理者加强社会责任教育、引导，很有现实意义。实践中，省国资委、地方国资局作为国有企业的主管（监管）机构，应切实抓好国有企业社会公益责任意识教育，积极寻找有利于国有企业社会公益责任意识树立和加强的教育与宣传形式，丰富教育与宣传的内涵，激发国有企业社会公益责任履行的热情与使命感。

2. 进一步转变企业尤其是企业领导者和管理者的财富思想

企业财富的创造不是单纯依靠企业自身就可以实现的，企业财富的源泉更是国家、社会、公众共同合力的结果。实践中，省国资委、地方国资局作为国有企业的主管（监管）机构，应积极寻找有利于国有企业领导者和管理者社会责任意识转变和加强的有益举措，切实转变企业领导者和管理者的财富思想。要让国有企业领导者和管理者更加清楚地认识到，企业财富的创造与社会责任的履行是辩证统一关系；没有国家、社会提供的社会资源，企业财富就无从实现；没有社会及公众的大力支持，企业就失去财富创造的力量源泉；企业在履行依法纳税义务之外，更要为社会的可持续发展奉献自己的力量。

（二）进一步建立与完善国有企业法人治理结构

贵州省国有企业社会责任缺失是由多种因素造成的。结合贵州经济结构现状来看，公司治理制度的缺位是首要原因。

1. 推进公司治理制度建设

强化国有企业社会责任与推进公司治理制度建设，是任务和途径的关系。“当前首要的任务是，加强正确引导，使企业普遍充分认识到强化社会责任的必要性和紧迫性，要充分利用国际社会普遍推行 SA8000 社会责任国际标准体系的机会，对企业尤其是国有企业进行强化社会责任的教育，使其认识到企业社会责任的重要性，认识到社会责任是企业必须履行的义务，是进入市场的‘绿卡’和通行证。”[①]

2. 加强董事会制度建设

“董事会是代表公司行使法人财产权的必要集体机关，它由股东大会选举产生的、不少于法定代表人数的董事所组成，是公司法人的经营决策和执行业务的常设机构，能够对公司的投资方向及重大问题做出决策，并对公司经理层进行监督。”[②] 国有企业治理制度建设，应以董事会建设为核心，通过制度设计做到董事长和总经理两职分离，通过完善独立董事的产生机制、建立独立董事法和职业准则、增加财务独立董事比例等途径，增强独立董事的“独立性”。

3. 在“本土化”上下功夫

欧美国家的实践证明，公司治理制度是切实可行的制度，具有科学性。但是，从各国的实践来看，由于政治、经济、文化等因素的差别，公司治理制度的理念、结构及其作用方式也不相同。因此，引入公司治理制度时，必须注意结合我国的国情、企情，结合贵州的省情、企情，灵活运用，从而切实提高公司治理制度的运行效率。

---

① 朱林兴：《强化国有企业社会责任意识》，人民网，2007 年 5 月 24 日。

② 陈庆发：《对完善公司董事会制度建设的几点建议》，千千网，2011 年 5 月 19 日。

（三）进一步健全国有企业社会责任履行监督机制

为了提高贵州省国有企业履行社会责任的自觉性与主动性，应该将企业社会责任引入社会信息公开制度。从当前各国有企业社会责任履行信息的披露来看，主要内容是公司的财务状况，对社会公益责任履行情况的披露则相对较少。

1. 企业通过信息披露机制，向社会传达履行社会责任的相关信息

建立企业信息披露机制，首先要明确披露的内容。实践中，建议将企业内员工权益的保护状况、环境污染状况、企业的债务情况、社区关系状况、商品质量及消费者投诉状况等纳入企业向社会披露信息的范畴。通过建立企业信息披露机制，唤醒全社会企业的社会公益责任意识。

2. 企业通过信息披露机制，形成企业社会公益责任履行的积极导向

通过信息披露机制，有利于形成企业社会公益责任履行的激励导向。“一方面可以使那些自觉履行社会责任的企业得到赞扬和传颂，提升企业及其商品的知名度，从而树立企业良好的社会形象，进而促进企业发展壮大；另一方面可以使那些利欲熏心、不愿履行社会公益责任的企业遭到曝光，受到社会道德谴责和法律制裁，使其降低乃至丧失市场竞争力，逐渐退出市场，从而维护良好的市场经济秩序，实现企业经营健康、可持续发展。”①

（四）进一步建立与完善有利于国有企业社会公益责任履行的体制机制

国有企业社会公益责任的履行需要制度保障。加强贵州省国有企业社会公益责任必须着力加强社会公益责任的考核机制、保障机制、激励机制、制裁机制等制度建设。

1. 建立健全督促企业履行社会公益责任的考核机制

将社会公益责任履行情况作为国有企业的重要考核指标和要求，对强化

① 黎嫦娟：《贵州省国有企业社会责任发展报告（2014）》，贵州人民出版社，2014。

企业责任意识和社会责任的切实落实具有重大意义。考核是对国有企业代表国家从事社会民生领域经营事务业绩进行考量的重要途径和方式，考核的内容和指标除了着眼于国有企业资产保值增值方面，也要立足于社会责任履行方面，尤其要将社会公益责任纳入国有企业目标考核指标，并作为企业领导者和管理者业绩考核的重要内容。

2. 建立健全支持企业履行社会公益责任的保障机制

企业在履行社会公益责任过程中，会遇到一些问题，需要政府及相关部门提供保障，如政策支持。制度保障不仅是国有企业履行社会公益责任的必需，也是促进企业自觉履行社会责任的重大支撑。省国资委、地方国资局作为国有企业的主管（监管）机构，应该为各国有企业履行社会公益责任搭建便捷通道和平台，及时跟踪和反馈各国有企业履行社会公益责任中存在的困难尤其是制度难题，积极通过制度完善为各国有企业履行社会公益责任提供制度保障，切实解决国有企业社会公益责任履行“有心有力但无门”的两难困境。

3. 建立健全激励企业履行社会公益责任的激励机制

企业履行社会公益责任需要激励机制，尤其是来自政府及相关部门的激励。贵州省国资委、经信委、工信委等国有企业主管单位，必须建立健全激励国有企业履行社会公益责任的激励机制，充分调动国有企业履行社会责任的积极性，通过切实举措激励责任履行好的企业，同时对责任履行较差企业进行鞭策。

4. 建立健全追究不履行社会公益责任的制裁机制

激励与制裁保障企业社会责任履行的两个方面，必须同等对待。企业社会公益责任不等同于“慈善”，也不是单纯的“义举”，而是企业尤其是国有企业必须履行的社会义务。切实有效的制裁措施是对社会公益责任履行较差（含不履行）企业的必要惩罚，也是对社会公益责任履行较好企业的肯定和彰显，是国有企业履行社会公益责任的必要保障。

结　语

社会公益责任不是简单的“慈善”，也不是纯道德层面上的“义举”。

社会公益责任是企业尤其是国有企业社会责任的重要组成部分，是企业尤其是国有企业必须履行的义务。贵州省国有企业由于经济发展不平衡、产业结构不合理等因素制约，短期内在履行社会公益责任方面存在不足，但是，在省委省政府及相关部门的高度重视下，贵州省国有企业履行社会公益责任状况已有所改观。2015 年 9 月 13 日，中共中央国务院印发《关于深化国有企业改革的指导意见》。这是新时期指导和推进国企改革的纲领性文件，从总体要求到分类改革，从完善现代企业制度和国资管理体制、发展混合所有制经济、强化监督防止国有资产流失等方面提出国企改革目标和举措。这一指导意见是贵州同步小康征程中全省国有企业改革的纲领。我们相信，贵州省国有企业社会责任践行之路一定会越走越好！

参考文献

《2014 年中国铁路通信信号贵州建设有限公司社会责任报告》。

《2014 年中国移动数据中心（贵州）社会责任报告》。

《2014 年西南能矿集团股份有限公司社会责任报告》。

《2014 年中国铝业遵义氧化铝有限公司社会责任报告》。

《2014 年贵州川恒化工有限责任公司社会责任报告》。

《2014 年贵州紫金矿业股份有限公司社会责任报告》。

《2014 年贵州开磷控股（集团）有限责任公司社会责任报告》。

《2014 年贵州成黔集团社会责任报告》。

《2014 年贵州省黔晟国有资产经营有限责任公司社会责任报告》。

《2014 年贵州瓮福集团有限责任公司社会责任报告》。

《2014 年中国建筑第四工程局有限公司社会责任报告》。

《2014 年贵州路桥集团有限公司社会责任报告》。

《2014 年中铁贵州旅游文化发展有限公司社会责任报告》。

《2014 年贵州高速公路集团有限公司社会责任报告》。

《2014 年贵州建工集团有限公司社会责任报告》。

《2014 年贵州凯星液力传动机械有限公司社会责任报告》。

《2014 年贵州钢绳（集团）有限责任公司社会责任报告》。

《2014 年毕节市力帆骏马振兴车辆有限公司社会责任报告》。

《2014 年贵州航天新力铸锻有限责任公司社会责任报告》。

《2014 年中国贵州茅台酒厂（集团）有限责任公司社会责任报告》。

《2014 年贵州轮胎股份有限公司社会责任报告》。

《2014 年贵州红星发展股份有限公司社会责任报告》。

《2014 年贵州盐业（集团）有限责任公司社会责任报告》。

《2014 年贵州红林机械有限公司社会责任报告》。

《2014 年贵阳卷烟厂社会责任报告》。

《2014 年保利久联控股集团有限责任公司社会责任报告》。

《2014 年贵州乌江水电开发有限责任公司社会责任报告》。

《2014 年贵州黔桂发电有限责任公司社会责任报告》。

《2014 年贵州黔源电力股份有限公司社会责任报告》。

《2014 年贵州省天生桥水力发电总厂社会责任报告》。

《2014 年中电投贵州金元集团股份有限公司社会责任报告》。

《2014 年贵州电网有限责任公司社会责任报告》。

《2014 年贵州电建二公司社会责任报告》。

《2014 年贵阳北控水务有限责任公司社会责任报告》。

《2014 年贵州航空有限公司社会责任报告》。

《2014 年贵州省机场集团有限公司社会责任报告》。

《2014 年贵阳市公共交通运输公司社会责任报告》。

《2014 年贵阳汽车客运有限公司社会责任报告》。

《2014 年贵州省兴绿洲水禽研究院社会责任报告》。

《2014 年贵州电力设计研究院社会责任报告》。

《2014 年贵州产业投资（集团）有限责任公司社会责任报告》。

《2014 年贵州省农村信用社社会责任报告》。

《2014 年贵州旅游投资控股（集团）有限公司社会责任报告》。

B.4

2014年贵州省国有企业社会责任管理创新发展报告

李 妍

摘 要： 管理创新是贵州国有企业履行社会责任的重要保障。社会责任意识不断加强，企业思想政治工作的创新，技术开发的创新，法治思维的创新以及媒体行业的加入等等，都是现阶段企业社会责任顺利履行必不可少的创新方式，只有不断创新，国有企业才能更好地履行社会责任。

关键词： 贵州 国有企业 管理创新

贵州国有企业社会责任的履行能够推动企业思想政治工作的创新以及技术开发的创新。政府、企业本身，还有一个在现代不可或缺的组成部分——媒体都应该在推动企业履行社会责任的同时，推进国有企业思想政治工作创新以及技术创新。

一 贵州国有企业思想政治工作创新责任

思想政治工作这一概念首先是列宁、斯大林等苏共领导人在1903年前后提出来的。列宁早在创立布尔什维克党的时候，“政治工作”“政治教育工作”等概念就在那个时候被提出，主要意义在于实现党的政治纲领、战略策略，从而动员、教育和组织党内外群众的工作。但是，“明确使用

‘政治思想工作’和‘思想工作’这两个概念还是斯大林 1934 年在联共（布）第十七次代表大会总结报告中提出来的”①。中国共产党在十一届三中全会以后，基本采用了“思想政治工作”和“思想政治教育”这两个概念。

由国企党委领导工会、共青团组织，通过开展集体主义教育、理想信念教育、社会公德教育与爱国主义教育，以帮助广大国企职工树立正确的价值观、职业观和人生观，能够凝聚人心，共渡困难。然而随着社会进步、经济发展，全球经济社会一体化正逐渐形成，国有企业的思想政治工作必须要注入新鲜血液，使其与时俱进，与国际对接，这样才能让中国特色企业管理模式被国际社会认可。因此，创新思路对于国有企业思想政治工作具有举足轻重的作用。

（一）国有企业对社会、对人类的责任

在贵州省国有企业施行的传统思想政治工作中，国企责任运动倡导：作为掌握多种社会资源的主体，国有企业除了创造物质财富外，还应承担慈善捐助、环境保护、劳工权益保护等责任，同时也需要对利益相关方负责。贵州国企社会责任不仅是在做企业的工作，也是在做人的工作，进一步讲就是在做社会的工作。同样是关注人的思想和行为，这与思想政治工作的最终目标可谓不谋而合。

在与国际接轨的新形势下，作为具有中国社会主义特色的贵州国有企业思想政治工作，也同国际企业管理进行了接轨。为使中国特色国有企业管理与国际企业管理相融合，国有企业应在结合新的企业管理模式的同时继承国企思想政治工作的优良传统，对企业社会责任思想政治工作提出新要求，以推动国有企业的国际地位不断提升。

贵州国有企业思想政治工作如果能把企业社会责任管理的传统经验与企业社会责任——这一新经济发展阶段出现的思想政治工作的新内容有机地结合起来，便会在新时代下产生与众不同的反响。

① 张蔚萍：《新编思想政治工作概论》，中共中央党校出版社，1990，第 31 ~ 32 页。

（二）国有企业的社会责任的道德、责任意识增强

欧美国家一些学者早在20世纪20年代就提出“企业社会责任”这一概念。英国学者欧立文·谢尔顿早在1923年的时候，就首先提出“企业社会责任”这个概念，他认为：企业社会责任中包含很多因素，其中最重要的是道德因素。一个企业要发展，不仅仅要满足产业内人士的利益需求，同时还要满足产业外人士的不同需要。鉴于企业社会责任必须区别于商业责任，欧美的一些学者对“企业社会责任”这一概念做了分析，得出的结果是，企业社会责任是有别于商业责任的，企业在对股东负责的同时，还要不断地创造财富，并且必须对全社会承担责任，包括遵守商业秘密、保护员工权利、保护弱势群体、有效保护环境，发展慈善事业、公益事业等。贵州国有企业对社会责任的处理在这方面是做得相当不错的，不仅得到社会和人们的充分认可，还在社会上获得不同凡响，并且企业在实践社会责任过程中产生了共鸣与参考。目前，世界公认的企业社会责任国际准则主要有：SA8000（Social Accountability 8000）、全球契约（Global Compact）和生产守则（Code of Conduct）。在现代社会国有企业尽社会责任的履行情况，对社区的贡献有多少，在很大程度上会影响客户对该企业、对企业品牌的选择。因此，企业文化在国有企业社会责任管理中有着举足轻重的作用。如贵州茅台集团、贵州省机场集团、贵州移动等的贡献是有影响力的。

1. 持续创新，不断超越

贵州乌江水电开发有限责任公司全体职工以坚忍不拔的意志，坚持和发扬与时俱进、自强不息的精神，锲而不舍，锐意进取，直面困难与矛盾，狠抓执行和落实，谋创新、敢创新、善创新，着力创新思维、创新决策、创新方法、创新执行，源源不断地为企业经营管理和改革发展注入生机和活力。公司全体职工以勇攀高峰，坚持和发扬不断超越、追求卓越的精神，放眼全局和未来，抢抓机遇和资源，敢于超越自我、超越他人、超越过去、超越现在、永无止境地向着更高目标迈进，确保公

司基业长青。

在 2014 年经济下行压力加大的情况下，公司工作计划中对核电等新领域发展都有新的思考。

2. 同步小康驻村工作

2014 年，贵州乌江水电开发有限责任公司派出两位同志参与贵州省同步小康驻村工作。分别到贵州省大方县黄泥塘镇兴林村和化理村开展帮扶工作。在兴林村投资 11 万元实施“人畜饮水”工程，安装长 5.5 公里通水主管，解决全村人畜饮水的难题。在化理村村委会及人员密集地段投入资金 11.5 万元，安装太阳能路灯共 30 套，为村委购置办公设施两套。

3. 企业政治思想工作

贵州国有企业的政治思想工作，不是纸上谈兵，最重要的是要做员工的思想工作，用先进的指导思想指导员工的行为从而解决员工的思想问题。贵州国有企业在履行社会责任的时候，要注意到员工的思想和行为，与国有企业相关的一切人，包括公司股东、债权债务人、雇员、供应商等交易伙伴，消费者，还应该包括政府相关部门、居民、社区以及媒体，还有现代社会特别关注的环境问题，都是要受到企业经营活动直接或间接影响的。从这个意义上来看，贵州国有企事业单位在这点上做得比较好的是贵州机场集团，机场集团通过全面推行厂务公开、党务公开，认真落实谈心谈话制度，定期分析员工思想动态，广泛开展企业文化宣传，全面实行“五必清、六必谈、七必访”思想政治工作法，认真开展员工关爱行动，努力提升员工幸福度。结合群众路线教育实践活动，着力构建联系和服务群众工作体系，制定下发了《党员联系群众工作制度》《困难职工帮扶管理办法》，募集 10.5 万元的困难帮扶基金，补上集团困难职工帮扶体系；通过落地“六项行动”，切实改进工作作风，为职工建设公租房、恢复住房增量补贴、建设 T2 食堂、完善职称补贴机制、调整部分班组长补贴等举措，极大地增强了员工归属感。“社会生产力的诸多要素中，人是最重要、最特殊、最能起主导作用的因素，只有抓好人的因素，才能抓好其他的因素，才能促进生产力的发展。因此，国企思想政治工作必须要不断得到重视、不断改革创新、不断与时俱进，时刻与经济、社会发展步调保持一致。”①

二　贵州国有企业经济技术创新责任管理

在新经济环境下，国有企业思想政治工作亟须创新经济技术与先进思想相结合并迅猛发展，这样不仅为思想政治工作的开展创造了有利条件，也对思想政治工作的现代化提出新的更高的要求。如果贵州国有企业还仅以传统的内容、方式和方法进行思想政治教育工作，不注意增强思想政治工作的国际性和时代感，不能更多、更快、更准地反映经济发展的新变化，就满足不了人们的精神需求，就会出现思想政治工作脱离群众、脱离实际的危险。

（一）社会环境新变化需要思想政治工作与技术不断创新

1. 思想政治工作创新有助于提升企业文化

贵州的经济发展正受到经济全球化趋势影响，必然会造成市场竞争的更加激烈化，贵州国有企业自主依法经营，管理企业模式的自主性会更加重要，贵州部分国有企业正在与外资合作，必然会引入新的、先进的管理模式，企业在实行运行机制的同时必然有管理理念和文化观念的冲突，这样的冲突将会促使贵州国有企业更加重视企业政治思想文化建设，改善企业生产经营模式，提升企业在市场竞争中的地位和作用。

在深化行政管理体制改革和国有资产管理体制改革的同时，社会主义法制的逐步完善，贵州国有企业将会面临产业结构的调整和高新技术的发展，以及人力资源的开发和保留，也将促使国有企业人员的自由流动加速进行。

① 胡雄波：《浅谈思想政治工作对企业发展的影响》，《企业家天地》2008 年第 12 期，第 66 页。

“社会保障体系和社会管理都需要进一步完善，继续促进剥离企业的社会职能，退休人员、下岗失业人员的管理将转移到社会、社区。”① “上述社会环境发生的这一系列变化，都必然对企业思想政治工作产生重大影响，使企业思想政治工作越来越重要，越来越难做。所谓越来越重要，是因为随着时代的发展，社会和人的复杂因素越来越多，越来越需要引导、教育和协调。所谓越来越难做，是因为社会环境变了，人们的思想观念随之发生变化，生活方式、信息传播渠道也发生了变化，加之社会热点、难点、盲点问题较多，这就需要思想政治工作的任务、内容、方式与之相协调，不仅要进一步加强思想政治工作，更需要适应已经变化了的新形势改进和创新思想政治工作。”②

贵州国有企业履行社会责任就是要牢固树立政治观念，在企业与企业员工、企业与社会之间界定清楚个体与集体的关系，从而做到合理利用各种资源，重视道德教育，提高社会福利，让“社会本位”理论得以体现。正如中国南方电网贵州电网公司为少数民族提供特色电力服务——少数民族有自己独特的民族文化和生活方式，文化差异性对电力服务带来挑战。公司尊重当地的文化传统，根据少数民族独特的诉求，提供个性化、有特色的电力服务，让便捷、高效的电力服务走进少数民族生活。贵州吊脚楼是典型的少数民族元素，吊脚楼是木质结构，耐火等级低，存在较大的安全隐患。公司对这些建筑的导线进行绝缘化改造，避免火灾隐患，保护当地建筑和民族文化生活。同时进行用电安全知识宣传，既传承了少数民族文化又对少数民族宣传了电文化。

2. 贵州国有企业社会责任与企业政治思想工作的一致性

贵州国有企业的政治思想工作不是一项简单的工作，在企业中提倡以人为本，维护员工的合法权益，不仅要让员工能感受到自己是企业的一员，更

---

① 中共武汉市委企业工委课题组：《国有企业思想政治工作调查》，《社会主义研究》2003 年第 6 期，第 97 页。

② 晁建敏：《国有大型企业思想政治工作创新的探讨》，《集团经济研究》2006 年第 5 期，第 21 页。

要让员工有主人公地位。贵州企业社会责任要求企业采取各种措施保护其员工的健康和安全，在企业中普遍认知的危险也要考虑周到，最大限度降低危险工作环境中的安全隐患。一是企业内部不得有性别、生育倾向、政治派系等歧视。二是企业政治思想工作最重要的就是要遵守道德规范，在国有企业社会责任中，企业遵守社会道德规范是最基本的内容。三是政治思想工作中依法治国是一项重要内容，宣传法制，进行普法教育。同样国有企业社会责任把企业遵守相关国际法以及企业所在国家、地区的法律法规作为该企业运行的重要宗旨和行为指南。四是政治思想工作强调精神文明和物质文明两手抓两手都要硬，同时国有企业社会责任的履行将社会道德责任作为规范国有企业的硬性标准，推动企业精神文明建设从政治思想工作开始。此外，“它还致力于促进企业在重视经济发展的同时，也要重视社会公德，承担相应的社会责任，从而有利于企业、个人及社会的全面发展。”①

（二）技术创新责任

技术创新理论（Technical Innovation Theory）首次由熊彼特（Joseph A · Schumpeter）的《经济发展理论》提出。“创新”就是“一种新的生产函数的建立（the setting up of a new product in function），即实现生产要素和生产条件的一种从未有过的新结合，并将其引入生产体系。创新一般包含五个方面的内容：一是制造新的产品：制造出尚未为消费者所知晓的新产品；二是采用新的生产方法：采用在该产业部门实际上尚未知晓的生产方法；三是开辟新的市场：开辟国家和那些特定的产业部门尚未进入过的市场；四是获得新的供应商获得原材料或半成品的新的供应来源；五是形成新的组织形式创造或者打破原有垄断的新组织形式。”② 因此，企业技术创新是一个典型的融科技与经济为一体的系统工程。

---

① 刘四辈：《SA8000 标准与企业思想政治工作》，《思想政治工作研究》2004 年第 8 期。

② 百度文库 http：//baike. baidu. com/link？ url = FvdUQCKQsBGxahtW7D1lSvBPL – fCvhWtA4l03SJG0mWR1JSFpvMDLJotet8_ lwCZhwostFy1QhwWCtd1 – RsGAa。

1. 政府要营造良好的创新环境，加大对企业技术创新的支持力度

如果要改变贵州技术人才缺乏的现状，政府相关部门以及传媒机构都应该更多地对企业进行引导，甚至借助一定的实质性激励机制，完善风险投资和试点科技保险等，加大对国有企业技术创新的资金投入力度，让贵州国有企业通过对社会责任的承担认识到企业发展活力的真正源泉，建立吸引和培养人才的长效机制，从而推动企业与企业之间、企业与高校之间和科研机构之间建立产、学、研相结合的技术创新体系，为技术创新营造更好的政策环境和法治环境。

2. 整合创新资源，加强组织学习

贵州国有企业履行社会责任，在进行技术创新的同时，自身技术水平的提升同时也促进着产业技术水平的提升。不仅要整合产业链资源，还要为企业的可持续发展提供良好的技术环境。在技术创新上，企业基于产业链的主体与之合作，利用技术迁移的契机，做好相关技术的学习研究，不断增强其技术和知识的积累，使企业增强对市场环境的适应能力。此外，产业链之间的创新主体可以共同降低其研发成本，从而推动技术创新，提升在产业链中的整体竞争力。

3. 组织和经费保证

只要是能给企业带来活力、带来生机的技术创新活动，国有企业都应该要健全组织领导机构，充实技术人员力量，并要落实研究经费和相关补助费用，严格按有关部门规定和企业的目标期望让经费到位。创新活动产生新的经济效益，就应该被鼓励并积极推动。不要仅仅只把技术创新的成果放在R&D的金额及科研人员的数量上，更重要的是转变发展思路，从企业自身特色出发，关注消费者、合作商的需求变化，立足社会的长远发展，使企业在市场竞争中占得有利地位，并且使得企业的发展更具持续性，从而使国有企业真正达到履行社会责任、实施技术创新的目的。

4. 实现科学发展，加快转变经济发展方式

贵州国有企业在社会转型期的一项重要社会责任就是实现科学发展，加快转变经济发展方式。加强科技创新是国有企业加快转变经济发展方式的主要抓手，贵州国有企业加强科技创新这一举措将成为一项重要社会责任。

第一，贵州国有企业的发展应该坚持自主创新，在坚持自主创新的同时突出其主业的发展。在创新的基础上加强原始创新、集成创新和引进消化吸收再创新的能力。着重技术改造，不断提高新产品研发能力，这样就可以促使贵州国有企业调整产业结构，改造传统产业，加快培育发展战略性新兴产业。具体而言，就是“在现代农业、装备制造、生态环保、能源资源、信息网络、新型材料、安全健康等领域取得新突破，在核心电子器件、超大规模集成电路、系统软件、转基因新品种、新药创制等领域攻克一批核心关键技术。加强基础前沿研究，在生命科学、空间海洋、地球科学、纳米科技等领域抢占未来科技竞争制高点”。①

第二，贵州国企需要把科技创新融入企业文化。国有企业文化的形成并非一蹴而就，文化的发展与经济的发展是相联系的。国有企业在企业中开展科技创新以促进经济发展方式的转变，并让员工都知道其意义，同时又把科技创新的方式方法融入企业，让企业的生产、销售、管理等各个环节和各个领域都能一气呵成，以文化带动创新，以文化带动发展。

第三，政府应该支持贵州国有企业的科技创新。政府应该把重点引导和支持国有企业创新，加快建立以企业为主体、市场为导向、产学研相结合的技术创新体系。政府应该支持贵州国有企业科研成果，特别是创新科研成果，适当加大对基础研究的投入，如果涉及重大科技基础设施开发的，可以共享。企业同时也需要注重诚信体系建设以及企业内部治理结构的完善等。在中国特色社会主义的实践中，促进贵州国有企业更好更快地履行社会责任的途径也会日益多元化。

技术创新是一个长期的过程，也是认识和积累的过程。贵州国有企业要从国家战略、企业战略的高度认识企业承担社会责任的重要性和长期性，同时也要根据自身发展的需求和能力，提升企业竞争力、市场竞争力，为企业技术创新的顺利开展创造条件。

---

① 《中国共产党第十七届中央委员会第五次全体会议文件汇编》，人民出版社，2010，第38页。

三 法治意识下的社会责任创新

党的十八届四中全会《决定》提出，“社会主义市场经济本质上是法治经济”，要“加强企业社会责任立法”。①这表明社会责任立法已经列入国家法治进程，一旦相关法律出台，企业履行社会责任将不再是企业的自主行为，而是一种法律硬约束，国有企业将在法治框架下履行社会责任。因此，国有企业有必要从现在起就培养依法履行社会责任的意识，以法治化思维审视社会责任，推进社会责任建设。

（一）贵州国有企业管理层要树立法治思维，增强社会责任意识

贵州国有企业在推进依法治企的道路上是有条不紊的。依法经营，知法守法，有力保障了企业健康持续发展。但在国有企业内部，管理层是否具有正确、强烈的社会责任意识往往决定了企业履行社会责任的水平。

1. 表率作用

贵州国有企业在全省经济中处于特殊的地位，不仅在创造效益、经营绩效等方面要成为非国有企业的榜样，在履行社会责任上也要起到表率作用。国企管理层在制定规划、进行决策时，要主动融入社会责任理念，以此带动和影响企业行为，促进企业更好地履行社会责任。

在这一点上，贵州国企履行社会责任的模范先锋作用是发挥得比较好的，比如贵州机场集团、贵州茅台集团、贵州电网公司、贵州乌江水电开发有限责任公司、贵州开磷集团等。

2. 市场作用

贵州国企管理层要充分认识履行社会责任的意义和必要性就在于增强履责主动性。在市场经济中，任何企业都要处理好与政府、员工、投资者、客

---

① 党的十八届四中全会：《中共中央关于全面推进依法治国若干重大问题的决定》，《人民日报》2014 年 10 月 28 日。

户、消费者以及环境的关系，并在社会上具有良好社会形象，才能可持续地发展。国有企业只有自觉履行好社会责任，才能够树立起良好的社会形象，赢得消费者的称誉、投资者的青睐以及客户的尊重，最重要的是赢得政府、社会公众的支持，为企业创造和谐的发展环境，从而为企业带来更大的经济效益。所以，贵州国有企业管理层更需要把社会责任作为企业的长远发展战略来对待。做到依法纳税、公平合理参与市场竞争、生产质量合格的产品、诚信经营等，这些都是法律对企业生产经营管理活动的严格要求，同时也是企业社会责任的主要内容。贵州国有企业管理层必须强化法制观念，树立法治思维，依法做出决策，并且决策的行为的效果要对得起员工和社会公众的利益，维护企业的社会形象。

3. 普法教育

国有企业大力开展企业普法工作，增强员工的学法守法用法意识。普法工作要与培育社会责任意识结合起来，依法合规经营要靠员工实现，安全、环保等社会责任要靠员工在具体工作中落实。试想，员工不按规章流程操作，企业的安全生产就会出现隐患；员工缺乏环保意识，企业绿色低碳发展就是一句空话。国有企业提升履行社会责任的水平，必须先提升员工的法律意识、制度意识。

与企业发展密切相关的《劳动法》《安全生产法》《环境保护法》等是企业普法的重要内容，而遵守上述这些法律也是员工践行社会责任的体现。另外，扎实推进企业文化建设，培养员工的社会责任意识。培育员工的社会责任意识要重视企业文化建设的作用，通过构建引领企业发展的企业文化，把“遵法守法、诚信经营”等法治理念融入企业文化建设，培养员工的社会责任感，增强员工对企业履行社会责任的普遍认同，使企业员工能爱岗敬业、遵法守法、随时维护企业形象，提升企业履行社会责任能力。

（二）国有企业责任履行的合法性

履行社会责任是企业的一项重大社会义务，企业在追求利润最大化的

同时，与经济利益相矛盾的问题会不时出现，甚至有时候会影响企业社会责任的履行。国有企业在这个时候就需要对相关法律法规的认识更加准确，也要依赖于国家在完善相关法律法规的同时，建立起一套相应的监督管理机制。做到依法守法、严格执法，对失信行为的企业，尤其对于那些侵害员工权益、损害消费者利益以及污染环境和资源浪费的企业，要绳之以法。这样不仅使企业的行为在社会经济活动中更加规范，也让政府的监督与企业对社会责任重要性的认识形成统一，增强企业履行社会责任的自觉性。

有学者认为，社会责任是企业存在的必要条件。企业能为社会做些什么，承担起什么样的责任和义务，有什么样的发展都需要用社会责任的履行来评价。企业是存在于社会中的，因此企业社会责任的合法性问题也是众说纷纭。企业的责任性问题的核心在于，一些企业对于履行社会责任存在或持有反对意见，因为履行社会责任，从某种意义上来说是会给企业带来一定经济损失的。国外的学者相关理论指出，企业社会责任是自愿的，并不是必须履行的。诺贝尔经济学奖得主米尔顿·弗里德曼强烈反对企业承担任何责任，认为承担责任不如高效地提高产品质量和服务，达到股东利润最大化，因为企业是一个经济实体，经济价值观应当是企业行为决策的唯一因素。而现代管理学的奠基人彼得·德鲁克认为，单纯追逐利润最大化的公司会忽视非常重要的领域，比如研究、培训和福利，只要它的竞争对手在这些领域倾注全力，就会轻易将它击败。企业在社会责任上的投入不是额外的，而是和生产成本、原材料成本一样，是企业基本运作的一种必要支出。履行企业公民义务，并不仅仅意味着更多的成本支出，执行企业公民政策，自有它隐性的回报，而且是非常大的回报。

我们必须认识到，社会责任的履行是可以提升企业形象，给企业带来更多经济效益的。不能单方面认为履行社会责任是做慈善，或者是亏损。所以，现代社会应该产生一种方式为国有企业的社会责任做宣传，让企业、让社会更加理解国有企业社会责任在履行的意义。

四　媒体的功能建议

（一）注意到媒体的重要性

（1）积极发挥媒体对企业的舆论监督职能，以弥补现有法规制度的不足。可通过引入竞争媒体，设定一系列的考核指标针对媒体当年对市场的监督情况进行排名，对表现优秀的媒体可给予一定的奖励，从而调动媒体的积极性，使企业在媒体的监督压力下进一步提高公司治理水平，同时也使监管机构及企业的各利益相关者由此受益。

（2）政府应在不影响企业正常发展的前提下，合理发挥市场监管与宏观调控的作用。政府一方面要支持并鼓励媒体发展，为媒体营造一个适宜的配套环境，以便媒体曝光的真实事件能够得到相关部门的重视和解决；另一方面，政府需要加大对媒体违规行为的惩罚力度，制止媒体与某些利益集团之间因“寻租”而产生的有偏颇性的报道。

（3）引入竞争机制，减少部分行业的不合理垄断。在一些社会责任履行情况较差的行业，应考虑对其实行结构重组，并适当降低产业进入门槛，引进和培育竞争性企业，形成可竞争性市场结构，以减少由不合理垄断带来的社会责任缺失问题。

（二）注意到建立覆盖全员的技术创新信息系统的紧迫性

企业是市场经济最重要的组织，市场的变化对企业管理有不同的要求。在经济开始发展时，企业对于社会责任很少顾及，只是追求经济效益的最大化，企业也就很少承担社会责任。但随着社会的发展、市场的变化，消费者的自我保护意识越来越强，政府、社会对企业责任越来越关注，现代经济市场要求企业履行社会责任，因此企业现代管理与企业社会责任相统一。

科技管理信息系统从设计之初，就充分考虑了员工特别是一线员工的创新活动需求。合理化建议和自主管理作为其中最早开发的一个模块，实现了员工提出建议、采纳评审、实施跟踪、成果评审、经济效益评审、奖励、自主管理课题登记、过程活动、成果发表等全过程的网上运行。此模块与企业的人事系统、知识产权模块实行实时勾连，为广大一线员工参与合理化建议和自主管理活动提供了一个高效透明的操作环境，提高了管理效率。

基于企业社会责任的现代管理创新在组织结构方面应从两方面着手：一是在组织结构设置中成立专门的企业社会责任部门，这样就有专门的部门与工作人员来负责企业社会责任工作；二是建立企业与社会以及其他企业之间的网络化管理责任体系，不仅强化了国有企业社会责任，还能在大数据背景下提升企业的管理与宣传层次。

（三）贵州国有企业社会责任在企业运营中的管理创新

国有企业社会责任将企业社会责任融入国有企业运营的各个环节，实现国有企业社会责任与其创新管理的统一与融合。国有企业社会责任使得企业管理从内部向外部延伸，将企业人力、物力、财力运用到环境、资源等领域。企业追求效益注重的是企业内部的资源优化问题，基于企业社会责任的企业管理也应注重社会资源的优化配置。

1. 制度创新

将企业社会责任融入企业日常管理，另外则是在产品的研发、生产、市场营销等全过程中应用社会责任理念进行管理，将企业利益与社会利益相协调。

2. 管理创新

企业社会责任引发企业现代管理创新，将企业价值与社会价值相联系，在关注企业发展的同时注重环境、资源等问题。基于企业社会责任的现代管理是将企业经济利益与社会利益相统一，注重企业的可持续发展。基于企业社会责任在企业的评价体系中进行管理创新分为两个方面：一是企业评价员工的考核指标；二是社会评价企业的考核指标。在企业绩效管理中融入企业社会责任，可以建立社会责任绩效考核一栏，这样真正使得企业社会责任工作得到落实，从基层到管理层都认识到社会责任的重要性，并具有具体的行动，而不是单单喊几句口号，这样才能够真正从长远促进贵州国有企业发展。

参考文献

李培功、沈艺峰：《媒体的公司治理作用：中国的经验证据》，《经济研究》2010 年第 4 期。

徐莉萍、辛宇：《媒体治理与中小投资者保护》，《南开管理评论》2011 年第 14 期。

陈朝晖、易朝辉：《欠发达地区企业技术创新联盟构建策略》，《企业经济》2012 年第 9 期。

赵艳荣、叶陈毅、李响：《基于战略视角的企业社会责任管理研究》，《企业经济》2012 年第 9 期。

彭华岗等：《中国企业社会责任报告编写指南》，经济管理出版社，2011。

岑幼华：《市场经济条件下如何加强国有企业思想政治工作创新浅析》，《东方企业文化》2014 年第 9 期。

《新形势下国企思想政治工作创新探讨》，《才智》2014 年第 22 期。

B.5
2014年贵州省国有企业生态责任发展报告

许　峰*

摘　要：2014年，贵州省国有企业坚决贯彻执行国家有关环保法律法规，以可持续发展为指导，进一步落实科学发展观；按照"减量化、再利用、资源化"的原则和"控制总量、优化结构、合理布局、降低消耗，走新型工业化发展道路"的要求，立足实际，以资源的有效利用、能源的阶梯利用和废物的综合利用为重点，进一步加大节能减排、实施清洁生产、发展循环经济，坚持以生态文明理念引领发展，将公司建设成资源节约型和环境友好型企业。

关键词：贵州　国有企业　环境保护　节能减排　资源节约

一　引言

2014年6月，《贵州省生态文明先行示范区建设实施方案》获国家发改委批复。贵州建设生态文明先行示范区，有利于探索资源能源富集欠发达地区绿色发展新道路。该《方案》确定了全省生态文明先行示范区建设的主要目标，即到2020年，与全国同步建成全面小康社会，生态文明理念深入人心，

* 许峰，贵州省社会科学院党建研究所副研究员，博士。

符合主体功能定位的开发格局全面形成，产业结构更趋合理，资源利用效率大幅提升，生态系统稳定性增强，人居环境明显改善，生态文化体系基本建立，生态文明制度体系基本形成，绿色生活方式普遍推行，全面完成生态文明先行示范区建设各项目标，使贵州省成为资源能源富集、生态环境脆弱、经济欠发达地区转型发展和绿色崛起的先进典范。上述《方案》还从以下几个方面对贵州省生态文明建设做出详细部署：严格实施主体功能区制度和规划，科学谋划空间开发格局；大力调整优化产业结构，推动绿色循环低碳发展，促进资源节约集约循环利用；加强生态系统建设和环境保护，健全完善生态文明制度，加强基础能力建设，推进体制机制创新，打造生态文化体系。在《方案》的推动下，加快生态文明先行示范区建设正成为全省上下普遍的共识。

6月9日，全省生态文明建设大会在贵阳召开，会议强调，要让守住发展和生态两条底线思想落地生根，突出加强生态建设、调整产业结构、发展循环经济、全面深化改革四个重点，加快建设生态文明先行示范区，奋力走向生态文明新时代。同月，贵州启动全国节能减排宣传周和全国低碳日活动。

7月，生态文明贵阳国际论坛2014年年会在贵阳举行，贵州省内国有企业茅台集团、瓮福集团、开磷集团、盘江投资控股集团、贵阳勘察设计院等主要负责人应邀参会并发言。

9月，贵州省印发《2014—2015年贵州省节能减排低碳发展行动方案》，其中，2014年的目标任务是：全省单位GDP能耗，GDP二氧化碳、化学需氧量、氨氮、二氧化硫和氮氧化物排放量分别比2013年下降2.8%、3.79%、0.3%、0.5%、0.5%和6.0%以上，单位GDP能耗下降到1.54吨标准煤单位GDP二氧化碳、化学需氧量、氯氮、二氧化硫和氮氧化合物排放量分别下降到3.6933吨、32.72万吨、3.80万吨、98.16万吨、52.39万吨以下。该方案从大力推进产业结构调整、加快建设节能减排降碳工程、狠抓重点领域节能降碳、强化技术支撑、加强政策扶持、推行市场化节能减排机制、加强监测预警和监督检查、落实目标责任等八个方面做出了详细部署。

2014年，国家发展改革委、环境保护部、科学技术部、工业和信息化部、财政部、商务部、国家统计局组织开展了国家循环经济试点示范单位的验收工作，委托有关第三方咨询机构对相关验收材料进行了审核，贵州省的贵州赤天化纸业股份有限公司、贵阳开阳磷化工集团公司、贵州茅台酒厂（集团）有限责任公司、贵州瓮福实业有限公司以及贵阳市作为第一批单位顺利通过验收。

2014 年，全省相关单位、各部门、企业间通力协作、共同努力，通过加大重点减排项目建设力度、加强重点减排设施运行监管及积极拓展减排空间等，多措并举，全面完成 2014 年度减排目标任务。经环保部核查审定，2014 年全省化学需氧量同比削减 0.46%、氨氮同比削减 0.54%、二氧化硫同比削减 6.15%、氮氧化物同比削减 11.88%。四项主要污染物指标均控制在 2014 年度计划目标任务范围内，其中化学需氧量指标提前一年完成“十二五”目标任务，氮氧化物指标扭转了较“十二五”基数“不降反升”的局面。

二　2014年贵州省国有企业社会责任报告披露的生态责任履行情况

本报告收集到了 36 家国有企业的 2014 年度社会责任报告。其中，采矿业 8 家，制造业 10 家，电力、燃气及水的生产和供应业 7 家，建筑业 4 家，交通运输、仓储和邮政业 3 家，信息传输、计算机服务和软件业 2 家，金融业 2 家。根据这 36 家国有企业披露的履行生态责任信息及《中国工业企业及工业协会社会责任指南》（第二版）“环保节约责任”，编制成《2014 年贵州省国有企业 CSR 报告中披露的生态责任信息情况》。下列各条前面的数字序号对应表格中横坐标的序号，例如，该《指南》中的“1.1”所表述的内容对应表格中的“1.1”。表格中的“√”表示该企业披露了对应的生态责任信息，空白则表示未披露该信息。“行业类别”栏中的字母的对应关系为：A. 采矿业；B. 制造业；C. 电力、燃气及水的生产和供应业；D. 建筑业；E. 交通运输、仓储和邮政业；F. 信息传输、计算机服务和软件业，G. 金融业。

1. 环境管理

1.1 根据国家法律法规要求，结合企业实际，建立健全环境管理体系和制度，增强环境管理能力；

1.2 实施环境影响评价，有效应对环境风险；

1.3 开展全员环境保护培训，加强环境保护能力建设。

2. 降污减排

2.1 在符合国家法律法规的前提下，努力减少废气、废水、固体废弃物的排放；

2.2 在生产过程中减少并逐步淘汰有毒、有害原材料的使用；

2.3 采取措施应对气候变化，努力减少企业排放对环境和气候的影响。

3. 资源节约与综合利用

3.1 负责任地使用能源、原材料、土地、水等资源，提高资源利用率；

3.2 积极开发可替代资源，推广使用可再生资源；

3.3 制定资源节约与回收制度，提高废弃物的再利用与资源化水平。

4. 生态保护

4.1 生产经营活动不应损害当地生态系统，对已造成的损害应及时修复；

4.2 依法保护珍稀动植物物种，减少运营对生物多样性的影响；

4.3 倡导和组织员工与公众开展保护和恢复生态系统的行动。

表1　2014年贵州省国有企业CSR报告披露的生态责任信息情况

行业类别	企业名称	生态责任信息披露情况											
		1			2			3			4		
		1.1	1.2	1.3	2.1	2.2	2.3	3.1	3.2	3.3	4.1	4.2	4.3
A	瓮福集团	√			√	√	√	√	√	√	√	√	
	开磷集团	√			√		√	√		√			
	西南能矿集团	√			√		√	√		√			
	贵州紫金矿业公司	√			√						√		
	遵义氧化铝公司				√								
	成黔集团							√			√		
	贵州黔晟国资公司	√			√			√					
	中石油贵州公司	√			√								

续表

行业类别	企业名称	生态责任信息披露情况											
		1			2			3			4		
		1.1	1.2	1.3	2.1	2.2	2.3	3.1	3.2	3.3	4.1	4.2	4.3
B	茅台集团	√	√	√	√	√	√	√	√	√	√	√	√
	保利久联集团	√	√	√	√	√	√	√		√	√		√
	黎阳航空发动机集团	√	√	√	√	√	√	√		√	√		√
	贵州轮胎公司	√	√		√	√	√	√		√	√	√	
	贵州红林机械	√			√	√	√	√	√	√			
	贵州钢绳集团	√			√	√	√	√		√			
	贵阳卷烟厂	√			√						√		
	贵州航天新力	√	√	√	√	√	√	√	√	√	√	√	√
	贵州凯星液力	√	√	√	√		√	√	√	√	√	√	√
	贵州盐业集团	√	√	√	√	√	√	√			√		√
C	贵州电网	√		√	√		√	√	√		√		√
	黔源电力公司	√	√		√		√	√	√	√	√	√	
	黔桂发电公司	√		√	√		√	√		√			√
	金元集团	√	√		√		√	√	√	√	√	√	
	乌江水电	√			√		√	√		√	√	√	
	国电贵州公司				√				√	√			
	天生桥水力发电总厂				√		√	√	√	√	√		
D	贵州建工集团	√			√								
	贵州路桥集团	√			√			√			√	√	
	贵州高速公路集团							√			√		
	中铁贵州公司										√	√	√
E	贵州航空有限公司				√				√				
	贵州机场集团				√			√					
	贵阳公交公司	√			√	√	√	√	√	√			√
F	中国移动贵州公司	√	√	√	√	√	√	√	√	√	√		√
	通号贵州公司				√			√					√
G	贵州产投集团	√			√			√			√		
	贵旅集团	√			√	√					√		

从 2014 年贵州省国有企业 CSR 报告披露的生态责任信息情况来看，有这么几个特点。

（1）国有企业在社会责任报告中基本上会将生态责任列为重要一节，个别比较特殊的企业如贵州电力设计研究院、贵州省农村信用社联合社等除外。并且，发布社会责任报告的年份/次数越多，披露的信息就越全面，如茅台集团、瓮福集团等。问卷调查也支持这一判断。问卷显示，在开展履行社会责任的活动中，有65.7%的企业开展了“环保与可持续发展宣传（含环境保护、节能减排、环保倡导、绿色办公）”，仅次于“关爱职工”活动。

表2　贵公司开展了哪些履行社会责任的活动（多选）

单位：%

活动内容	百分比
环保与可持续发展宣传（含环境保护、节能减排、环保倡导、绿色办公）	65.7
灾难救助（特指规模性灾难的捐资及相关服务）	41.8
支持教育（含义务教育、普通高等教育、青年社会教育、非经营性职）	20.9
扶贫济困（含弱势人群扶助、妇女儿童救助、农村发展、小额信贷等）	46.3
促进社会创新（含企业社会战略、社会企业投资、扶持NGO发展等）	16.4
助推社群发展（含企业志愿者、社区建设、非政治性群众工作等）	13.4
文化扶贫（含定点文化帮扶、向农村捐献图书、电脑及相关文化用品）	10.4
关爱职工（对家庭困难的企业职工，进行专门慰问与帮助）	68.7

（2）本次披露生态责任的36家企业中，有24家是2014年度贵州百强企业，占比2/3。这24家百强企业披露的生态责任信息相对而言比较全面。

（3）从行业来看，制造业，电力、燃气及水的生产和供应业这两个行业的企业披露的履行生态责任的信息比较全面和丰富，其他几个行业的企业披露的信息不全面，甚至有很多缺失，特别是采矿业这个高能耗高污染的行业，企业披露的信息反而较少（瓮福集团例外）。

（4）从生态责任的内容来看，与上年相比，今年在环境管理和生态修复方面披露的信息有较大幅度的增加，这是一个不小的进步。

（5）各企业往往存在“选择性披露”的情况，即光讲成绩，少讲或不讲问题；定性的描述很多，定量的指标公布很少。

三 2014年贵州省国有企业履行生态责任深度分析

以上述36家企业披露的履行生态责任信息为依据，分行业进行深度分析。

（一）采矿业

1. 环保指标完成情况

开磷集团和瓮福集团详细披露了2014年主要产品能耗目标及完成情况。2014年，开磷集团固体废弃物排放量571.02万吨，废气排放总量1013913.8万标准立方米，磷煤化工生产废水“零”排放，矿山废水排放总量57.42万吨，其中化学需氧量、氨氮、二氧化硫、氮氧化物四项总量控制污染物排放量分别为19.655吨、0吨、4401.12吨、314.596吨，各子公司污染物排放总量全部控制在与地方政府签订的减排目标责任书以内。

表3 开磷集团2014年主要产品能源单耗情况

指标名称	计划目标	实际完成	降(升)幅(±)(%)
磷酸一铵	99kgce/t	98.8 kgce/t	基本持平
磷酸二铵	119 kgce/t	117.6 kgce/t	-1.2
黄　磷	14150kwh/t	13700kwh/t	-3.2
合成氨	1915 kgce/t	1914.3 kgce/t	基本持平
烧　碱	680 kgce/t	646.4 kgce/t	-4.9
电　石	1200 kgce/t	1103.8 kgce/t	-8.0
硝基肥	180 kgce/t	152.3 kgce/t	-15.4

瓮福集团2014年累计消耗原煤57333吨，外购电41363万kWh（不含向外供电）；蒸汽1451429吨，柴油2543吨，二甲醚3875吨，按当量值折标合计238615tce（其中工业消费230859tce，非工业消费7756tce），外购能

总量同比下降5.9%。截至2014年，公司本部“十二五”累计节能36736.05吨标准煤，已提前完成省发改委下达的目标任务，并已于2015年3月9日通过贵州省发改委等部门的考核确认。2014年，工业产值能耗为0.46吨标准煤/万元（当量值），较2013年的0.52吨标准煤/万元同比下降11.54%，而工业增加值能耗为1.74吨标准煤/万元（当量值），较2013年的2.17吨标准煤/万元同比下降19.82%。

表4 瓮福集团2014年主要产品能耗指标完成情况

指标名称	单位	2013年实际值	2014年实际值	2014年目标值
DAP综合	kgce/t	121.57	121.85	122
粉状MAP综合	kgce/t	108.02	108.13	109
粒状MAP综合	kgce/t	134.43	130.81	138
磷精矿综合电耗	kwh/t	39.63	38.31	40.49
PPA工序能耗	kgce/t	435.94	359.69	450

2. 环境管理

西南能矿集团在矿山建设中树立绿色发展理念，强化环境保护意识，始终把引领绿色矿业作为企业核心价值追求，坚守发展和环保两条底线，健全集团公司环保管理体系，已出台涉及环保考核管理性文件十多项，并保证环保体系有效运行，全年环境污染事故为零。

开磷集团秉承“绿色是发展的灵魂，环保是企业的生命”的理念，坚持用生态经济理念改造提升传统产业，以实现资源的高效利用和循环利用为核心，以形成资源综合利用、共生耦合、互为促进、协调发展为目标，提出“抓好两头，做强做大中间”的绿色发展思路，忠实履行“惜我资源、护我环境、利我地方、惠我百姓”的诺言与责任。将环境保护工作方针确定为：“珍爱生命，创造安全、清洁、舒适的作业环境；遵纪守法，建立环保、节能、降耗的文明企业，实现可持续发展。”将环境保护工作基本原则确定为：“预防为主，防治结合，综合治理。”将环境保护的工作重点确定为：“坚持不懈地抓好工业废气、废水、废渣的综合利用，特别是磷石膏的再利用和资源化。”开磷集团走出一条科技含量高、经济效益好、资源消耗低、环境污染少、人力资源优势得到充分发挥的新型工业化道路，成为贵州省和全国循环经济的领跑者。

3. 环保投入与技术创新

2014 年，开磷集团用于环境保护的总支出 22764 万元，环境保护设施总投资 22954.6 万元。

2014 年，瓮福集团在继续保持废水零排放的基础上，投入 1.32 亿元，实施硫酸尾气精矿浆脱硫、粒状硫按尾气治理、天福锅炉脱硫塔改造等项目，基本解决了马场坪园区二氧化硫排放问题；投资 3700 万元，建成投运发财洞污水治理、马场坪园区中水深度处理、吴家桥回水泵房改造等项目，清水江流域出省断面水质全面达到地表水标准；2 ×40 万吨/年磷石膏制水泥缓凝剂项目一期工程建成投产，招商引资 40 万吨/年石膏粉体生产线项目，磷石膏综合利用能力进一步提升。

瓮福集团的饲钙装置是国内首套利用池水萃取磷生产饲钙的装置。装置 2013 年底建成，2014 年 1 月投料试车。装置设计能力为饲钙 50kt/a，日生产能力 167 吨。装置自投料试车以来，现处于正常生产运行状态。按目前饲钙市价 1500 元/吨估算，每年可为公司创造 7500 万元销售收入。年消耗公司磷渣池水 625000 吨，大大减轻公司池水环保压力。经提取磷后的水实行循环回收利用，实现磷渣场池水零排放。

瓮福集团的中水深度处理项目为利用原有污水处理设施，并适当增加部分设备，在原来调 pH 值及除磷、除氟的基础上，由“石灰乳两级中和 + 两级沉淀”工艺，改为公司自主研究开发的“石灰乳 + 二氧化碳 + 碳酸钠除高磷、氟及硬度废水”的三级中和 + 三级沉淀 + 过滤的处理工艺，处理后的水质磷、氟及硬度均符合国家中水回用标准。项目处理能力为 500 立方米/小时。处理后的中水主要用于热电、硫酸、威顿、磷精矿等装置，代替工艺水。2014 年 5 月上旬该项目开始试运行，历经多次整改，目前可减少原水取水量约 300 立方米/小时。

微案例：

瓮福集团中低品位磷矿综合利用项目提高资源利用率

瓮福磷矿区中低品位磷矿综合利用项目是国家在2012年列入的产业振兴和重点技术改造项目。该项目报批总投资127690.93万元，其中建设投资119841.77万元，项目总投资133807.43万元。2013年全年完成投资20568.29万元。2014年7月10日400万吨/年选矿装置已经试投料成功。

2014年，中低品位磷矿综合利用项目一期工程的实施取得重大成效：

1. 通过对选矿工艺的优化和改进，将选矿回收率提高到了90%以上。同时，将制酸制肥产生的生产废水用于选矿，使生产废水达到零排放，减轻了环保压力，保护了环境。

2. 对矿区中低品位磷矿进行综合利用，提高了资源利用率，获得可利用资源储量约45000万吨，延长了矿山服务年限，为我国磷化工行业持续稳定的发展提供保障。

3. 开展了尾矿充填技术的研究，启动尾矿充填系统建设工作，每年可减少进入尾矿库的尾矿约60万吨，使尾矿库服务年限延长10年左右，减轻了尾矿露天堆存压力。同时，通过利用尾矿对地下采矿采空区进行充填后，提高了资源的回收率，降低了资源损失率，充分地利用了磷矿资源，还减少了地下开采矿山的地质灾害隐患，为地下矿山的安全生产提供了保障。

中低品位磷矿浮选技术使原矿入选品位由30.75%降至20%左右，磷精矿综合回收率提高5个百分点，形成发明专利19件，在国内65%的同类型选矿厂得到推广应用，并荣获2014年“中国工业大奖”提名奖，建成“中低品位磷矿及其伴生资源高效利用”省重点实验室。

通过“中低品位磷矿及其伴生资源高效利用实验室”的建设，企业集聚了国内外相关领域的顶尖人才，引领磷化工基础理论、新技术、新方法的发展与应用，提高了我国磷化工在国际上的学术地位和影响力；解决磷化工行业共性、关键性、前瞻性的技术难题，为地方经济发展、磷矿资源的高效利用及提升磷化工行业整体技术水平提供理论指导和技术支撑，实现了磷化工产业的绿色可持续发展；培养了一批磷化工领域的优秀科技人才及中青年学术带头人，促进贵州省与其他省份乃至国际同行进行技术交流，使实验室逐步成为国际知名、代表国家水平的研究中心，为国家科技、经济与社会发展做出了重要贡献。

4. 矿山修复

成黔集团所属矿产公司严格执行矿山及周边环境恢复生态治理措施，2014 年矿产公司共投入 630 余万元对采矿区进行环境恢复治理，防止地质环境恶化对当地人民生产、生活造成影响，为矿区以及地方人民提供良好的生活环境，促进企业可持续发展。

在瓮福磷矿，矿山的绿化、复垦一直是瓮福最为关注的焦点，2014 年，瓮福磷矿在矿山修复绿化复垦方面做出很多努力。

英坪矿区土地复垦及水土保持工程。英坪溪排土场治理工程计划总投资 1297 万元，截至 2014 年底累计完成工程投资约 6 叨万元。现已完成英坪溪排土场一期种植方案，种植了大叶女贞、刺槐、柳杉等 2. 4 万余株。

磨坊矿区土地复垦及水土保持工程。磨坊矿小岔排土场完成 1300 米高程台阶削坡、卸载工作；界冲排土场拦碴坝修筑完毕，同时修筑、完善砼截、排水沟等附属工程项目。

大荒田磷矿土地复垦及水土保持工程。项目计划总投资 181 万元，截至 2014 年底累计完成投资约 45 万元。累计完成危岩挂网面积 968 平方米，拦渣墙修筑约 45 余米。

瓮安大信北斗山磷矿土地复垦及水土保持工程。工程计划总投资 180. 1675 万元，截至 2014 年底累计完成投资约 110 万元。累计完成挡土墙、截、排水沟修筑 185 余米，砼格构浇筑约 900 平方米，复绿面积约 5000 平方米。

穿岩洞矿土地复垦及水土保持工程。累计种植红叶石楠、小叶女贞、万年青、柳杉、柳树、红寂木等 15080 棵。穿岩洞东翼边坡平台已完成覆土绿化工作，平台播撒草籽 400 公斤，种植红叶石楠、万年青等树木 1460 棵及常青藤2420株。穿岩洞矿公路隧洞洞口绿化工程已基本完成，累计种植红叶石楠大树、广玉兰树、小叶女贞树、桃树等较大景观树种28棵。

此外，2014年3月18日，由集团公司资生部牵头联合瓮福磷矿资生办、工程部对瓮福磷矿所辖各矿区生产单位发放500公斤草籽，并对矿区内具备复垦条件的场地进行播撒。

（二）制造业

1. 环保指标完成情况

2014年，贵州黎阳航空发动机（集团）有限公司工业生产用主要能源消耗46248吨标煤，较上年同期38198万吨标煤上升21%；万元产值综合能耗为0.1559吨标煤，比上年同期0.1405吨标煤上升10.96%，其中原煤、电力、煤油三大主要能源消耗分别占总能源消耗比重的32.15%、27.97%和36.59%，分别比上年同期减少2.03%、增加54.30%、增加68.09%，实物量消耗比上年同期分别减少433.50吨、增加3704.04万千瓦时、增加4658.88吨。这是因为公司生产部门逐步搬迁至贵阳园区，能源消耗大幅上升。

贵州紫金矿业公司2014年环保目标达成情况为：全年发生环境污染事故为零，员工环境教育培训率100%，锅炉烟气排放达标（SO_2排放浓度≤900mg/m^3，烟尘排放浓度≤200mg/m^3，NO_X排放浓度≤420mg/m^3），污水处理达标排放（COD排放浓度≤100mg/L，氨氮排放浓度≤15mg/L），工业固体废弃处置率达100%，环境保护监督检查及隐患整改率不低于99%。

贵州红林机械有限公司万元工业增加值综合能耗0.140吨标煤，同比下降2%；工业新鲜用水量212171立方米，同比下降3%；转移处置电镀污泥、废渣7.13吨和废矿物油15.95吨。

贵州航天新力铸锻有限责任公司2012～2014年环境污染防治投入431.26万元。公司万元产值二氧化硫产生量由2013年的2.28千克降至2.12千克，废气二氧化硫年排放量6.3吨，烟尘年排放量0.66吨，排污指标达到国内同行业先进水平。

2014年，贵州轮胎股份有限公司的清洁生产审核达到了“节能、降耗、减污、增效”的目的，节电2379.03万kwh/a，节煤5175t/a，节水6000m³/a，节省维修时间300h/a，节省压缩空气7.5m³/a，节约帘布600kg/a，节约胶料6t/a，节约蒸汽消耗4.8万t/a，减少报废胎42条/a，减少报废骨架6000kg/a，减少开关3个/a，减少二氧化硫3.44kg/t，减少烟尘53.5kg/t。

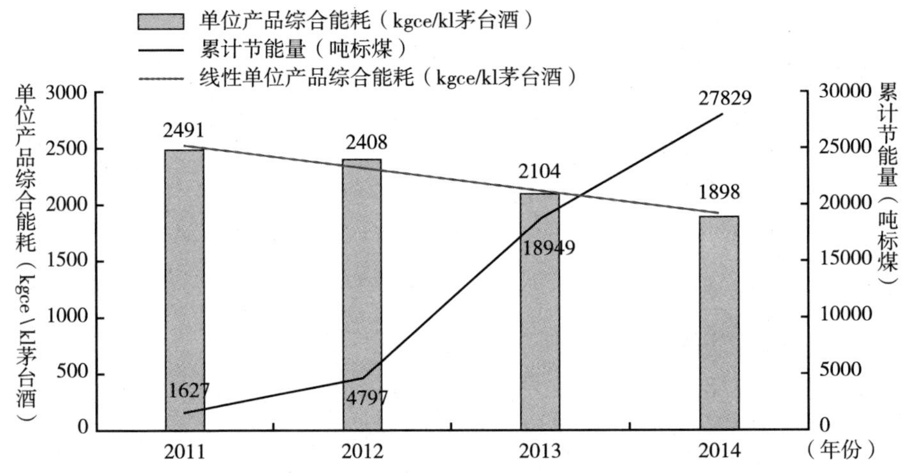

图1　2011～2014年茅台集团节能成效

2. 环境管理

贵州凯星液力传动机械有限公司成立了以总经理为组长的节能环保工作领导小组，使环保工作坚持一把手负总责，分管领导直接负责，对公司的环保工作起到决策和协调作用。计划部负责环境管理工作，设有专职环保工作管理员，负责公司的环境保护管理工作，各部门都设有环保工作推进员，负责本部门的环保工作，使公司形成完善的环保管理网络和环保管理机构。公司加强了对环境影响和环境绩效的管理。对建设项目按照“三同时”的要求，开展环境影响评价，提出预防或减轻不良环境影响的对策和措施，建设相应的污染防治设施。并定期对环境影响和环境绩效进行评价，针对潜在的环境影响制定相应的措施，全面提升环境管理能力。环保管理人员定期到生产现场进行检查，及时掌握各部门环保动态和环保设施运行情况，使公司污染物的排放控制在一个较低的水平，并按照相关文件的要求，委托江航环保科技有限公司对公司的污染源（废水、噪声）进行监测，掌握污染物排放情况。

贵州黎阳航空发动机（集团）有限公司将能源管理考核内容纳入公司平衡记分卡考核管理。节能管理部门根据自身企业生产特点对下属 8 个分厂推进实行工时能效考核管理办法，组织考核的部门为公司机动部、计划部，考核方法为考核各分厂的完成工时与消耗能源，考核计量单位为吨标煤/万小时，考核周期为季度考核。每年底由节能管理部门向各分厂下达考核指标，每季度根据各分厂指标完成情况将考核结果报送公司计划部门发展计划部对责任单位进行经济责任制考核。

贵州盐业（集团）有限责任公司将环保节能工作纳入年度目标考核管理体系，成立了由董事长任组长，总经理任副组长，其他班子成员和部门主要负责人为成员的环保节能工作领导小组，明确企业发展部具体负责企业环保节能工作。各分、子公司均成立相应工作机构和明确责任部门，负责本单位环保节能工作的具体实施。

贵阳卷烟厂以“遵章守法、节能减排、全员参与、持续改善”的环境管理方针深化节能减排工作。

贵州紫金矿业公司与各部门、各工程公司签订《安全环保治安消防目标管理责任书》,把突发环境事件防范、废水治理、生态恢复列为重点考核指标，明确责任主体、责任目标、工作要求、考评标准，并纳入年度绩效考核管理。在环境保护方面，公司认真贯彻落实环保法律、法规，落实目标责任，强化监督管理，开展环保知识培训宣传工作，持续提高环境管理水平及环保意识。配合地方环保部门做好相关环境管理工作；开展环境污染事故的应急演练，提高应急处置能力。强化环境管理，提高环保意识；做好固废危废管理，消除环境风险。

贵州航天新力铸锻有限责任公司根据国家环保法律法规、标准及行业要求，结合公司实际情况，建立健全环境管理体系和制度，使公司的环保管理规范化、制度化、标准化，并持续改进。加强对环境影响和环境绩效的管理。联系有资质的环境检测机构对公司废水、废气、生活饮水进行检测，及时掌握污染物排放情况，以便做好监督工作，保障职工的身体健康。

贵州轮胎股份有限公司制定了《易燃易爆危险化学品管理程序》《固体

废弃物控制程序》《粉尘、废水及噪声控制程序》，并确定了相应各部门的职责，以确保企业的环境保护工作能落到实处。另外，公司还制定了《突发环境事件应急救援预案》，提升公司应对突发性环境污染事故的能力。

2014 年是茅台集团的“环保提升年”和“深化生态文明建设改革年”。为了保护贵州茅台酒的酿造环境，成立了生态文明建设领导小组办公室，编制了《2015～2020 年生态文明建设规划》，构建了生态文明建设体制、机制，制定了“三年行动计划”及重点推进 52 个项目，责任落实到人，并纳入年终绩效考核。

3. 降污减排

贵州凯星液力传动机械有限公司对生产过程产生的废水、废气及固体废弃物进行有效治理，同时加大对公司环保治理设施设备的监管力度，确保公司所有污染治理设施设备均能正常运行，“三废”经过治理均能达标排放。公司对产生的可回收固体废弃物（如废铁屑、边角料、废纸等）进行回收，卖给专业回收公司；对于危险废物（如废机油、废切削液等）按照环保相关要求，进行收集、存储，达到一定量后，联系并委托有资质的单位进行处置。

贵州紫金矿业公司继续保持主要污染物全部安全处置、达标排放、总量控制，排放总量同比均有较大幅度下降。COD 排放量 475.2 吨，工业烟尘排放量 35 吨，工业固体废物产生量 21.7 万吨，工业固体废物利用率 1.59%，固体废物排放量 0 吨，SO_2 排放量 78.5 吨，环境污染治理投资约 180 万元，水银洞金矿实现工业废水“零排放”。

2014 年，贵州黎阳航空发动机（集团）有限公司废水排放的主要污染物有：化学需氧量、氨氮，其中，化学需氧量排放量为 39.2 吨，氨氮排放量为 23.3 吨，完全达到《污水综合排放标准》要求，实现达标排放。工业废气排放的主要污染物有：二氧化硫、氮氧化物，其中，二氧化硫排放量为 365 吨，氮氧化物排放量为 52.29 吨，达到《锅炉大气污染物排放标准》要求，完成达标排放。工业固体废物产生量为 4650 吨，危险废物产生量为 210 吨。固体废物主要为煤渣、废型砂、铁屑等一般性固体废物和表面处理废物、废酸、废碱、废乳化液、废矿物油等危险废物；一般性固体废物采取综合利用和送至垃圾填埋场的方式进行处置，产生危险废物委托有资质的危废处置单位进行安全处置。主要噪声源来自发动机试车、空压机、拉床、模锻锻锤等高噪声设备，通过吸声、隔声、消声、减震等降噪措施，保证噪声达标排放，经地方环保部门检测，全部达标。

贵阳卷烟厂通过对能源系统全面改造，引进燃气式锅炉，实现粉尘和二氧化硫零排放；污水通过集中处理达到中水回用标准；使用除尘除异味系统减少粉尘和异味排放，改善空气质量。

2014 年茅台集团环保投入 30200 万元，较上年增加 11600 万元，同比增长 62. 37%。所有在建环保项目均按照国家环境保护要求，做了环境影响评价报告，并获得批复，严格按照环保“三同时”实施。

茅台集团 2014 年度重点组织实施了中华片区、品酒阁、茅酒神改造等景观绿化工程，新增绿化面积 10. 5 万平方米，多增 5 万平方米，厂区绿化总面积达 64. 5 万平方米，绿化率达 26. 2%。空气质量有效监测 365 天，空气优良天数为 332 天，全年优良率达 90. 96%。空气中二氧化硫的年均浓度同 2013 年相比下降了 17ug/m^3，可吸入颗粒物的年均浓度同比下降了 16ug/m^3。

表 5　茅台集团近三年污染物达标排放情况

污染源	污染物	/	2012 年	2013 年	2014 年
废水	化学需氧量(mg/L)	排放浓度	23	20	40
		排放标准	100	100	50
	五日生化需氧量(mg/L)	排放浓度	12. 3	9. 9	19. 5
		排放标准	30	30	20
	悬浮物(mg/L)	排放浓度	13. 2	13	13
		排放标准	70	70	20
	色度(倍)	排放浓度	13	13	10
		排放标准	50	50	20
	氨氮(mg/L)	排放浓度	0. 591	0. 787	2. 261
		排放标准	15	15	5
燃气锅炉	烟尘(mg/m^3)	排放浓度	46. 4	21. 5	10. 0
		排放标准	200	200	50
	二氧化硫(mg/m^3)	排放浓度	460	377	52
		排放标准	900	900	100

为了确保污染物达标排放，落实环保“三同时”制度，茅台集团同步配套建成了公司中华新区的“清污分流”“雨污分流”系统，确保厂区生活污水、生产废水得到有效处理。投资 3.14 亿元的 4 座废水处理设施建成投入使用，分别是 201 厂污水处理厂（3000m^3/d）、与地方政府合建的污水处理厂（5000m^3/d）、茅台中华新区污水处理厂（7000m^3/d）、茅台老厂区污水处理厂（4000m^3/d），使处理水质满足《发酵酒精和酿酒行业废水排放标准》。厂区生产生活垃圾做到“日产日清”。

表 6　茅台集团近三年固定废弃物排放量及资源化利用情况

年份	生产生活垃圾排放量(吨)	废稻草产生量(吨)	资源化利用率(%)	废酒糟产生量(吨)	资源化利用率(%)
2012	20482	5816	100	82310	100
2013	17928	6128	100	113989	100
2014	23041	7600	100	125603(甑)	100

4. 推进技术革新

采用先进的技术和设备是降低能耗、节约资源的重要手段。2005 年以来，贵盐集团通过引进先进食盐分装技术设备，建成一流的食盐自动分装流水线。实行全程微机管理，科学合理地控制和优化食盐分装加工工艺，降低了食盐分装综合电耗和包装物破损率，减少了分装加工原材料耗费，为全面完成省国资委下达的节能降耗指标奠定了良好基础。

茅台集团“煤改气”工程全面完成。投资 1 亿多元全面完成“煤改气”工程。从 2012 年起，经过前期调研、方案论证、试验推广，至 2014 年“煤改气”工程全面建成并投入运行，原有燃煤锅炉全部淘汰，建成燃气锅炉 520t/h，现蒸汽锅炉全部使用天然气。为了配合锅炉“煤改气”项目，进行了蒸汽管网优化布局。“煤改气”完成后，燃气锅炉与原有燃煤锅炉相比，节能减排效益显著。燃气锅炉热效率达 95% 以上，比燃煤锅炉提高了 35.71%；每年减少排放 $SO_2$6800 吨、NO_X2450 吨、$CO_2$73 万吨、固体煤渣约 2 万吨。开展能源管控中心项目建设，茅台酒冷却水循环利用项目已进入中试阶段。2014 年制酒生产能耗与2013年相比，吨酒耗汽下降2.32%，吨酒耗水下降19.34%。2014年茅台酒单位产量综合能耗与上年同期比下降了9.82%，节约标煤8879.48吨。

总投资50亿元，集生态、低碳、节能、环保、高新技术为一体的茅台生态循环经济产业示范园建设在2014年顺利推进，打造“茅台酒酒糟→丢糟酒→沼气沼肥→有机高粱→茅台酒”循环产业链，实现茅台酒酿酒废弃物零排放并变废为宝。示范园规划面积约12000亩，其中工业项目约4000亩，商业项目约2000亩，生态农业用地约3000亩，生态保护区约3000亩。2014年9月，产业园已顺利接糟和进行复糟酒试生产，气、肥项目获得国家科技部1160万元的科研经费支持。2014年11月，茅台生态循环经济产业示范园项目成功入选2014年北京APEC低碳示范城镇项目，并在2014年北京APEC能源部长会议上向世界展示；同时产业示范园还成为EC2－APEC低碳城镇项目中欧友好城市缔结5个备选项目之一。

5.生态修复，保护生物多样性

贵州航天新力铸锻有限责任公司注重对周围生态系统和生物多样性的保护，在生产经营时最大限度地降低生态影响，减少工业项目对生态系统的破坏，同时，把生态文明理念和节能减排行动贯彻到生产经营的全过程，促进企业与社会、环境的全面协调可持续发展。另外，采取各种方式对员工开展生态保护宣传，增强员工保护生态的意识，组织员工与公众开展保护和恢复生态系统的行动。

贵州凯星液力传动机械有限公司注重对周围生态系统和生物多样性的保护，在生产运营时最大限度降低对生态的影响，减少工业项目对植被的破坏和对珍稀动植物的影响。

茅台集团设立“赤水河流域生态文明保护基金”。2014年出资100万元作为“赤水河渔业资源和生态环境修复”项目专项资金；增殖放流鱼苗30万尾；从2014年开始，连续10年每年捐赠5000万元，共计5亿元用于赤水河流域生态环境的保护和治理。

6.环保宣传

为提高领导干部和员工环保意识和环保法制观念，针对公司环境保护工作的具体情况，同时根据公司实际情况，贵州凯星液力传动机械有限公司充分利用每年“6·5世界环境日”，开展形式多样、内容丰富的环保宣传教育活动。节能环保领导小组召开节能环保专题会议，学习相关法律法规、标准及规定，总结目前环保工作中取得的成绩与存在的问题，明确节能环保工作方向。借助公司的板报、宣传栏、广播、网络和悬挂标语等形式开展环保宣传教育活动。

贵州黎阳航空发动机（集团）有限公司积极开展节能减排宣传培训工作。该工作结合2014年的节能宣传周展开，由节能主管单位公司机动部牵头，工会、团委及宣传部等部门积极配合，开展节能宣传周活动。举办了有200多人参加的节能知识抢答赛，并在四个生产厂区内摆设节能宣传展示板12块，标语条幅6条，发放节能宣传小册子等资料400余份。公司自办报纸《黎阳报》刊出一期节能主题专版，公司总部大屏幕上发布节能标语20条进行多媒体宣传。2014年公司的节能培训工作重点针对相关动力能源岗位人员展开，举行节能知识培训班。

贵盐集团高度重视提高干部员工的环保节能意识，通过会议强调、悬挂横幅、张贴海报、发放倡议书等方式，向干部员工宣传环保节能知识，宣讲环保节能对企业持续发展的重要性，努力营造企业良好的环保节能文化氛围，极大提高了干部员工环保节能的自觉性。号召全员牢固树立节约意识，发扬艰苦奋斗作风，从身边做起、从小事做起、从自身做起，让节约成为习惯、让节约成为自觉行动、让节约成为生活方式，努力加强节约型企业建设。

贵州航天新力铸锻有限责任公司利用网络、板报和悬挂标语等形式开展环保宣传教育活动。同时，组织学习相关环保法律法规，并积极鼓励技术人员和职工研究新工艺、思考新办法来降低原材料消耗，尤其是有毒有害原辅材料的使用。

（三）电力业

1. 环境管理

2014年，贵州乌江水电开发有限责任公司完成《贵州乌江水电开发有限责任公司环保制度汇编》。根据公司各火电企业脱硫、脱硝改造进度及最新环保管理要求，编制印发了《贵州乌江水电开发有限责任公司突发环境事件应急预案模板》《贵州乌江水电开发有限责任公司脱硫系统优化运行指导意见》《贵州乌江水电开发有限责任公司脱硫设施旁路挡板门拆除及烟道封堵指导意见（试行）》。组织开展了新《环境保护法》宣传贯彻工作，组织系统各火电企业开展华电集团公司环保信息化平台搭建和调试工作。

贵州电网公司在电网规划建设中，充分考虑对社区、环境的影响，广泛应用节能环保技术，使电力设施更加绿色环保，做环境的“好邻居”。在电网建设的全过程中注重环境保护，建设高效低耗、环境友好、与自然和谐共存的绿色电力设施。

明确工程绿色等级，项目推进中安排绿色技术交底，并设有环保监理人员，确保各项环保措施落实到位。在电网设计中应用节能、节地、节水、节材、环保、降噪的新技术，尽量选用环境友好的设备。施工现场实行5S管理，保持现场整洁；施工场地每日洒水，减少扬尘，采取垃圾分类等措施，于细节处践行环保理念。石块、泥土及时回填，及时做好植被恢复工作；回收电网建设中产生的废弃物，避免对生态景观的破坏。

2. 节能减排

中电投贵州金元集团股份有限公司历来重视节能减排工作，按照国家相关政策要求，制定了切实可行的节能减排行动计划，组织所属火电企业制定具体实施方案，落实工作措施，加强指导、监督、沟通、协调，并对各火电企业煤电节能减排升级与改造目标完成情况进行考核。按照贵州省发改委2012年11月《贵州省万家企业节能低碳行动－节能目标责任书》要求，金元集团“十二五”节能目标为18.1万吨标准煤。根据省能源局核查，截至2014年底，金元集团5家火电厂共完成节能量26.53万吨标准煤，完成“十二五”总节能目标的146.62%，金元集团提前并超额完成“十二五”节能目标。自2009年以来，先后投入7.54亿元和2.85亿元用于脱硫系统和除尘系统技改，现役的300MW机组和

135MW 机组全部满足脱硫和除尘环保排放标准。2014 年底完成全部脱硝技改，比上述《目标责任书》规定的时间提前一年。金元集团通过对环保设施的治理，取得了良好减排绩效，2010～2013 年二氧化硫减排量 3.78 万吨，氮氧化物减排量 1.39 万吨，2014 年完成二氧化硫减排量 2.5 万吨，氮氧化物减排量 3.6 万吨。

金元集团历来重视火电三废减排和综合利用工作，烟气通过脱硫和脱硝改造，二氧化硫和氮氧化物均达标排放。废水通过工业废水处理系统、生活污水处理系统、含油污水处理装置、煤场废水处理系统、灰场及灰水、渣水回收系统等处理。水资源得到综合利用，废水实现零排放。固体废物灰渣和脱硫石膏综合利用效果显著，2014 年灰渣利用 475.79 万吨，利用率达到 70.1%，较 2013 年提高 8.54 个百分点；脱硫石膏利用 115.85 万吨，利用率达到 49.37%，较 2013 年提高 18.66 个百分点。黔西电厂不但当期灰渣利用率 100%，还将以前放在灰场的灰渣运出进行综合利用，交通状况最差的纳雍电厂灰渣利用率也达 25% 以上。

表 7　金元集团 2014 年灰渣和脱硫石膏利用情况

单位：万吨，%

电厂	灰渣			脱硫石膏		
	总量	综合利用量	综合利用率	总量	综合利用量	综合利用率
纳雍一厂	114.46	29.86	26.09	30.58	2.29	7.49
纳雍二厂	105.66	118.11	26.09	29.09	2.11	7.25
黔北电厂	149.51	27.57	79	48.29	24.34	50.4
金沙电厂	40.73	25.58	62.8	10.07	5.27	52.33
黔西电厂	113.95	132.43	116.2	48.28	37.89	78.48
鸭溪电厂	105.98	109.55	103	50.63	43.34	85.61
习水电厂	48.42	32.69	67.51	17.71	0.61	3.42
金元集团	678.71	475.79	70.10	237.65	115.85	49.37

贵州乌江水电开发有限责任公司采用节能新设备、新工艺、新技术，积极开展以削减污染物排放为主的环保技术改造。2014 年，公司投入超过 2 亿元的资金开展环保设施建设和改造，其中脱硝改造 1.7 亿元，电除尘改造

1600 万元，烟气旁路封堵 4900 万元。创新调整环保重大改造计划，按照“六位一体”的管控要求，以 EPC 模式开展脱硝、旁路封堵工作；完成了大方发电公司 2 号、4 号发电机组，大龙发电公司 1 号发电机组的脱硝改造工程；完成了大方发电公司 2 号、3 号、4 号发电机组，大龙发电公司 1 号、2 号发电机组，塘寨发电公司 1 号、2 号发电机组的旁路烟道封堵工作。提前一年完成国家环保部和贵州省“十二五”目标责任书规定的任务，获得贵州省环保厅的通报表扬。严格执行国家和省环保达标排放规定，认真执行环保设施异常报告制度，建立脱硫设施运行台账，确保每套脱硫系统的在线监测实时数据向省环保局、省电网公司在线监测数据平台联网正常传输。2014 年，公司在完成大量工程改造和加强环保设施运行维护管理的基础上，总量排放指标控制在中国华电集团公司计划下达范围内（2014 年华电集团给乌江公司下达二氧化硫 13.16 万吨，氮氧化物 4.79 万吨）。

2014 年，天生桥水力发电总厂发电平均耗水率为 2.17m^3/kWh，较 2013 年降低 0.08m^3/kwh；水能利用提高率为 10.07%，较 2013 年提高 3.4 个百分点。加强辅助用水设备的日常维护管理，定期检查更换老化的供水管路及零件，控制各个阀门、龙头的出水流量，杜绝“跑冒滴漏”及“长流水”，切实减少耗水量。

贵州电网公司着力降低线损。线损是电能在输送过程中产生的能量损耗，降低线损是电网侧节能减排的核心工作。我们将工作重点放在具有较大降损潜力的县级企业上，对线损率超过 9.5% 的县级企业按照“良好、限时、定责”的要求，密切监控，着力降低县级企业的线损率。2014 年贵州电网 80 家县级企业中，综合线损率低于 5%（电监会发布的《电力市场标准化设计和评价体系》中的优秀值）的有 18 家，占贵州电网县级企业数量的 22.5%；高于 10% 的从 2013 年的 3 家降至 2014 年零家。

微案例：

南方电网公司首个电网节能降损技术实验室在贵州建立

经测算，65% 以上的电网损耗都产生在配电网。贵州电网公司建成投运南方电网公司首个电网节能降损技术实验室，实验室搭建了中低压配电网技术降损模拟实验平台，能够模拟中低压配电网各种运行工况，让工作人员对中低压配电网设备能效水平“知根知底”，对降低配电网线损提供有力支持。

贵州电网公司还致力于帮助客户节能。客户侧是电能从生产到消费中最具节能减排潜力的环节。贵州电网公司积极发挥专业优势帮助客户节能。打造专业的绿色节能平台，为客户提供专业的节能服务，帮助客户提高能源利用效率、降低生产成本，进一步增强竞争优势。

3. 发展清洁能源

作为产业链的中间环节，贵州电网公司充分发挥资源优化配置平台的作用，以节能发电调度为手段，积极推动上游发电企业节能减排，持续提升清洁能源发电的比例，促进清洁能源发展。贵州电网公司吸纳清洁能源 441. 4 亿千瓦时节能发电调度，节约 789. 36 万吨标准煤，助力客户节能 11983 万千瓦时。

贵州电网公司多管齐下发展清洁能源。一是提高发电效率。通过节能发电调度推动火电清洁高效发展，促进火力发电企业提高发电效率，减少单位发电量的化石能源消耗。二是推动火电机组脱硫脱硝。全网火电装机实现全部具备脱硫设施或脱硫条件，推进 24 台火电机组完成脱硝改造。三是推动火电降低发电煤耗。完成煤耗在线监测的接入工作，配合政府实施小火电机组关停工作。四是全力消纳水电。优化水电发电计划，确保洪水期间水电全发，实现最大限度的水力发电。全年减少弃水增发水电 16. 6 亿千瓦时，创历史新高。五是支持新能源发电。支持新能源的开发利用，为新能源发电提供配套服务和支持，全力保障本地新能源发电上网，持续提升新能源发电在电源装机中的比重。六是印发《贵州电网公司分布式光伏发电服务指南》，做好光伏发电入网服务工作。推进风电场纳入“两个细则”管理工作，举办培训班，提高风电场管理人员对风电功率预测等工作的认识；支持韭菜坪风电场、马摆大山风电场等风力发电的入网工作。

表 8 贵州电网公司 2013～2014 年发电量构成变化

单位：%

年份	火电	水电	风电
2013	80.72	18.39	0.89
2014	67.88	30.78	1.34
2014 年较 2013 年	下降 12.84 个百分点	上升 12.39 个百分点	上升 0.45 个百分点

金元集团充分利用煤矿瓦斯进行发电，提高资源综合利用率。公司已建成林华煤矿、桂箐煤矿、贝勒煤矿、木担坝煤矿等 5 座瓦斯电厂，安装机组 27 台，总装机容量 1.5 万 KW。2014 年，共完成瓦斯发电 34751.12 万 kwh，瓦斯发电利用瓦斯气体 1644 万 m^3，实现二氧化碳减排 238463 吨，全面实现节能减排目标。此外，瓦斯电站在输出电能的同时，通过“烟气余热锅炉”，吸收排烟余热，为煤矿供应压力 0.4MPa 的饱和蒸汽（饱和温度 133℃）用于矿区洗浴及采暖；余热回收利用节约标煤量（折合）3719 吨/年。

4. 发展循环经济

贵州乌江水电开发有限责任公司大力发展循环经济，提高资源综合利用率，降低能耗和污染物排放。公司系统各火电企业积极开展粉煤灰、脱硫石膏综合利用，将电力副产品运用于水泥原料生产、工程建筑材料等。

2014 年，公司粉煤灰利用量 255 万吨，灰渣综合利用量 32 万吨，石膏综合利用量 116 万吨，固废综合利用率达 83.1%，较 2013 年提高 6 个百分点。固废综合利用率的提高带动区内相关行业发展，最大化实现资源再利用。

金元集团完成了绥阳循环经济型煤电锰一体化项目替代绥阳煤电化项目的工作。因绥阳煤电化项目位于遵义市生态文明示范区建设规划范围，其下游中桥水库属于遵义市城区饮用水源之一，如果继续发展化工项目将存在巨大的环保风险。为践行中电投集团绿色环保理念，支持贵州省建设生态文明示范省，规避经营发展过程中的安全风险、环保风险，金元集团和地方政府商议，对煤电化项目进行调整，以铁合金产业等量转换、异地技改方案，替代原氯碱项目。该项目的调整，符合贵州“四个一体化”战

略部署，符合贵州省铁合金产业发展规划，项目的优化调整避免了巨大的环保风险，项目得到了省经信委等省直部门和遵义市、绥阳县等各级政府的大力支持。目前，项目完成了中电投集团的立项、核准，省经信委技改备案、发改委一体化规划核准、省环保厅的一体化环评批复，各项工作有序推进。

5. 保护生物多样性

水电类企业坚持“取之有道、用之有节、因地制宜”开发资源，科学选择开发方式，将环境保护的理念贯彻于项目开发建设的每一个环节，按照有利于生态保护的原则优化项目设计，积极实施生物多样性保护等措施。

在北盘江流域的开发中，贵州黔源电力股份有限公司为保护流域的生态平衡，编制了北盘江水电开发回顾性研究报告并通过环保部的审查，对已建成的电站所采取的环保措施进行回顾，对在建和规划电站环保措施进行部署论证，按照“生态优先、统筹考虑、适度开发、确保底线”的十六字方针，采取和实施分层取水、建设鱼类增殖放流站、古大树及珍稀植物移栽、安装生态小机组、黑叶猴保护等环保措施，在水电开发的同时更加注重环境保护工作，为北盘江流域生态环境保护做出了积极贡献。

2014 年，贵州黔源电力股份有限公司在北盘江鱼类增殖放流站开展放流活动 3 次，共计投放 69 万尾鱼苗，其中，光照、董箐、马马崖共 63.3 万尾，善泥坡 5.7 万尾。自 2009 年 12 月增殖站投运以来，累计共向北盘江光照、董箐、马马崖、善泥坡电站库区投放长臀鮠、光倒刺鲃、白甲鱼、花鱼骨等珍稀及特有保护鱼苗达 339 万余尾。增殖放流站建成并投入运行后，定期向江中投放苗种，并逐步提高放流的数量和规格。

2014 年，贵州乌江水电开发有限责任公司索风营、思林鱼类增殖站按照有关要求分别开展了岩原鲤、白甲鱼、中华倒刺鲃华鳗、长薄鳅、青鱼、华鳗、胭脂鱼、泉水鱼等 8 种共计 66 万尾珍稀鱼类的放流工作。2009 年至 2014 年底，乌江流域累计增殖放流珍稀鱼类共 349.04 万尾。构皮滩、沙沱水电站 2014 年共完成植被恢复 12.5 万平方米，有效控制水土流失和恢复自然环境。

贵州电网公司合理制定施工计划，尽量避免在夜间及鸟类繁殖季节施工，施工中杜绝对溪流水体的污染，以保证两栖动物的栖息地不受或少受影响。在施工中遇到的幼兽，交给林业局处理，鸟窝移到非施工区的其他树上。输电杆塔定位时尽量避开林地，施工用地尽量选择荒草地、次生林等，减少树木砍伐和压占灌木丛，采用对植被破坏较小的塔基构筑及导线架设方法进行施工。

总的来说，2014 年，贵州省国有企业坚决贯彻执行国家有关环保法律法规、以可持续发展为指导，进一步落实科学发展观；按照“减量化、再利用、资源化”的原则和“控制总量、优化结构、合理布局、降低消耗，走新型工业化发展道路”的要求，立足实际，以资源的有效利用、能源的阶梯利用和废物的综合利用为重点，进一步加大节能减排、实施清洁生产、发展循环经济，坚持以生态文明理念引领发展，将公司建设成资源节约型和环境友好型企业。

四　对贵州省国有企业履行生态责任的下一步展望

近年来，尽管贵州经济发展速度位居全国前列，但总体滞后的局面没有根本改变。人均地区生产总值仅为全国平均水平的 54.7%，贫困人口占全国的 9%。发展方式粗放，资源消耗型企业比重高，经济发展主要依托煤炭、磷矿、铝土矿等资源，煤炭、电力、化工、有色、冶金等重化工业占工业增加值的 60% 以上，能耗强度是全国的 2.15 倍，工业固体废弃物综合利用率低于全国平均水平。贵州省国有企业必须依托生态文明先行示范区建设，大力推进绿色、循环、低碳发展，形成节约资源、保护环境的产业结构和生产方式，提高发展的质量和效益，在实现经济跨越发展、全面建成小康社会的同时，继续保持天蓝地绿水净。

（一）进一步调动贵州省国有企业履行生态责任的主动性积极性

贵州省国有企业在履行生态责任时往往存在重“易”轻“难”的现象，

即对于国家硬性规定的、容易做到的方面就积极去做，对于国家没有强制规定的、难度较大的方面则不主动应对。问卷显示，在环境保护方面，一半以上的企业表示“严格遵守国家排放标准”“开展环保和节能宣传活动”，近5成的企业开展了义务植树活动和绿化美化工作。仅有3成的企业通过了ISO14001环境管理体系认证，制定了明确的环保年度目标和相应的工作制度，而能做到“建有专门的环保部门，有专职人员”“致力于环保产品或环保技术设备的研发与应用”“公司产品设计或包装注重环境友好”的就更少了。

表9　在环境保护方面公司履责情况

在环境保护方面贵公司已经做到的有		在环境保护方面贵公司已经做到的有	
通过ISO14001环境管理体系认证	33.3%	开展义务植树活动和绿化美化工作	47.8%
建有专门的环保部门,有专职人员负责	26.1%	开展环保和节能宣传活动	53.6%
有明确的环保年度目标和相应的工作制度	39.1%	致力于环保产品或环保技术设备的研发与应用	21.7%
严格遵守国家排放标准	65.2%	其他(请写明)	1.4%
公司产品设计或包装注重环境友好	17.4%		

在资源节约方面，75%以上的企业推行绿色办公、使用节能设备，“推广应用节能新技术”“对废弃物进行综合再利用”则不到5成，“使用可再生原材料与能源”“逐步提高能源资源的利用率”“逐步淘汰落后产能”的仅30%强。

表10　在资源节约方面公司已经做到的情况

在资源节约方面贵公司已经做到的有		在资源节约方面贵公司已经做到的有	
使用节能设备	75.0%	推广应用节能新技术	48.5%
使用可再生原材料与能源	32.4%	逐步淘汰落后产能	33.8%
对废弃物进行综合再利用	41.2%	推行绿色办公	77.9%
逐步提高能源资源的利用率	36.8%	其他	1.5%

问卷调查显示：在回答“促使贵公司履行生态责任的原因”时，7成以上的企业都选择了“适应市场需要、保持市场持续竞争力”“保持企业可持续发展”“提升品牌价值、提升企业形象”“国家政策的要求和导向”。在回答“贵公司对于生态文明建设与企业发展有什么看法?”时，80.9%的企业认为“任何企业的发展都离不开生态文明建设”，仅有1%的企业认为“生态文明建设与我公司发展关系不大”。这反映了企业对生态建设与企业发展之关系有科学而清醒的认知。但是，“国家政策的要求和导向”却以89.1%的高比例成为“促使贵公司履行生态责任的最主要的原因”的。可见，来自上层的压力依然是企业开展生态建设和履行生态责任的最主要的原因。企业履行生态责任的主动性和积极性亟待加强。

笔者认为，可以从如下几个方面进一步努力。一是树立科学的企业发展观。从短期看，以环境破坏为代价的发展的确能产生“立竿见影”的绩效，但是，从长远看，特别是对资源消耗型企业而言，资源的浪费、环境的破坏最终会让企业“巧妇难为无米之炊”，让企业的发展不可持续。因此，环境保护与企业发展是能够实现良性互动、相互促进的，企业必须树立这一观念。二是要对节能减排、节约资源下真功夫。环境保护不能说起来重要，做起来次要，要严格按照减排要求完成每年度的减排任务，要自觉采用新技术、新设备减少对资源的消耗，降低污染物的排放。

（二）进一步加大对环保违法行为的监管力度

虽然环境保护已经成为悬在各企业头上的“达摩克利斯之剑”，但是，部分企业依然我行我素，“顶风作案”，违反环保法规的行为时有发生，这其中就包括不少国有企业。从贵州省环境保护厅公布的省级挂牌督办环境违法案件企业来看，2014年共有41家企业被省环保厅列为“省级挂牌督办环境违法案件企业”，其中，国有企业8家，分别是安龙县黄金公司、首钢水城钢铁（集团）有限责任公司、黔西南金龙黄金矿业有限责任公司、贵州兴化化工股份有限公司、贵州天柱化工有限责任公司钡渣场、贵州文家坝矿业有限公司、贵州水城矿业（集团）有限责任公司那罗寨煤矿、河南煤化工集团金宏化工有限责任公司。

表 11　2014 年省级挂牌督办环境违法案件企业名单

1	安龙县黄金公司	22	桐梓县金兰(伟明)铝业公司
2	首钢水城钢铁(集团)有限责任公司	23	贵州兴发制革厂
3	贵州高酱酒业有限公司	24	贵州高峰石油机械股份有限公司
4	贵州省仁怀市国和酒业有限公司	25	岑巩县秦箭铁合金有限公司
5	仁怀市三合镇污水处理厂	26	贵州省习水习部酒业有限公司
6	贵州从江县联兴工业硅有限责任公司	27	贵州省施秉县恒盛有限公司
7	仁怀市五马镇污水处理厂	28	黔西南金龙黄金矿业有限责任公司
8	贵定县圣洁消毒洗涤服务部	29	贵州青酒集团有限责任公司
9	习水县小南坝煤矿	30	贵州兴化化工股份有限公司
10	威宁县金伟塑料加工厂	31	贞丰县挽澜荣胜煤矿
11	习水县加益煤业有限公司	32	华金丫他矿业有限公司
12	贵州金星王啤酒有限公司	33	贞丰县挽澜高家岩煤矿
13	兴仁县王家寨煤矿	34	贵州天柱化工有限责任公司钡渣场
14	兴义马岭片区瓦嘎 23 家砖厂	35	贵州文家坝矿业有限公司
15	习水县红四渡水上乐园	36	贵州省六盘水双元铝业有限责任公司
16	织金县荣基矿产品经营部	37	瓮安县盛达矿产有限公司
17	贵州西洋肥业有限公司	38	义龙新区顶效污水处理厂
18	赫章县华诚矿产品经营部	39	大方县绿塘乡佳宏煤业有限公司大方县绿塘乡佳宏煤矿
19	安顺黄果树铝业有限公司	40	贵州水城矿业(集团)有限责任公司那罗寨煤矿
20	贵州益佰制药股份有限公司	41	河南煤化工集团金宏化工有限责任公司
21	贵州东峰矿业集团有限公司		

资料来源：贵州省环保厅网站。

又据省环保厅网站披露，2014 年，贵州贵安路网养护工程有限公司、贵州轮胎股份有限公司、黔西南金龙黄金矿业有限责任公司、安龙县黄金公司、贵州金沙窖酒酒业有限公司、华润水泥（金沙）公司、鸭溪发电公司等企业受到省环保厅的行政处罚，罚款合计 57 万元。

表 12　2014 年被省环保厅行政处罚的国有企业

企业名称	处罚原因	处罚金额	备注
贵州贵安路网养护工程有限公司	环评未报批	10 万元	黔环罚字[2014]23 号
贵州轮胎股份有限公司	环评未报批	8 万元	黔环罚字[2014]26 号
黔西南金龙黄金矿业有限责任公司	环评未报批	10 万元	黔环罚字[2014]31 号
安龙县黄金公司	环评未报批	18 万元	黔环罚字[2014]33 号
贵州金沙窖酒酒业有限公司	未完成环保“三同时”验收	5 万元	黔环罚字[2014]35 号
华润水泥(金沙)公司	粉尘污染	5 万元	黔环罚字[2014]36 号
鸭溪发电公司	烟尘污染	1 万元	黔环罚字[2014]38 号

资料来源：贵州省环保厅网站。

因此，必须进一步加大对环保违法行为的监管力度。一方面，企业须加大对自身的监管力度，尤其是总公司须加强对下属子公司/分公司的监管力度；另一方面，相关部门必须加大对企业环保行为的监管力度，通过明察暗访等形式，让环境违法行为暴露在阳光之下。另外，鼓励社会各界如 NGO、个人等发挥监督作用。

（三）进一步加大履行生态责任信息的披露力度

综观历年来贵州省国有企业发布的社会责任报告，与“经济责任”“社会责任”两大板块相比，“生态责任”所占比重最小——无论是篇幅大小还是披露信息的详细程度，都是如此。除了老牌大型企业较为重视生态责任的披露外，一般规模较小的国有企业，特别是市（州）属国有企业对生态责任的披露仅仅是泛泛而谈或蜻蜓点水或一笔带过。另外，贵州省国有企业披露的履行生态责任信息，往往定性的描述很多，定量的指标公布很少。也就是说，对环保指标的完成情况、节能减排情况、资源节约情况、环保投入情况等可量化的指标不够详细或缺失，而往往代之以空洞的定性描述。此外，贵州省国有企业所披露的履行生态责任情况，往往“报喜不报忧”。各企业往往存在“选择性披露”的情况，即光讲成绩，少讲或不讲问题。事实上，从贵州省环境保护厅曝光的环境违法案件来看，部分国有企业就榜上有名。可这些信息并未在社会责任报告中得以客观体现。

因此，贵州省国有企业必须进一步加大履行生态责任信息的披露力度。一是要将生态责任的披露摆在更加重要的位置。生态责任是企业社会责任极其重要的一部分。企业生态责任的披露程度直接反映了该企业对生态责任的重视程度，加大披露力度能有效地促使企业更加重视生态责任，更好地履行生态责任。二是要加大定量指标的披露力度。要将环保指标的完成情况、节能减排情况、资源节约情况、环保投入情况等可量化的指标纳入必须披露的信息范畴。三是要更加客观地披露生态责任信息。立场要中立，态度要客观，既要讲成绩，也不能回避问题。

区 域 篇

Regional Reports

B.6 2014年黔南州国有企业社会责任发展报告

黎嫦娟*

摘 要：近年来，黔南州坚持工业强州和城镇化带动战略，以“5个20工程”（20个产业园区、20个现代高效示范农业园区、20个重点旅游景区、20个示范小城镇、20个城市综合体）为主抓手，培育壮大主导产业，推动产业转型升级，工业方面形成磷煤化工、建材、冶金、装备制造、食品、药品等支柱产业，经济社会发展呈现平稳较快增长态势。从黔南州州属国有企业的行业分布来看，主要分布在交通运输、仓储和邮政业，金融业，建筑业，居民服务、修理和其他服务业，租赁和商务服务业等五大行业，普遍具有规模小、实力弱等特点。

* 黎嫦娟，贵州省社会科学院党建研究所副研究员。

黔南州州属国有企业社会责任的履行普遍存在薄弱环节。本报告立足于2014年黔南州州属国有企业社会责任履行的现状，深入分析其原因，力争提出切实可行的对策建议。

关键词: 黔南州　州属国有企业　社会责任

“2014 年，黔南州各族人民在州委、州政府的坚强领导下，顶住宏观经济下行的巨大压力，积极适应新常态，坚持主基调主战略，守住发展和生态两条底线，大力实施创新型驱动、开放型后发赶超和‘一圈两翼’发展三大战略，全州呈现经济结构优化、民生持续改善、社会和谐稳定、文化繁荣发展、民族团结进步的新局面。”① 2014 年，全州生产总值为 801.75 亿元，同比增长 14.5%，在全省综合测评预排位的“期末成绩单”中，黔南州排在第 3 位，稳住了全省第一方阵的地位，经济社会发展各项指标保持平稳较快增长。同时需要注意的是，黔南州州属国有企业社会责任履行普遍存在薄弱环节。如何增强州属国有企业的综合竞争力，增强州属国有企业社会责任履行的能力、实力和意识，已经成为黔南州州属国有企业主管（监管）部门及企业自身亟须解决的重大课题。

一　2014年黔南州州属国有企业社会责任履行现状

（一）2014年黔南州州属国有企业的基本情况

为了全面了解 2014 年黔南州州属国有企业生产经营的基本情况，课题组深入黔南州国资局进行了实地调研，了解了 24 家主要州属国有企业的基本情况，按照行业划分做了如下统计（见表 1）。

---

① 引自《黔南州 2014 年国民经济和社会发展统计公报》。

表1　2014年度黔南州州属国有企业基本情况（按行业分）

单位：万元

按行业分	数量	企业名称	资产总额	负债	所有者权益（或股东权益）	国有资本	利润总额（亏损"－"）
房地产业	1	黔兴置业（集团）有限责任公司	45532	28017	17515	17500	22
交通运输、仓储和邮政业	5	黔南州国有资本营运有限责任公司	333268	315391	17877	10000	744
		黔南州木材运销公司	615	468	147	85	0
		都匀汽车运输公司	15738	9016	6722	2229	986
		黔南州布依族自治州木材工业公司	314	292	22	74	0
		黔南州粮油储备库	5549	5410	139	0	1
金融业	4	贵州劍江控股集团有限公司	10014	72	9942	10000	－58
		黔南州投资有限责任公司	112999	8164	3135	20000	231
		黔南州水务投资有限责任公司	11270	1402	9868	10000	－71
		黔南州融资担保有限责任公司	10306	267	10039	10000	－2
建筑业	3	贵州锦绣实业有限责任公司	9274	6374	2900	3000	－100
		黔南州高速公路开发有限责任公司	5025	3975	10500	10000	0
		黔南州交通建设公司	24133	21506	2627	3011	156
居民服务、修理和其他服务业	3	黔南汽车大修厂	1852	1576	176	157	－19
		黔南金属回收有限责任公司	540	509	31	81	－97
		黔南化轻民爆器材有限责任公司	2828	2457	371	100	108
租赁和商务服务业	6	黔南州建设监理有限责任公司	704	112	592	100	207
		黔南州交通设计院	1910	655	1255	1220	41
		贵州省黔南州进出口公司	201	192	10	129	0

续表

按行业分	数量	企业名称	资产总额	负债	所有者权益（或股东权益）	国有资本	利润总额（亏损"－"）
租赁和商务服务业		黔南旧机动车交易中心	95	1	94	53	34
		黔视广告有限责任公司	138	238	－100	100	－101
		黔南报业同兴广告有限责任公司	288	71	217	50	7
文化、体育和娱乐业	1	黔南印务发行有限责任公司	439	137	303	200	－45
批发和零售业	1	黔南州民族贸易有限责任公司	560	5	555	569	－3
合计	24		593592	406307	94937	98658	2041

资料来源：黔南州国资局提供。

1. 黔南州州属国有企业行业分布情况

根据国家统计局关于行业划分标准的分类规定，"将行业划分为农、林、牧、渔业，采矿业，制造业，电力、电热、燃气及水的生产和供应业，建筑业，批发和零售业，交通运输、仓储和邮政业，住宿和餐饮业，信息传输、软件和信息技术服务业，金融业，房地产业，租赁和商务服务业，科学研究和技术服务业，水利、环境和公共设施管理业，居民服务、修理和其他服务业，教育，卫生和社会工作，文化、体育和娱乐业，公共管理、社会保障和社会组织，国际组织等"①。本报告将黔南州州属24家国有企业按照行业进行了划分，其中房地产业企业为1家，占比4.17%；交通运输、仓储和邮政业企业为5家，占比20.83%；金融业企业为4家，占比16.67%；建筑业企业为3家，占比12.5%；居民服务、修理和其他服务业企业3家，占比12.5%；租赁和商务服务业企业6家，占比25%；文化、体育和娱乐业企业为1家，占比4.17%；批发和零售业企业为1家，占比4.17%。

图1表明，黔南州州属国有企业主要分布在交通运输、仓储和邮政业，

① 分类标准参照国家统计局行业划分标准。

金融业，建筑业，居民服务、修理和其他服务业，租赁和商务服务业等五大行业，占州属国有企业总数的87.5%。

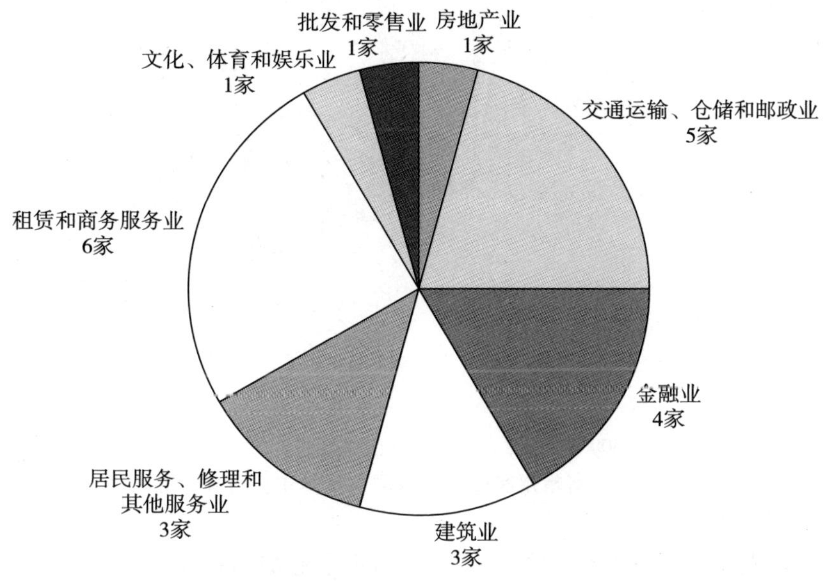

图1　黔南州州属国有企业行业分布

2. 黔南州州属国有企业国有资本主要行业分布

图2表明，将黔南州州属国有企业国有资本按行业进行划分，其中房地产业为17500万元，占比17.74%；交通运输、仓储和邮政业为12388万元，占比12.56%；金融业为50000万元，占比50.68%；建筑业为16011万元，占比16.23%；居民服务、修理和其他服务业为338万元，占比0.34%；租赁和商务服务业为1652万元，占比1.67%；文化、体育和娱乐业为200万元，占比0.2%；批发和零售业为569万元，占比0.58%。

图2还表明，黔南州州属国有企业的国有资本主要分布在金融业，房地产业，建筑业与交通运输、仓储和邮政业等四大行业，占州属国有企业国有资本总额的97.21%。

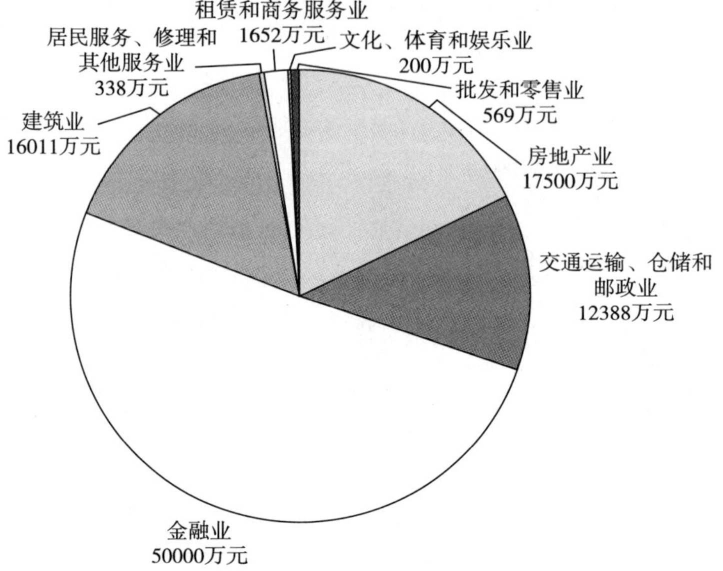

图 2　黔南州州属国有企业国有资本主要行业分布

3. 黔南州州属国有企业各类别国有资本企业数量对比

图 3 表明，黔南州州属 24 家国有企业中，国有资本占额 100 万元以下的企业为 6 家，占比 25%；国有资本占额 100 万元以上（含）1000 万元以下的企业为 7 家，占比 29.17%；国有资本占额 1000 万元以上（含）1 亿元以下的企业为 4 家，占比 16.67%；国有资本占额 1 亿元以上（含）的企业为 7 家，占比 29.17%。

（1）黔南州州属国有企业国有资本占额 1 亿元及以上主要企业行业分布。

图 4 表明，黔南州州属国有企业国有资本占额 1 亿元及以上的国有企业共计 7 家，其中房地产业为 1 家，占比 14.29%，例如黔兴置业（集团）有限责任公司；交通运输、仓储和邮政业为 1 家，占比 14.29%，例如黔南州国有资本营运有限责任公司；金融业为 4 家，占比 57.14%，例如贵州剑江控股集团有限公司、黔南州投资有限责任公司、黔南州水务投资有限责任公司、黔南州融资担保有限责任公司；建筑业 1 家，占比 14.29%，例如黔南州高速公路开发有限责任公司。

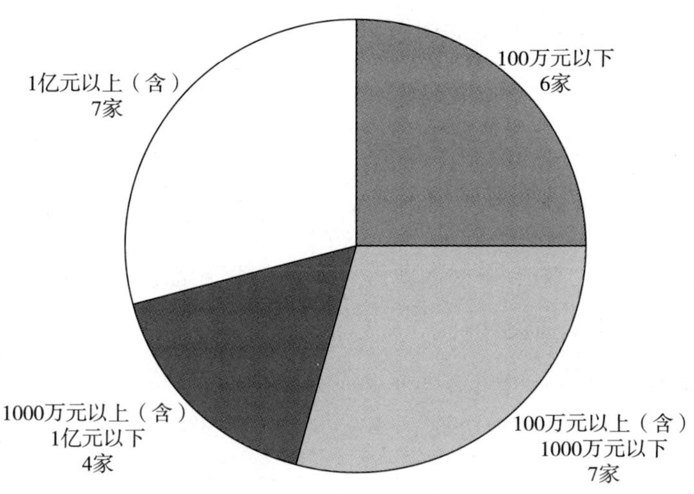

图3　各类别国有资本企业数量对比

黔南州州属国有企业国有资本占1亿元及以上的国有企业主要分布在金融业，占所有1亿元以上国有企业的57.14%；占黔南州金融业国有企业的100%，即黔南州金融业国有企业总计4家，其国有资本占额均为1亿元以上（含）国有企业。

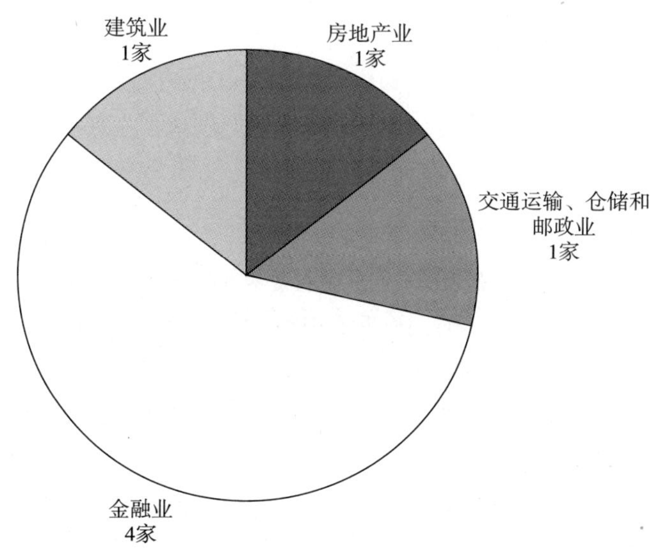

图4　黔南州州属国有企业国有资本占额1亿元以上（含）国有企业行业分布

（2）黔南州州属国有企业国有资本占额1000万元以上（含）1亿元以下主要企业行业分布。

图5表明，黔南州州属国有企业国有资本占额1000万元以上（含）1亿元以下的国有企业共计4家，其中交通运输、仓储和邮政业为1家，占比25%，例如都匀汽车运输公司；建筑业为2家，占比50%，例如贵州锦绣实业有限责任公司、黔南州交通建设公司；租赁和商务服务业为1家，占比25%，例如黔南州交通设计院。

图5还表明，黔南州州属国有企业国有资本占额1000万元以上（含）1亿元以下的国有企业主要分布在建筑业，占比50%。

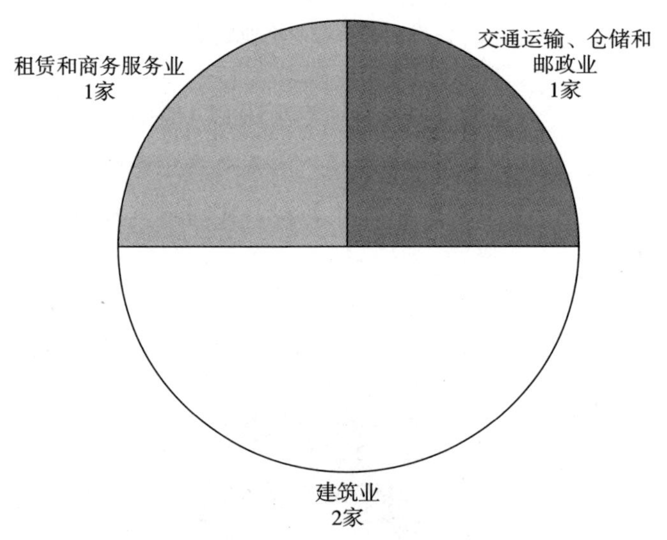

图5　黔南州州属国有企业国有资本占额1000万元以上（含）1亿元以下国有企业行业分布

（3）黔南州州属国有企业国有资本占额100万元以上（含）1000万元以下主要企业行业分布。

图6表明，黔南州州属国有企业国有资本占额100万元以上（含）1000万元以下的国有企业共计7家，其中居民服务、修理和其他服务业为2家，占比28.57%，例如黔南汽车大修厂、黔南化轻民爆器材有限责

任公司；租赁和商务服务业为3家，占比42.86%，例如黔南州建设监理有限责任公司、贵州省黔南州进出口公司、黔视广告有限责任公司；文化、体育和娱乐业为1家，占比14.29%，例如黔南印务发行有限责任公司；批发和零售业为1家，占比14.29%，例如黔南州民族贸易有限责任公司。

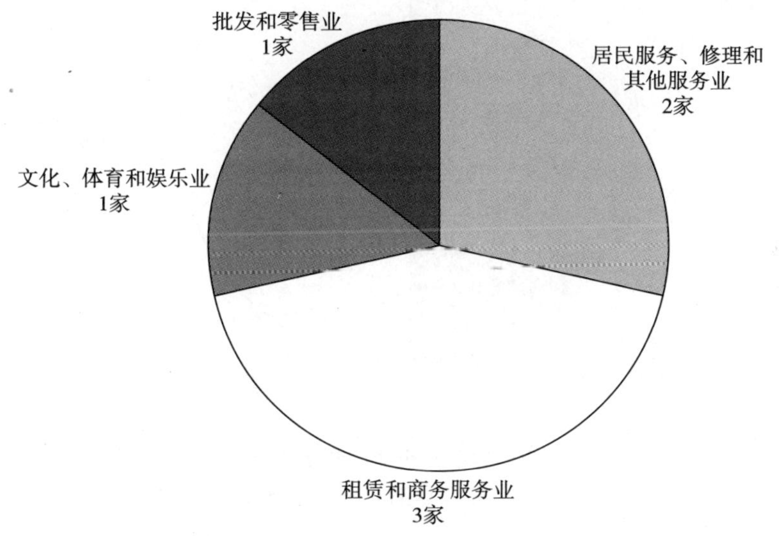

图6　黔南州州属国有企业国有资本占额100万元以上（含）1000万元以下国有企业行业分布

图6还表明，黔南州州属国有企业国有资本占额100万元以上（含）1000万元以下的国有企业主要分布在租赁和商务服务业，占比42.86%。

（4）黔南州州属国有企业国有资本占额100万以下主要企业行业分布。

图7表明，黔南州州属国有企业国有资本占额100万元以下的国有企业共计6家，其中交通运输、仓储和邮政业为3家，占比50%，例如黔南州木材运销公司、黔南州布依族自治州木材工业公司、黔南州粮油储备库；居民服务、修理和其他服务业为1家，占比16.67%，例如黔南金属回收有限责任公司；租赁和商务服务业为2家，占比33.33%，例如黔南旧机动车交

易中心、黔南报业同兴广告有限责任公司。

图7还表明，黔南州州属国有企业国有资本占额100万元以下的国有企业主要分布在交通运输、仓储和邮政业，占比50%。

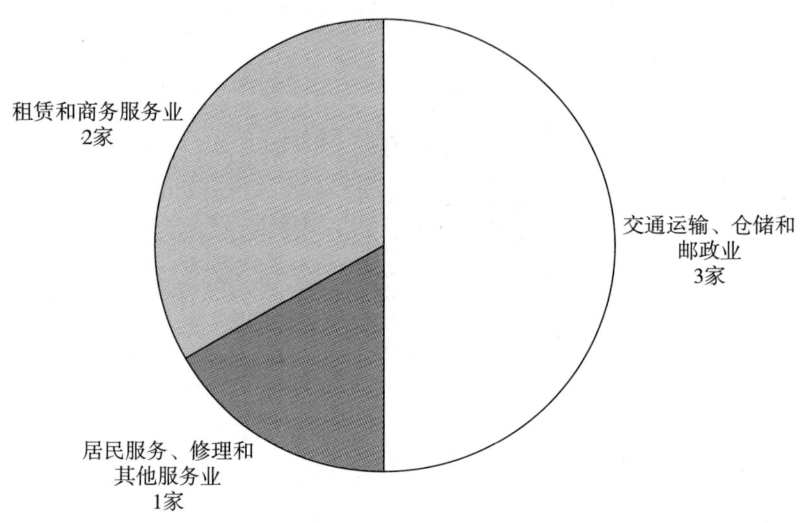

图7　黔南州州属国有企业国有资本占额100万元以下国有企业行业分布

4. 2014年黔南州州属国有企业生产经营主要情况

（1）2014年黔南州州属国有企业生产经营盈亏情况。

图8、表2表明，2014年黔南州州属国有企业总计24家，其中盈利企业有11家，占比45.83%；亏损企业有9家，占比37.5%；不亏不盈企业有4家，占比16.67%。按行业划分，2014年黔南州州属国有企业中房地产业为1家，属于盈利企业；交通运输、仓储和邮政业为5家，其中3家盈利，2家不盈不亏；金融业为4家，其中1家盈利，3家亏损；建筑业为3家，其中1家盈利、1家亏损、1家不盈不亏；居民服务、修理和其他服务业为3家，其中1家盈利，2家亏损；租赁和商务服务业为6家，其中4家盈利，1家亏损，1家不盈不亏；文化、体育和娱乐业1家，属于亏损企业；批发和零售业为1家，属于亏损企业。

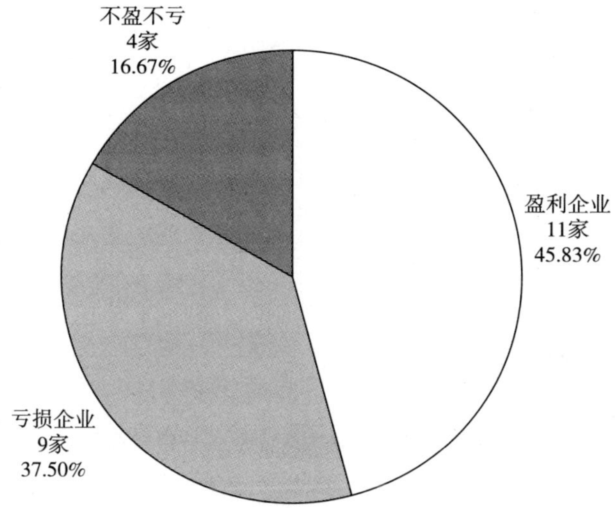

图 8　2014 年黔南州州属国有企业生产经营盈亏情况

表 2　2014 年黔南州州属国有企业中盈利、亏损、不盈不亏企业行业分布

单位：家

按行业分	盈利企业数量	亏损企业数量	不盈不亏企业数量
房地产业	1	0	0
交通运输、仓储和邮政业	3	0	2
金融业	1	3	0
建筑业	1	1	1
居民服务、修理和其他服务业	1	2	0
租赁和商务服务业	4	1	1
文化、体育和娱乐业	0	1	0
批发和零售业	0	1	0

（2）2014 年黔南州州属国有企业生产经营盈亏总额情况。

图 9 表明，2014 年黔南州州属国有企业盈利 2537 万元，亏损 496 万元，合计利润总额为 2041 万元。

（3）2014 年黔南州州属国有企业盈利总额在 100 万元以上（含）企业行业分布情况。

图 10 表明，2014 年黔南州州属国有企业盈利总额在 100 万元以上（含）企业共计 6 家，其中交通运输、仓储和邮政业为 2 家，占比 33. 33%，

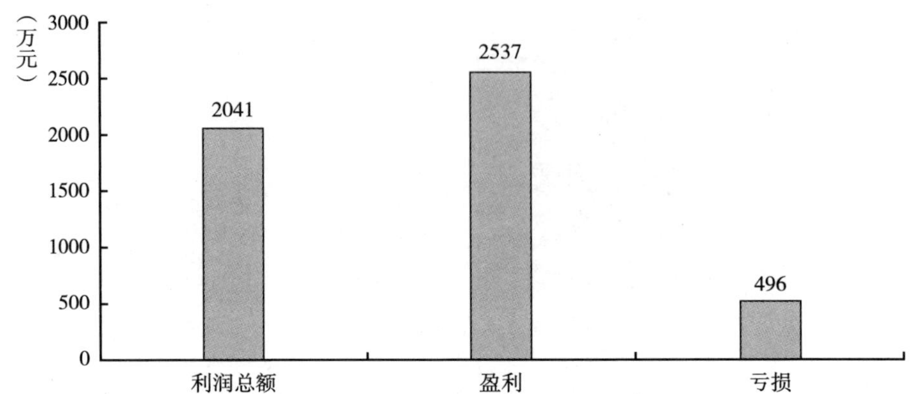

图 9　2014 年黔南州州属国有企业生产经营盈亏对照

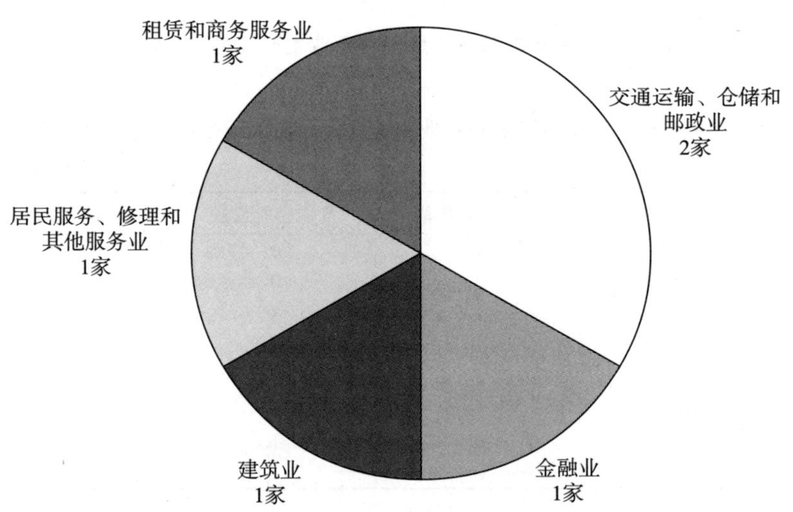

图 10　2014 年黔南州州属国有企业盈利总额在 100 万元以上（含）企业行业分布情况

例如黔南州国有资本营运有限责任公司、都匀汽车运输公司；金融业为 1 家，占比 16.67%，例如黔南州投资有限责任公司；建筑业为 1 家，占比 16.67%，例如黔南州交通建设公司；居民服务、修理和其他服务业为 1 家，占比 16.67%，例如黔南化轻民爆器材有限责任公司；租赁和商务服务业为 1 家，占比 16.67%，例如黔南州建设监理有限责任公司。

（4）2014年黔南州州属国有企业盈利总额在100万元以下企业行业分布情况。

图11表明，2014年黔南州州属国有企业盈利总额在100万元以下的国有企业共计有5家，其中房地产业为1家，占比20%，例如黔兴置业（集团）有限责任公司；交通运输、仓储和邮政业为1家，占比20%，例如黔南州粮油储备库；租赁和商务服务业为3家，占比60%，例如黔南州交通设计院、黔南旧机动车交易中心、黔南报业同兴广告有限责任公司。

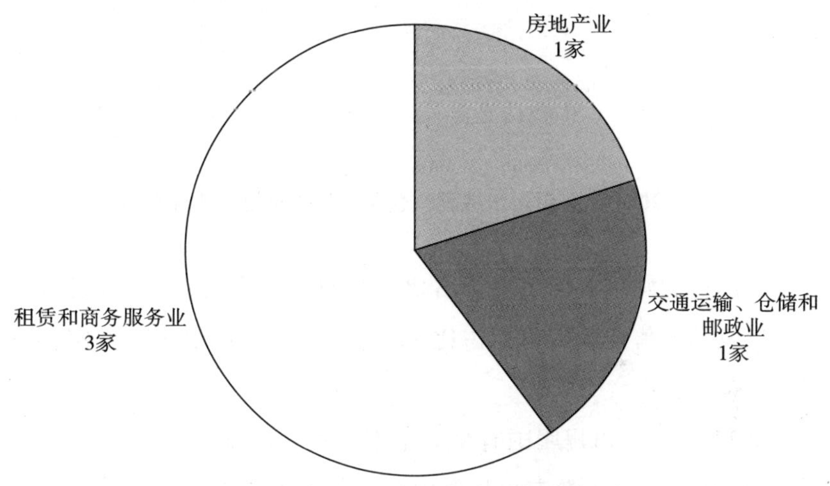

图11　2014年黔南州州属国有企业盈利总额在100万元以下企业行业分布情况

（5）2014年黔南州州属国有企业中亏损企业行业分布情况。

图12表明，2014年黔南州州属国有企业亏损的有9家企业，其中金融业为3家，占比33.33%，例如贵州剑江控股集团有限公司、黔南州水务投资有限责任公司、黔南州融资担保有限责任公司；建筑业为1家，占比11.11%，例如贵州锦绣实业有限责任公司；居民服务、修理和其他服务业为2家，占比22.22%，例如黔南汽车大修厂、黔南金属回收有限责任公司；租赁和商务服务业为1家，占比11.11%，例如黔视广告有限责任公

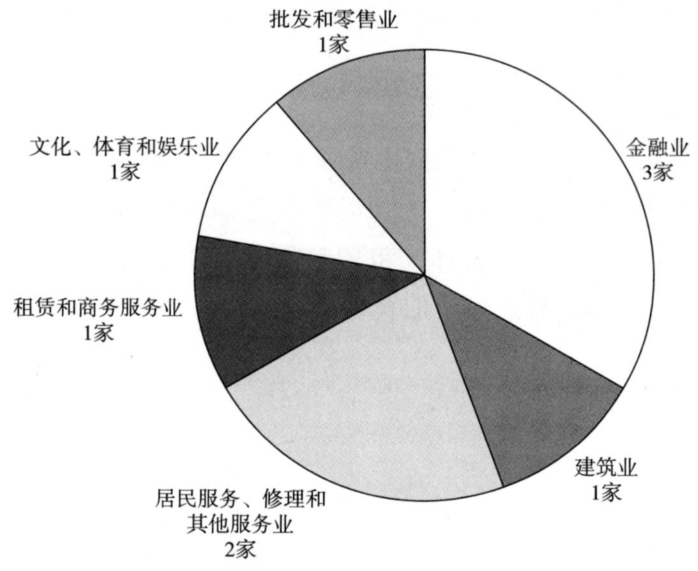

图 12　2014 年黔南州州属国有企业中亏损企业行业分布情况

司；文化、体育和娱乐业为 1 家，占比 11.11%，例如黔南印务发行有限责任公司；批发和零售业为 1 家，占比 11.11%，例如黔南州民族贸易有限责任公司。

（6）2014 年黔南州州属国有企业中不盈不亏企业行业分布情况。

图 13 表明，2014 年黔南州州属国有企业中不盈不亏企业有 4 家，其中交通运输、仓储和邮政业为 2 家，占比 50%，例如黔南州木材运销公司、黔南州布依族自治州木材工业公司；建筑业为 1 家，占比 25%，例如黔南州高速公路开发有限责任公司；租赁和商务服务业为 1 家，占比 25%，例如贵州省黔南州进出口公司。

（二）2014年黔南州州属国有企业社会责任履行情况评价

1. 基本实现国有资产保值增值

提升资本运营水平，实现企业国有资产保值增值，既是现代企业制度建设的核心内容，又是国有企业的重要社会责任。2014 年，黔南州州属 24 家

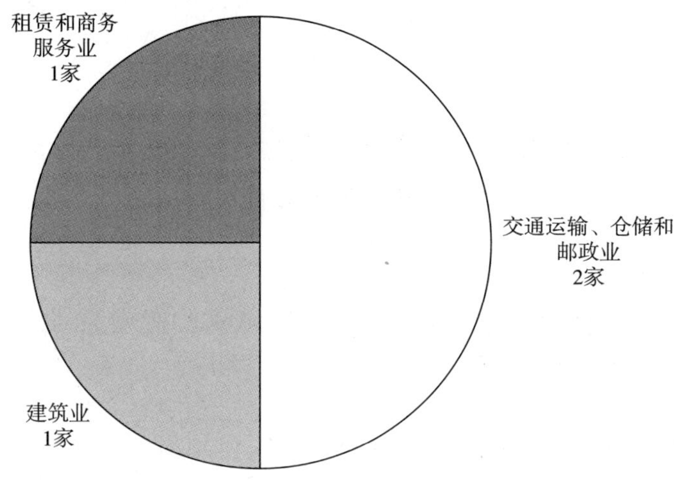

图13　2014年黔南州州属国有企业中不盈不亏企业行业分布情况

国有企业营业总收入为75319万元，营业总成本为74964万元，利润总额为2041万元，净利润为1957万元[①]，基本上实现了国有资产的保值增值（见表1）。

2. 基本上按预期完成了纳税义务

依法纳税是每个纳税人对国家应尽的义务，与国家的整体利益及企业、单位、个人的直接利益有着密切的联系。2014年，黔南州州属24家国有企业应交税费为4356万元，实缴税费为4157万元，实现税费缴纳率为95.43%，基本上按预期完成了应缴税款任务。

3. 积极促进就业，维护职工合法权益

国有企业是我国国民经济的支柱，促进就业是当前国企承担社会责任的重要形式之一。2014年，黔南州州属24家国有企业平均在岗职工人数为992人，实际发放职工工资总额为3977万元，在一定程度上维护了职工的合法权益。在积极促进就业方面，黔南州各国有企业做出了积极努力。以贵

① 数据来源：黔南州国资局提供。

州锦绣实业有限责任公司为例，2014 年 11 月，该企业公开招聘工作人员 3 名。

二 黔南州州属国有企业社会责任履行存在的问题及原因分析

（一）经济发展形势严峻，黔南州州属国有企业生产经营面临考验

2013 年，国民经济平稳较快增长，全国全年国内生产总值 568845 亿元，比上年增长 7.7%①；贵州省地区生产总值 8006.79 亿元，比上年增长 12.5%②；黔南州地区生产总值 645.54 亿元，同比增长 16.0%③。2014 年，国民经济稳步增长，全国全年国内生产总值 636463 亿元，比上年增长 7.4%④；贵州省地区生产总值 9251.01 亿元，比上年增长 10.8%⑤；黔南州地区生产总值 801.75 亿元，同比增长 14.5%⑥。从 GDP 增幅来看，2014 年国内 GDP 同比增长幅度下降 0.3 个百分点，贵州省下降 1.7 个百分点，黔南州下降 1.5 个百分点。由此可见，2014 年仍是中国经济的转型之年，是贵州经济的转型之年，也是黔南州经济的转型之年，经济发展形势严峻，国有企业生产经营也面临严峻考验。

1. 国有企业生产经营形势严峻

上述图 8、表 2、图 9、图 10、图 11 表明，2014 年黔南州州属国有企业总计 24 家，其中盈利企业有 11 家，占比 45.83%；亏损企业有 9 家，占比 37.5%；不亏不盈企业有 4 家，占比 16.67%。州属国有企业盈利 2537 万元，

---

① 数据来源：《2013 年国民经济与社会发展统计公报》。

② 数据来源：《2013 年贵州省国民经济与社会发展统计公报》。

③ 数据来源：《2013 年黔南州国民经济与社会发展统计公报》。

④ 数据来源：《2014 年国民经济与社会发展统计公报》。

⑤ 数据来源：《2014 年贵州省国民经济与社会发展统计公报》。

⑥ 数据来源：《2014 年黔南州国民经济与社会发展统计公报》。

亏损496万元，合计利润总额为2041万元；州属国有企业盈利总额在100万元以上（含）企业共计6家；盈利总额在100万元以下的国有企业共计有5家。由此可见，黔南州州属国有企业2014年生产经营整体呈现出盈利企业数量少、经济效益低下等特点。究其原因，与2014年全国、全省以及全州经济形势密切相关。2014年仍然是中国经济的转型之年，全国严峻的经济发展形势客观上加剧了黔南州州属国有企业生产经营的严峻形势。

2. 地方民营企业不断壮大，国有企业改革形势紧迫

2014年，黔南州民营经济新增就业人数达4.6万，注册资本金551.02亿元[①]。本文表1、图1表明，黔南州州属24家国有企业资产总额59.36亿元，国有资本9.87亿元，主要分布在交通运输、仓储和邮政业，金融业，建筑业，居民服务、修理和其他服务业，租赁和商务服务业等五大行业，占州属国有企业总数的87.5%。地方民营企业的新增就业人数和资本总额都远远超过了国有企业的数量、数额。民营企业的分布领域与发展势头客观上加剧了国有企业的生存发展困境。州属国有企业普遍存在现代企业制度不健全，国有资产监管体制不完善，企业管理混乱，党组织管党治党责任不落实、作用被弱化等问题，国有企业改革形势十分紧迫。

（二）黔南州州属国有企业综合竞争力普遍较弱，缺乏社会责任履行的充分能力

“社会主义市场经济条件下的国有企业，要成为自觉履行社会责任的表率”，这是《中共中央、国务院关于深化国有企业改革的指导意见》对国有企业的明确要求，是国有企业的神圣使命。但国有企业履行社会责任的行为和质量除了社会责任意识之外，主要取决于国有企业是否具备履行社会责任的充分能力。研究发现，生产经营较好的国有企业，社会责任履行的总体情况相对也较好；生产经营较差的国有企业，社会责任履行的总体情况相对也

① 数据来源：《2014年黔南州国民经济与社会发展统计公报》。

较差。综合竞争力的强弱是决定国有企业社会责任履行是否具备充分能力的关键。黔南州州属国有企业综合竞争力普遍较弱，缺乏社会责任履行的充分能力。

1. 企业数量少、规模小，缺乏有竞争力的骨干企业

2014年，黔南州规模以上工业总产值939.49亿元，比上年增长21.0%。其中，轻工业总产值182.51亿元，增长25.0%；重工业总产值756.99亿元，增长20.0%。规模以上工业增加值（2000万元以上）比上年增长14.7%①。调研结果显示，2014年黔南州州属24家国有企业营业总收入为75319万元，其中营业总收入2000万元以上的为4家企业，分别是都匀汽车运输公司（4672万元）、黔南州交通建设公司（57326万元）、黔南州交通设计院（2046万元）和黔南化轻民爆器材有限责任公司（3910万元）②。2014年黔南州州属规模以上国有企业占比为16.67%。黔南州州属国有企业总体呈现数量少、规模小的特点，缺乏有市场竞争力的骨干企业。

2. 企业资本效率相对低下，缺乏活力与创新能力

本报告图3表明，2014年黔南州24家州属国有企业中，国有资本1亿元以上（含）的企业为7家，1000万以上（含）1亿元以下的企业为4家，100万元以上（含）1000万元以下的企业为7家，100万元以下的企业为6家。表1表明，24家州属国有企业资产总额为593592万元，其中国有资本为98658万元，2014年利润总额为2041万元。由此可见，黔南州州属国有企业国有资本占额较小，且资本效率低下。究其原因，一方面与州属国有企业自身缺乏生产经营活力有关。州属国有企业主要分布在交通运输、仓储和邮政业与金融业等资源相对集中的行业，受以往国家政策的支持，生产经营活力较差，普遍缺乏竞争力；另一方面，与州属国有企业普遍缺乏科技创新能力密切相关。黔南州州属国有企业中缺乏科技含量较高的企业，较多为传

---

① 数据来源：《2014年黔南州国民经济与社会发展统计公报》。

② 数据来源：本蓝皮书课题组黔南调研时由州国资局提供。

统行业企业，企业自身创新能力缺失，且对资本运营缺乏切实可行的有效手段，资本效率普遍较为低下。

（三）国有企业本身社会责任意识较为淡薄，缺乏监管部门的积极引导和监督

自中共十四大明确提出建立社会主义市场经济体制以来，短短20多年时间，我国企业尚未形成成熟的社会责任履行机制，导致在生产经营过程中，不少企业对企业社会责任仍然感到十分陌生，往往片面追求企业经济利益，忽视了对社会事业的责任感，各地方国有企业更是如此。国有企业对为什么要履行社会责任感到困惑，归根结底是社会责任意识相对淡薄。

1. 地方企业管理者对社会责任普遍缺乏全面认识

当前，“地方企业在建立社会责任体制方面还很不健全，部分企业一提到企业社会责任感觉是非常陌生，根本不知其内容是什么；企业经营者和管理人员片面认为只要依法经营、依法纳税就是承担责任”①，认为社会事业是国家的事，是政府的事，对社会责任普遍缺乏全面认识。

2. 地方企业管理者对财富的创造及来源缺乏全面认识

社会公益事业是社会可持续发展的需要，不是企业单方面的付出，所产生的社会效益往往比企业直接经济效益更有价值。在现实生活中，我国不少企业对财富创造与来源的认识往往存在误区，地方企业尤其如此。不少企业管理者认为，企业财富的创造和资本积累是靠自己有效管理、有效经营实现的，财富创造所需的资源理应由国家及社会提供，自己在创造财富的过程中已经依法纳税，完成对国家经济发展的贡献，做出了奉献。但是，企业管理者往往忽视了企业经营发展过程中对国家资源的消耗以及环境带来的损害，对财富的创造及来源缺乏全面认识。

---

① 刘志国：《浅谈我国企业履行社会责任存在的问题原因及对策》，中华励志网，2011年8月18日。

三 黔南州州属国有企业社会责任履行的对策建议

2015年8月24日，《中共中央、国务院关于深化国有企业改革的指导意见》（以下简称《指导意见》）正式发布。根据相关精神，“到2020年，全国要在国有企业改革重要领域和关键环节取得决定性成果，形成更加符合我国基本经济制度和社会主义市场经济发展要求的国有资产管理体制、现代企业制度、市场化经营机制，国有资本布局结构更趋合理，造就一大批德才兼备、善于经营、充满活力的优秀企业家，培育一大批具有创新能力和国际竞争力的国有骨干企业，国有经济活力、控制力、影响力、抗风险能力明显增强。”① 据此，本报告结合今后贵州省经济社会发展形势及国有企业的发展形势与改革趋势，立足于黔南州州属国有企业社会责任履行的现状与未来发展趋势，提出以下对策建议。

（一）以“成为自觉履行社会责任的表率”为指引，切实增强国有企业社会责任意识

1. 加强对地方国有企业领导者和管理者社会责任意识的引导

《指导意见》强调：“社会主义市场经济条件下的国有企业，要成为自觉履行社会责任的表率。社会责任意识是企业履行社会责任的内生动力和源泉，没有社会责任意识就没有责任的履行。”② 部分国有企业在种种主观、客观因素的影响下，往往偏重于经济责任，片面地追求利润最大化，弱化了社会责任观念和公益意识，以致其认为搞一些慈善捐款就等于履行了社会责任，甚至认为社会责任是政府的事，与企业无关，忽略了企业“社会公民”的身份。强化国有企业社会责任的关键环节在于增强国有企业领导者和管理者的社会责任意识。黔南州国资局作为州属国有企业的监管机构，要积极发

① 引自《中共中央、国务院关于深化国有企业改革的指导意见》。

② 引自《中共中央、国务院关于深化国有企业改革的指导意见》。

挥作用，让国有企业尤其是国有企业领导者和管理者知道什么是国有企业的社会责任、为什么要履行社会责任、如何履行社会责任，在全州州属国有企业中形成社会责任意识履行共识。

2. 加大宣传教育力度，积极促进地方国有企业领导者和管理者树立正确的财富意识

国有企业履不履行社会责任，如何正确看待并履行社会责任，关键在于国有企业领导者和管理者。加大宣传教育力度，积极促进地方国有企业领导者和管理者树立正确的财富意识，是促进国有企业社会责任履行的重要环节。黔南州州委、州政府、国资局及社会媒体应积极宣传企业社会责任，要让国有企业更加明白企业财富的创造与社会责任的履行是辩证统一的关系。企业财富的创造不是单纯依靠企业自身就可以实现的，企业财富的创造更是国家、社会、公众共同努力的结果。没有国家、社会提供的社会资源，企业财富就无从实现；没有社会及公众的大力支持，企业就失去财富创造的力量源泉。企业在履行依法纳税义务之外，更要为社会的可持续发展奉献自己的力量。

（二）深化国有企业改革，切实增强州属国有企业经济活力

1. 积极深化州属国有企业分类改革，区分界定社会责任

根据《指导意见》关于国有资本的战略定位和发展目标，“要结合不同国有企业在经济社会发展中的作用、现状和发展需要，将国有企业分为商业类和公益类”①。结合这一指导性意见要求，黔南州应结合国家下一步具体要求及贵州省有关精神，积极推进州属国有企业分类，将州属 24 家国有企业进行商业类和公益类划分。推动商业类国有企业进入市场竞争，按照市场化要求实行商业化运作，增强商业类国有企业经济活力。在社会责任界定方面，以放大国有资本功能、实现国有资产保值增值为主要目标，以增加就业、保护生态环境、依法纳税等为社会责任界定的主要范畴。“公益类国有企业以保障民生、服务社会、提供公共产品和服务为主要目标，同样要引入市场机制，

① 引自《中共中央、国务院关于深化国有企业改革的指导意见》。

提高公共服务效率和能力。”① 对公益类国有企业，以确保成本控制、产品服务质量、营运效率和保障能力为主。在社会责任界定方面，公益类国有企业应承担更多的社会责任，除严格控制成本、保障民生、提高产品服务质量、营运效率和保障能力之外，要更多地将社会公益责任纳入社会责任履行范畴。

2. 积极深化州属国有企业股权多元化改革，增强国有企业活力

国有企业是否具备社会责任履行的充分能力，是国有企业社会责任履行的前提和基础。积极深化国有企业股权多元化改革，是增强黔南州州属国有企业活力、提高综合竞争力的关键。州国资局作为州属国有企业监管机构，要继续推进简政放权，依法落实企业法人财产权和经营自主权，进一步激发企业活力、创造力和市场竞争力。要积极建立差别化考核机制，针对商业类国有企业和公益性国有企业实施差别考核。“对主业处于充分竞争行业和领域的商业类国有企业，原则上都要实行公司制股份制改革，积极引入其他国有资本或各类非国有资本实现股权多元化，国有资本可以绝对控股、相对控股，也可以参股，并着力推进整体上市。对这些国有企业，重点考核经营业绩指标、国有资产保值增值和市场竞争能力。对主业处于关系国家安全、国民经济命脉的重要行业和关键领域、主要承担重大专项任务的商业类国有企业，要保持国有资本控股地位，支持非国有资本参股。对公益类国有企业，重点考核成本控制、产品服务质量、营运效率和保障能力，根据企业的不同特点有区别地考核经营业绩指标和国有资产保值增值情况，考核中要引入社会评价。”②

（三）建立社会责任履行“晒单平台”，切实推行州属国有企业社会责任履行目标考核机制

1. 积极探索建立州属国有企业社会责任履行“晒单平台”

“阳光是最好的防腐剂，灯泡是最有效的警察”。国有企业社会责任履行“晒单平台”从某种程度而言，能够发挥最大的监督和制约功能。目前对于大多

① 引自《中共中央、国务院关于深化国有企业改革的指导意见》。

② 引自《中共中央、国务院关于深化国有企业改革的指导意见》。

数国有企业来说，信息披露的主要内容是公司的财务状况。但是，应社会经济可持续发展的需要，财务指标已经不是衡量企业状况的唯一指标。社会责任履行“晒单平台”对提高企业履行社会责任的自觉性与主动性有着重要意义和作用。企业履行社会责任的状况通过“晒单平台”，向社会传达相关信息，如企业的债务情况、企业内员工权益的保护状况、商品质量及消费者投诉状况、环境污染状况、社区关系状况、促进就业状况、社会公益责任履行状况，等等，唤醒国有企业社会责任意识。“晒单平台”的建立可以通过州政府网站、国资局网站、州属国有企业网站以及其他媒体等渠道进行披露，州政府网站“晾晒”全州社会责任履行总体情况；州国资局“晾晒”国有企业社会责任履行总体情况，并对履行较好和较差的企业分别予以通报；各国有企业“晾晒”自身社会责任履行情况，对履行好的方面进行展示，同时也对履行不好的方面提出整改意见；社会媒体“晾晒”公众对各企业社会责任履行情况的评价。

2. 积极探索建立并推行州属国有企业社会责任履行目标绩效考核机制

建立良好的绩效考核机制是促进企业健康持续发展的需要，将国有企业社会责任履行纳入目标考核机制，是国有企业社会责任履行的重要保障。积极探索建立并推行州属国有企业社会责任履行目标考核机制，另外要发挥好州国资局对国有企业目标绩效考核的积极作用。州属国资局可以将州属国有企业社会责任纳入企业目标绩效考核范畴，尤其是将其作为企业“一把手”工作完成情况目标绩效考核的重要衡量指标；各国有企业应当将本年度社会责任计划完成情况纳入年度目标绩效考核，以此作为董事会对企业领导和管理层年度工作完成情况目标绩效考核的重要衡量指标，作为相关人员绩效薪酬的重要参考指标。

参考文献

李锐：《国有企业社会责任信息披露问题研究：基于 2005 ~ 2011 面板数据的实证分析》，湖北人民出版社，2014。

冯梅：《中国国有企业社会责任论——基于和谐社会的思考》，经济科学出版社，2009。

B.7

2014年遵义市国有企业社会责任发展报告

管毓和*

摘　要：本报告真实、客观地阐述了遵义市国有企业在履行社会责任方面做出的具体工作，积极创造利润，加强质量管理，营造各利益主体之间的和谐氛围，树立和维护企业诚信、守法、公正的良好形象，依法保护员工的合法权益，主动承担对自然环境、社会和经济发展的义务，支持和赞助社会公益事业，关注社会弱势群体的生存环境，扶贫济困，救助灾害等。但也存在国有企业认识不足，企业内部履行社会责任机制不完善，政府对企业摊派“社会责任”以及媒体宣传不够的问题，遵义市应确立企业社会责任履行的主体地位，建立企业内部监督机制，抓好企业改革发展，提高企业经济效益，提升国有企业履行社会责任的能力。

关键词：遵义市　国有企业　社会责任

一　遵义市国有企业履行社会责任的情况

（一）稳步推进改革发展，保持企业稳定运行

国有企业的改革发展以及在国民经济中的地位作用，一直为全社会所关

* 管毓和，贵州省社会科学院农村发展研究所副研究员。

注，更重要的就是，企业的体制机制发生了新的变化。企业领导集体的“政治素质、经营业绩、团结协作、作风形象”是决定企业的发展基础，有力地推动着国有企业的改革发展。

贵州省遵义汽车运输（集团）有限责任公司是由原贵州省遵义汽车运输总公司于2002年8月28日改制成立的有限责任公司，公司改制前濒临倒闭，改制后，建立了强有力的领导班子，在中共遵义市委市人民政府的领导下，不断改革创新，开拓进取，积极调整产业结构，主动顺应市场变化，推行一系列深化改革的措施，发挥新体制优势，持续进行产业改造升级，在提高企业核心竞争力和转型发展上下足了功夫，实现企业又好又快的发展。通过几年的努力，该公司闯出一条持续、健康、快速发展之路，目前是贵州省规模最大的道路运输企业之一，有员工4700多人，是一家集道路客（货）运输、城市公交、出租汽车经营、站场经营、道路运输从业人员岗位培训、汽车销售以及汽车维修等为一体的国有大型交通运输企业集团。

自2005年起，贵州省遵义汽车运输（集团）有限责任公司入选全国道路运输企业50强；2006年，跻身全国交通企业100强；2009年，被国家安监总局确定为全国首批道路交通安全GPS动态监管试点单位和贵州省安监局GPS动态监管监控单位。2009年、2010年、2011年连续多次被遵义市人民政府评为全市安全生产工作先进单位。2011年、2012年连续两年入选贵州百强企业，2012年被贵州省人民政府评为全省安全生产先进单位，被授予2011~2012年优秀基层党组织。

贵州钢绳集团有限责任公司认真落实了《贵州省国资委监管企业产权制度改革三年行动计划》，按照省政府、省国资委的要求，坚持“企业发展好、职工安置好、股东回报好、社会反响好、政府评价好”的五好原则，以“促进做强做优线材制品主业，提升核心竞争力，提高发展质量和效益，推动企业实现转型升级”为目的，认真制定产权制度改革三年行动计划工作方案上报省国资委并得到批复，目前正按照批复要求积极推进实施。

抓好党建和企业文化工作，为企业发展提供组织保障。公司各级党组织紧紧围绕企业中心任务，加强党的基层组织建设、领导班子思想政治建设、人才队伍建设、宣传思想工作和企业文化建设，扎实开展创先争优、“两个一”“四帮四促”和树先进学先进、慰问帮扶以及文体活动，增强了党建工作的针对性和实效性。按照中央和省委的统一部署，扎实开展党的群众路线教育实践活动，认真聚焦“四风”查找问题，立说立改，加强作风建设，密切了党群干群关系，推动了企业改革发展，促进了生产经营。继续落实党风廉政建设责任制，深入开展反腐倡廉宣传教育，推进惩防体系建设，保证了反腐倡廉各项工作落实。公司工会、共青团组织广泛开展劳动竞赛、创先争优、职工素质提升、班组建设、职工温暖帮扶等系列活动，进一步夯实了群众工作基础。

（二）加强质量管理，做好自己的产品

产品质量就是效益，质量是生产出来的。要产出高质量的产品，必须加强每一个关键点的控制。树立质量第一的意识，把质量作为一切的出发点和最高行动准则。

贵州钢绳集团有限责任公司为夯实质量基础，推进科技进步，促进企业竞争力提升。公司加强国家级技术中心、特种金属线缆及装备工程技术研究中心、国家火炬计划重点高新技术企业、贵州省金属制品人才基地等载体建设，积极组织编制、管理、申报国家、省、市科技资助项目立项、研发和验收工作，全年在研自立项目 45 项，完成结题验收 22 项，开发了电铲回拉绳、竖井提升用密封钢丝绳、双压实钢丝绳、A 类镀锌钢丝绳等新产品，完成新产品 5.5 万吨，同比增加 1.9 万吨。切实做好专利申报工作，全年申报专利 46 件，其中发明专利 38 件，实用新型专利 8 件。认真做好国家及行业标准制（修）订，2014 年新发布标准 7 项，立项起草标准 13 项，其中主起草 ISO2408《通用钢丝绳技术条件》国际标准获立项并进行了多次讨论和修改。抓好质量管理、测量管理、国家实验室认可等体系的运行，认真做好年度管理评审、管理体系的审核以及各类生产许可证、认可、认证的申办和年审工作，推动各项体系的持续改进和不断完善，进一步做好理、化试验和检测，全面加强产品质量过程控制，狠抓质量基础管

理，对主要产品一次合格率的规定进行修订，确保一次合格率稳步提高，严格把好产品质量关。

（三）加强安全生产，完善应急管理体系

中国铝业遵义氧化铝有限公司为了确保安全生产，加大安全教育和培训，2014 年，制定了《健康安全环境教育培训管理办法》，规范安全教育培训管理流程，并在年初制定安全教育培训计划并组织实施，按期对三类人员组织复审及取证培训，2014 年 8 月组织 101 名主要负责人及安全管理人员资格复审及取证培训，还对 230 名特种作业人员进行取证及复审培训，做到 100% 持证上岗，同时加大对相关方人员的安全培训，劳务派遣人员与所在单位及班组同时参加安全活动接受安全教育培训，片区、车间对检修、施工及清理作业单位负责人、作业人员开展安全培训，取得良好实效，实现了年度相关方安全事故为零的良好业绩，扎实开展岗位安全活动，注重实效，100% 覆盖，保证每一位员工均接受安全教育培训，在培训内容上结合岗位实际，更有针对性、时效性。

通过开展各项专项活动，不断完善管理制度，优化管理流程，2014 年组织开展了“全国安全生产月”“百日绿色行动计划”“打非治违专项行动”“隐患全面排查治理”以及“深化运营转型、提升现场管理”等专项活动，全年累计排查安全环保隐患 1328 项，完成整改 1315 项，整改率达到 99%。公司还制定了《安全生产事故隐患排查治理管理办法》《安全环保检查制度》等隐患排查治理规章制度。形成公司、片区、车间及班组四级隐患排查治理体系，严格按照五落实要求进行隐患治理。

为完善安全应急管理体系，公司制定了《应急准备与响应控制程序》《生产安全事故应急综合预案》等制度及预案，完善了综合预案、专项预案及现场处置方案，形成完备的公司预案体系。2014 年，开展应急演练 170 次，参演人数达 2692 人次，进一步提高了岗位员工对突发事故的应急处置能力。同时规范应急演练档案管理，加强应急物资储备及日常巡检，不断提高事故应急处置能力。

在职业健康安全方面，公司注重对职业健康安全的防治，通过不断完善制度、加强职业健康安全教育培训，加大职业病防治力度等方式，有效促进了员工的职业健康安全。2014年，公司建立健全职业卫生管理制度，制定下发了《职业病危害防治责任制》《职业卫生管理制度》等规章制度，进一步明确主要负责人、各级管理人员及员工的职业病防治职责；制定了《健康安全环境教育培训管理办法》，实现全年全员参培；制定了《职业健康管理控制程序》《通风防尘防毒管理制度》《职业病危害防治责任制》《职业卫生管理制度》等职业健康管理规章制度，保证职业健康管理制度健全、完善，各类档案完善。

（四）以人为本，关爱职工，构建和谐

贵州钢绳集团有限责任公司完善了薪酬考核体系，坚持效益优先、兼顾公平原则，制定了一套切合企业实际的薪酬标准及管理制度，充分应用考核结果，有效激励、引导、约束、监督员工的行为规范，营造优者上、庸者下、劣者汰的工作环境。遵循男女平等、按劳分配、多劳多得的原则，公开、公平、公正地对待每一位职工，让职工人人都能得到平等的发展机会。公司不断完善人事、劳动用工及劳动合同管理制度，进一步加强了绩效考核、工资分配及社会保险专项工作，注重改善职工工资待遇。在职工职业健康方面，公司严格按照《职业病防治法》做好健康监护，从发展理念和技术工艺方面做好源头控制和本质健康，从作业现场管理和标准制度规范方面做好事中监管，切实维护好职工健康权益。

公司加强企业民主管理，深入开展工资集体协商，建立完善工资协商共决机制、正常增长机制和支付保障机制，实现了企业发展依靠职工、企业发展成果惠及职工，真正形成共建共享的长效机制。不断完善以职工代表大会为基本形式的企业民主管理制度，全年召开两次职工代表大会，明确生产经营目标任务和企业改革发展思路。深入推进厂务公开工作，结合企业实际制定厂务公开工作计划，不断丰富和完善厂务公开内容，健全厂务公开目录和公开方式，较好地落实了广大职工的知情权、参与权和监督权。公司是

“贵州省金属制品人才基地”，多年来，认真执行中央和省的有关人才政策，着力营造“尊重劳动、尊重知识、尊重人才、尊重创造”的社会氛围，加大了提升职工素质的力度，积极建立完善人才引进、培养、使用机制，认真实施职工培训规划，深入开展“创建学习型班组、争当知识型职工”活动，采取“走出去、请进来”和内部培训相结合的人才培养方式，加强管理、技术、工人三支人才队伍建设，每年坚持开展技能竞赛、技术练兵、技术培训和技术比武，全面促进职工素质提升和人力资源增值，不断为生产经营建设发展提供强有力的支撑。

公司贯彻落实国家用工政策，尊重职工权利，严格执行《劳动法》《劳动合同法》等法律法规，劳动合同签订率100%，认真执行国家和地方关于职工薪酬和福利分配的政策规定，及时为职工缴纳各类社会保险和住房公积金，及时吸收职工参加工会组织，做到工会全覆盖，依法维护职工权益。依法维护女职工特殊权益，公司严格执行国家有关女性职工保健政策，关爱女性职工的身心健康，对女性职工平等对待，采取公平的考核评价标准和激励机制，公司工会与行政签订了《贵州钢绳（集团）有限责任公司女职工专项集体合同》，切实保障女职工的合法权益和特殊利益。为特殊人群提供特殊保护，每半年为全体女工发放一次特殊劳保用品。

关怀职工落到实处，公司在实施《遵义市城镇职工基本医疗保险办法》的基础上，结合实际制定了《公司补充医疗保险实施办法》，为公司职工、退休职工提供医疗补助，进一步减少职工的看病费用，让全体职工公平享受到医疗福利待遇，2014 年向在岗职工、退休职工近 2000 人次提供二次医疗补助 125 万元。公司成立困难职工帮扶中心，2014 年慰问、帮扶病困职工 11 万多元。开展“金秋爱心助学”活动，向 78 名困难职工子女提供入学资助，其中 63 名大学生，15 名高中生，资助金额 14 万余元。组织职工参加中国职工保险互助会，2014 年共计 5936 人次参加互助保险，155 名职工获得互助保险赔付 171430 元。在“三八”“五一”“五四”“七一”及年终开展各类先进人物和先进集体的评选表彰，通过召开座谈会、团拜会、参观学习活动、上门走访等多种形式慰问离休老干部、退休老同志、劳动模范、老党员、困难职工、困难党员、军队转业干部等。公司还坚持开展学习教育和文体活动。扎实开展纪念中国共产党成立93周年系列活动，组织共产党员、积极分子、共青团员千余人次到遵义会议会址、红军烈士陵园、娄山关战斗遗址等地接受革命传统教育。坚持在“国庆”“五一”等重大节日和双休日开展文艺表演、长跑、拔河、登山等文体活动，丰富职工文化生活，陶冶职工情操。

中国铝业遵义氧化铝有限公司注重对孕期妇女的保护，2014年初，根据国家相关法规修改了《中国铝业遵义氧化铝有限公司考勤管理办法》，延长了产假时间，女员工最长可享受188天产假。同时，倒班岗位女员工怀孕5个月就可以申请暂时调离倒班岗位，2014年，12位女员工享受调离倒班岗位的待遇，全年共有48人享受产假5646天。哺乳期妇女在孩子年满1周岁前都享受每天1小时的哺乳假。

（五）支持社会公益事业，共同构建和谐社会

贵州钢绳集团有限责任公司办好技工学校，为社会培养大批技术人才。贵绳集团技工学校为“贵州省先进技工学校”“省级高技能人才培训基地”，是遵义市的优质职业教育资源，全市初、高中毕业生首选职业学校之一，常年在校生保持在1600多人。学校不断提升教学水平和实训质量，深受用人单位欢迎，省内外特别是长三角、珠三角地区的众多企业与学校建立了合作关系，毕业学生就业率达98%以上，为社会提供了一大批技能人才。

公司组织无偿献血，彰显大爱，从2006年开始，公司每年坚持组织干部职工无偿献血，传递贵绳人的无私奉献和人道主义精神，先后荣获“贵州省无偿献血促进奖”和“全国无偿献血促进奖”。2014年公司组织434名干部职工参与无偿献血，献血总量156800ml。

公司重视保护弱势群体利益，尊重残疾人的能力和权益，为其提供平等的工作待遇和特殊的关爱政策，安置了18名残疾人就业。目前，公司正与红花岗区残联洽商，拟在公司建设“遵义市红花岗区残疾人就业培训基地”和“遵义市红花岗区残疾人就业基地”。在爱国拥军方面，做好“双拥”及民兵建设工作。公司为“全国爱国拥军模范单位”，认真执行双拥政策，

2014 年拨出专项经费 4 万多元，慰问优扶对象 160 人次。同时每年坚持在“八一”、两节期间，组织慰问驻地消防官兵。根据上级人武部门安排，组建了高炮连和储备分队工兵连，进一步加强了基干民兵队伍建设。吸纳安置就业。2014 年招聘大专院校毕业生 207 人、中等职业学校学生 132 人、社会青年 88 人就业。

中国铝业遵义氧化铝有限公司积极开展定点帮扶，有效促进地企关系和谐发展。2014 年，为茶山小学饮水工程捐款 5000 元；对茶山村 3 户特殊困难户捐赠家禽、饲料等物资，金额近 1 万元；党委书记带头，工会和各党总支负责人主动参与，对茶山村两名品学兼优的困难学生进行定期帮扶，每月给予 200 元/人的生活费，直至其专业学习毕业为止；组织青年团员开展对口帮扶，与周边 5 户村民建立了长期的帮扶关系，不定期地开展为村民义务劳动或进行困难慰问。2014 年，通过劳务派遣、业务外包等形式，公司共创造就业岗位 300 多个，产值 1400 多万元。由于公司所处位置偏远，外地员工辞职率近年来逐年升高，公司因此也越来越重视员工队伍本地化，2014 年新进的 58 人中 54 人是遵义本地人，目前，公司在册员工 1000 余人中，遵义本地人达到 300 余人，占全体员工的 31%。

（六）加强环境保护

贵州钢绳集团有限责任公司着眼于可持续发展，认真贯彻落实新《环境保护法》，扎实做好环境保护、节能减排和废品再生利用一系列工作，提高各类资源利用率，推进了安全文明型、资源节约型、环境友好型企业建设。公司认真落实安全生产主体责任，通过了 GB/T28001 - 2001 职业健康安全管理体系认证，形成了“党委领导、行政负责、群团配合齐抓共管，各职能部门分工落实”的安全生产工作格局，使各类安全风险均得到有效控制，为员工创造了安全、健康、舒适的工作环境，近年来未发生较大的生产安全事故，先后被遵义市、红花岗区评为“安全生产工作先进单位”，被全国总工会、国家安监总局评为“全国‘安康杯’竞赛优胜单位”。

公司积极响应国家节能号召，制订“十二五”节能工作方案，启动开

展“万家企业节能低碳行动”，科学分析生产经营能耗管理指标，强化职工节能意识，挖掘内部节能潜力，积极推进节能工作和废物再生利用，大力引进节能新技术、新设备、新材料、新工艺，科学、合理地开展节能工作，对高耗能机电设备以每年5%的速度进行淘汰，力争在企业搬迁完成后，将所有高耗能落后机电设备全部淘汰。同时对线材制品各类废次品进行再生产和整理分类处理，再生利用率达97%以上。公司模范遵守环境保护法律法规，通过了ISO140001环境管理体系认证。每年投入500万元以上，对废水、废酸、废气进行治理，加强环保设施建设，改良、升级技术工艺，实现废酸、酸性废水回收处理率100%；建成中水回用系统，实现工业废水百分之百回用；对锅炉安装烟气排放在线检测装置，严格烟尘治理。一直以来，公司的COD和SO_2排放量始终得到有效控制并低于政府下达的指标，环境污染事故及环境污染投诉均为零，受到市、区两级环保部门的高度肯定。2014年，公司的废酸、酸性废水回收处理率达100%，中水回用42万吨，无污染事故发生。

坚持生产经营与环境绿化、美化同步发展，不断做好环境绿化建设，生产区域可绿化地的绿化率达到100%。2014年，公司积极支持、参与遵义市创建国家环保模范城市相关工作，生产作业及辖区生活环境得到进一步改善，受到创模专家组的肯定和好评。作为贵州省第二批强制清洁生产审核企业，公司认真按计划实施清洁生产工作，取得了一定的经济效益和环境效益，达到了“节能、降耗、减污、增效”的目的，于2014年通过省环保厅审核验收。

（七）参与社区发展

贵州钢绳（集团）有限责任公司利用自身的条件，积极为当地社区提供服务，职工医院是一家具有社会公益性质的县级医疗机构，保证社区卫生服务，多年来不断改善医院的环境条件，提高整体医疗技术水平和医疗质量，坚持走优质低价的路子，积极融入社区卫生服务，既为公司职工提供就医保障，也为社区居民及周边群众提供了较为方便的医疗、防保服务。

企业自办幼儿园——贵绳幼儿园为省级二类幼儿园、区级亲子教育示范基地，企业注重加强幼儿园建设，为社区提供优质幼儿教育服务。常年入托幼儿保持在350名以上，多年来积极进行设施建设，不断改善办学环境，优化师资力量，提高教育服务质量，形成具有自身特色的教学和管理模式，最近十年连续获得红花岗区教委综合目标考核二等奖。2014年，公司与红花岗区委、区政府积极磋商，将贵绳幼儿园变更为公益普惠性幼儿园，每月收费降低150元，让职工和居民得到了实惠。

公司所在社区为贵绳社区，为提升社区居民幸福感，坚持以构建和谐社会为载体，认真开展便民服务和社区工作，不断提高为居民服务的能力，优化居民生活及工作环境，确保社区党建、综治维稳、计划生育、街政事务、劳动保障等方面工作的顺利开展，进一步适应社会经济发展和社区建设的需要。公司承担了辖区的饮水卫生、环境卫生、公共照明、绿化管理、物业管理、城管监察、供电、电信、数字电视等一系列社会职能，相关责任单位不断强化市场意识，推进自身能力建设，提升服务意识和服务质量，为社区居民及周边群众提供了较好的后勤保障和生活服务。公司加强内部治安防范管理，坚持以维护稳定工作为主线，健全防范网络，强化责任落实，做好国家安全工作和综合治理，认真组织开展矛盾纠纷排查，及时化解不稳定因素，全力做好稳定工作。公司保卫处积极开展消防、交安、禁毒等一系列工作，加强公共区域巡防和门卫管理，有针对性地做好防范，确保公司及辖区居民人身财产安全，努力营造辖区社会稳定，实现了辖区生产秩序良好、职工生活安定有序。

二　存在的问题与成因分析

（一）对企业履行社会责任认识不足

部分企业的思想观念较滞后，对企业履行社会责任认识不足，认为企业创造利润就是社会责任，依法纳税就是社会责任，在全球化的今天，企业已不单是一个企业人，而首先是一个“企业公民”。“企业公民”是企业的一个核心价值观，即企业应该像公民那样承担社会责任。企业的社会责任被量化，并被演变为企业的竞争力，现在，越来越多的人投资“符合道德规范”的企业，购买履行社会责任的企业的产品。

（二）对企业的摊派演变为社会责任

一些地方政府向企业摊派、强制赞助及强制企业捐赠捐献等，还随意抽调企业干部参加包村蹲点扶贫等工作，作为企业，商务经营的职能被弱化了，让企业去承担与自己不相干的工作，是一种职能错位，而这些强制摊派的社会责任，也让企业反感。

（三）企业内部社会责任机制不完善

履行社会责任是一种新的管理趋势。从企业的管理发展看，公司内部没有建立职能明确的监督部门或成立专门的监督检查小组，专门负责企业社会责任的履行。同时企业内部没有明确的公司章程与规划、形成长期监督机制。应把企业的经济发展与社会责任结合起来，使企业的发展有益于环境、公众和社会。

（四）企业经济效益不好难以履行社会责任

长期以来，由于企业身处完全竞争行业，面对市场需求不旺、同行竞争加剧的外部形势，产品价格持续低位运行，企业盈利能力不强，生产经营困难状况没有明显改观，一直处于高成本、低价格、低效益的运行态势，经济效益不好，履行社会责任的能力不强。

三　政策建议

（一）加强企业社会责任的宣传

积极开展企业社会责任的学习、宣传和教育是每个企业应做的一项重要工作，这一点每个企业都应该认识到，并主动行动起来，从自我做起，把企业社会责任纳入企业战略管理、日常管理。目前，在经济全球化背景下，企业社会责任已成为企业进入国际市场的门槛。中国企业能否国际化，能否进入美国、欧盟、日本等发达国家的市场，需要看其能否符合这些国家的企业社会责任检验标准。我们的企业，需要从战略角度形成企业发展的长效机制。这就需要以社会责任为切入点，贯穿企业的全部经营过程，进行企业社会责任和企业利益相关者的持续不断的互动，以发挥好企业社会责任对提升企业市场竞争力的作用。

（二）确立企业的社会责任主体地位

地方政府对企业摊派的社会责任会使企业陷入政企不分，导致腐败，产生社会压力。政府应该积极地鼓励企业自主履责，政府还可以尝试社会招标，委托民间机构实施监管等，既可推动企业履行社会责任，又加大了社会公众、非政府组织对企业社会责任履行的监督和制衡力度。加强新闻媒体的宣传和引导作用是发达国家的成功经验，值得我们借鉴。

（三）建立内部监督机制

进行企业内部的社会责任监督体系和制度建设。企业加强对自身履行社会责任的监督，可以设立相应的部门、成立相应的工作小组，专门负责企业内部社会责任监督。因此要改革国有企业内部治理结构，提高企业内部治理运作效率。

（四）抓好改革发展，提高经济效益，增强履责能力

企业要积极顺应经济发展大势，与时俱进地抓好生产经营工作，切实把工作重心放在企业自身，紧紧围绕科学发展的主题和加快转变发展方式这条主线，以提高经济增长质量和效益为中心，把做好制品主业作为第一要务，稳步推进新区建设和老区开发，着力抓好可持续发展能力、主业竞争能力、运营管理能力和保障发展能力建设，不断推进企业的改革发展，全力保持企业运行平稳，确保国有资产保值增值，为与全国同步全面建成小康社会而不懈奋斗，让全体职工共享改革发展的成果，不断增强企业履行社会责任的能力。

B.8

2014年黔东南州国有企业社会责任发展报告

谢忠文*

摘　要：在经济增速换挡、结构调整的经济新常态下，黔东南州州属国有或国有控股企业坚守企业社会责任，在国有资产保值增值、扶贫攻坚、生态环境保护、劳动力就业、社会保障、社会稳定、参与社会公益事业等方面做了大量工作，获得了社会的认可，取得了较好的社会效益，社会责任履行情况明显好转。

关键词：黔东南州　国有企业　社会责任

2014年，宏观经济运行总体上呈现平稳态势，经济运行中出现了一系列变化，使企业经营困难的问题比较突出。在经济增速换挡、结构调整的经济新常态下，黔东南州州属国有或国有控股企业坚守企业社会责任，在国有资产保值增值、扶贫攻坚、生态环境保护、劳动力就业、社会保障、社会稳定等方面做了大量工作，获得了社会的认可，取得了较好的社会效益。

一　国有资产的保值增值

实现国有资本的保值增值是国有企业的根本任务，也是国有企业履行社

* 谢忠文，贵州省社会科学院党建研究所副研究员。感谢黔东南州工信委提供相关资料。

会责任的重要基础。黔东南州州属国有及国有控股企业顺应经济和市场需求，不断完善和强化企业管理，降低经营成本，加强风险防范，提高投入产出水平，增强市场竞争能力。

截至2014年底，全州共有国有企业40户，其中国资委监管企业12户，工信委监管企业28户（其中，亏损企业5户，比上年增加2户）。企业生产经营业务主要集中于关系群众生产生活的水电、交通、基础设施建设等行业。

总的来说，尽管部分企业利税下降，但大部分企业运营总体较平稳。从各项指标来看，企业营业收入、实现利税都实现较大幅度的增长，较好地完成了国有资产保值增值的任务。

表1　黔东南州国资委履行出资人职责企业经营状况（12户）

单位：亿元，%

年份	经营收入	实现利税	资产总额	保值增值率
2013	30.77	2.58	148.55	104.2
2014	34.3	2.14	158	103.4

资料来源：黔东南州国资委网站。

表2　黔东南州工信委监管国有企业经营情况（28户）

单位：亿元，%

年度	营业收入	实现利税	资产总额	保值增值率
2013	66.22	19.02	132.31	—
2014	95.74	32.77	181.21	137

资料来源：根据工信委提供材料计算而来。

二　切实履行生态责任

党的十八大提出了建设生态文明、美丽中国的战略部署，生态建设、绿色发展浓墨重彩登上了大舞台。习近平总书记对贵州的发展提出了“牢牢守住发展和生态两条底线”的新要求。

黔东南州享有“森林之州、歌舞之州、百节之州、神奇之州”的美誉，良好的生态环境是经济和社会发展坚守的底线。为履行生态责任，全州各国有及国有控股企业实施绿色发展战略，为美丽中国贡献力量。

一是改造提升传统技术，实施节能减排。州委、州政府坚持绿色理念引领经济发展，各国有及国有控股企业主动适应发展新常态，认真落实节能减排责任，带头完成节能减排任务，积极探索低投入、低消耗、低排放和高效率的发展道路。其中，凯里公交总公司基本实现凯里城区公交线路混合动力车辆的投入运营。新公交车投入使用后每年所消耗的新能源可替代 3300 吨标准油（柴油），减少二氧化碳排放 420 吨。

二是开展林业产业化项目新模式。2013 年 9 月 11 日，黔东南州政府与省国开行融资座谈会议纪要明确“选择 2 ~ 3 个县和林业产业化项目启动实施现代化林业示范村项目”。以此为契机，黔东南开始了林业产业化新模式的探索。2013 年 9 月底，黔东南州畅达交通建设集团有限公司、黔东南州林业投资开发有限公司认真践行国有企业社会责任，通过与农民合作社的土地进行有效整合，于 2014 年 1 月正式启动探索“以城带乡、以工促农、工农双赢”新模式，发展生态产业，推动产业生态化、生态产业化，建立了“板山基地”试点。该模式发挥资本在林业经济发展、生态建设中的积极作用，通过市场化资源配置机制，拓宽融资渠道，形成了保护生态、利用生态，发展林业经济的一种成功的有益的独特的探索模式。

三是创新机制实现绿色发展。开展绿化不仅要走市场化道路，鼓励民营企业加入生态建设，同时也要发挥国有企业的撬动作用。2014 年 12 月，黔东南州组建了国有通林绿化工程有限公司，注册资金 480 万元。通林公司作为一家新组建的国有企业，有政策、技术、资金、市场等方面优势，国有企业进驻农村，成为强大的推进“新引擎”。通林绿化工程公司旨在打造黔东南州内集绿化苗木花卉规模培育、园林工程设计及施工、技术咨询、市场开发于一体的多功能多元化集群发展的大型园林公司。畅达集团便捷的融资优势，“林投公司”成熟的林业技术，为通林绿化公司注入了强劲的活力，为实现绿色发展提供了重要动力。

三　推进自主创新和技术进步

科技是企业发展的动力，黔东南国有及国有控股企业持续完善创新机制，积极开展科技研发活动，推动创新成果及新技术应用。

黔东南开发投资有限责任公司立足黔东南州林业资源的传统优势，2011 年启动了黔东南传统木质民居工厂化项目建设。项目将实现黔东南州苗侗特色民居的转型升级，不仅保留了传统特色，还增加了防火、隔音、防潮、抗震等诸多功能，极大改善了黔东南州农村的居住条件。凯里供电局将“创先试点县局”纳入局各职能部门的重点工作内容，与绩效挂钩。继续推进供电规范化建设，充分运用信息化手段，减少供电所自身的管理行为；2015 年共申请发明专利 4 件，获得授权实用新型专利 4 项，获得知识产权 1 项。

四　规范制度，保障生产安全

安全生产是企业的生命线。黔东南州国有及国有控股企业，建立健全组织机构，强化日常管理和监督，抓好责任落实，努力实现全年安全生产零事故目标。

苗都公司（黔东南州开发投资有限责任公司下属企业）认真履行农产品市场安全监管，全年对农产品农药残留物抽样检测 645 批次，合格率达 100%。凯里供电局在 2015 年成功举办人身安全基础知识竞赛的基础上，系统内各县（市）供电局开展了反思人身事故安全日专题活动。各县（市）供电局结合实际，对安全生产上存在的不足开展反思，就人身安全防控上存在的不足、如何让干部员工提高安全生产意识、如何让干部员工抓好安全生产工作等进行讨论。截至 2014 年 6 月 30 日，凯里供电局实现安全生产周期 181 天，实现跨年安全生产周期 1277 天。

五　加强诚信建设，带头履行社会责任

诚实守信的经营是国有企业最重要的社会责任之一。没有诚实守信，其他责任都无从谈起。社会对所有企业有履行社会责任的要求，作为在全州经济社会发展中起着重要作用的地方性国有企业，它们是经济发展的重要支柱，其生产经营活动涉及地方社会经济活动和群众生活的各个方面，特别是那些为群众日常生活提供公共产品的基础性国有企业，其履行诚实守信的社会责任将具有重要的示范效应。经过30多年的市场化改革，地方性国有企业发生了深刻的变化，已经成为市场经济的竞争性主体，其社会责任已经从“幕后”走向了“前台”，社会对国有企业诚实守信的经营有更多的要求。因此，在实现国有资产保值增值的同时，积极履行社会责任，做诚信建设的典范，不仅是国有企业的重要使命和本质要求，也是全社会对国有企业的殷切期望。同时，国有企业在诚信建设方面的表现，也愈发受到社会各界的普遍重视。

近年来，黔东南州建总公司及所属各单位始终坚持“诚信为本、信誉至上”的经营理念，在生产经营中自觉将坚持社会主义核心价值观与践行“诚实守信、勇于负责、敬畏客户、协作共赢”的企业核心价值观结合起来，以信誉开拓市场，以诚信赢得客户，凭借“守合同重信用”这笔无形资产，取得了较好的经济效益和社会效益。建总公司连续十二年荣获贵州省“守合同重信用单位”称号，其下属公司黔东南州中兴房地产开发公司及黔东南州诚信物业服务有限责任公司均连续七年荣获贵州省“守合同重信用单位”称号。此外，州建总公司还于2004年被国家工商行政管理总局授予“全国守合同重信用单位”称号，并通过“2010～2011年度全国守合同重信用单位”“2012～2013年度全国守合同重信用单位”复审。

六　维护职工合法权益

员工是企业最宝贵的资源和财富。全州国有及国有控股企业秉持以人为

本的理念，围绕“实现企业价值和员工价值最大化”的目标，针对员工权益保护工作不系统，职业健康工作不到位，员工关爱活动不均衡等问题，努力改善工作环境，促进企业发展，开展职业健康教育，做好员工关爱，落实民主管理。

一是严格遵守劳动法规。严格执行企业所在地有关劳动用工的法律、法规和制度，依法与员工签订劳动合同，按时缴纳社会保险；开展薪酬调查，规范薪酬管理，实现基层员工收入合理增长。截至 2014 年底，黔东南州国有控股企业职工平均薪酬为 9.17 万元，同比增长 6.13%。坚持公平、公正的原则，依据岗位素质要求招聘使用员工，努力为每一位员工搭建干事创业的平台，让每一位员工都可以在企业中实现自己的人生梦想。截至 2014 年底，黔东南州国有控股企业在岗员工 7589 人，同比增长 25.85%。

二是真切关爱女员工。严格遵守有关女工保护的法律法规，不断改善女员工的工作环境和工作条件，落实女员工孕产期、哺乳期休假规定。同时，还保障女员工和男员工享有平等而具有竞争力的薪酬福利，提供平等的职业发展机会。

三是实现民主管理。坚持和完善以职代会为基本形式的企业民主管理制度，切实保障员工的知情权、参与权和监督权。通过召开职代会、厂务公开、员工接待日合理化建议等形式，让员工了解企业的发展、参与企业的管理。

四是积极开展员工培养。着眼于员工与企业的共同发展，每年在预算经费中单独列支培训经费，用于提升员工的个人综合素质，为员工提供成长机会和发展通道。

五是保障员工健康。各企业严格遵守国家《职业病防治法》，每年组织职工进行健康体检，做到有病治病、无病预防，保障员工有一个健康的体魄。充分发挥党组织、工会、团委等组织优势，积极开展丰富多彩的文体活动，在紧张的工作之余放松身心，感受快乐工作、快乐生活的企业文化氛围。其中，黔东南州开发投资有限公司制定了《人文关怀制度》，每年支出近 100 万元，帮助解决职工各种困难。

七 参与社会公益事业

作为国有企业，不仅要解决自身发展的问题，还要承担社会共同发展的责任。2014 年，各企业结合实际，充分发挥在通信、建筑、水利等方面的资源优势，有针对性地开展帮扶工作，确保帮扶工作取得成效。

一是发挥优势，跨越数字鸿沟。州移动公司投资 91 万元着力打造服务平台，开发了手机 APP 客户端。该系统正式上线后，将覆盖全州 7000 余名驻村干部，切实提高驻村干部为民服务的效率。州电信公司投资 49.2 万元分别在镇远县蕉溪镇路溪村、台江县南宫乡拥党村、黄平县新州镇东坡村等帮扶村建设基站，开通天翼移动通信网络，让 1800 多名村民跨越信息鸿沟。州广电网络公司对特殊群体实行缴费优惠减免政策，对政策范围内广播电视用户主终端基本收视维护费实行减免，共减免 8971 户，减免金额 76 万元。

二是扶贫攻坚共同致富。2012 年以来，黔东南州开发投资有限责任公司分别在三穗滚马乡苗鸟村、德明村，从江西山滚朗村、锦屏启蒙腊洞村等帮扶点开展扶贫工作，共计投入帮扶资金约 70 万元。贵州广电网络黔东南州分公司为台江县方召小学捐助课桌椅、乒乓球、引水管、防盗门、学生服装、儿童节慰问等总价值为近 8 万元的物资。截至 2015 年 8 月底，州国资委党委系统管理企业为群众解决困难和问题共计 97 个，协调通信、水利、道路基础设施建设、种养殖业等项目共计 79 个，落实帮扶资金共计 395 万元，受益群众 38500 余人。

三是建立基金帮困济贫。2012 年 5 月 8 日，州建总公司倡导并创立了教育医疗爱心基金会，面向总公司职工开展慈善互助活动，是非营利的公益性组织。其宗旨是：汇聚爱心、回馈社会、关爱职工、共建和谐。基金会成立以来，在广大职工及家属的热心捐助下，已募集到爱心捐款 60 多万元。至今，已有 32 人得到救助，救助金额达 4.82 万元；另外，为共青团黔东南州委倡议的“美丽黔东南·温暖小脚丫”活动捐赠 1 万元，用于购买爱心童装。通过这样一个平台和窗口，州建人之间献爱心、送温暖，增进了州建人之间的团结和友谊，传递了企业的关怀与温暖，增强了企业的凝聚力和向心力，展示了企业形象，促进了企业的和谐发展。2014 年 5 月，州建总公司积极为黔东南州民族特殊教育高级中学学生捐款献爱心。在第 24 个“全国助残日”到来之际，公司将募捐到的 37000 元爱心捐款捐送给该校，用于贫困学生的资助。

四是灾害面前积极担当。2014 年 1 月 25 日，黔东南州镇远县报京乡报京村具有 300 多年历史的北侗大寨遭受无情火灾，148 栋房屋被化为灰烬，296 户人家无家可归。黔东南州分公司立即开展灾害救援，架设电视线路 3000 多米，启动帮扶资金 48 万元购买电视机及电视机顶盒，将电视信号接入每户灾民帐篷，将党和政府的关怀和温暖送到每个灾民心中，与全国人民共同享受春节的喜庆。为确保镇远报京侗寨灾后重建工程建设顺利推进，州建总公司紧扣时间节点，充分发扬特别能吃苦、特别能战斗、敢打硬仗的优良传统，多措并举全力加快报京侗寨灾后重建工程建设。

2014 年 7 月 18 日，黄平县两岔河水库 3 号副坝体出现裂缝滑坡险情，黔东南州开发投资有限责任公司立即启动应急预案，积极配合州、县两级防汛办组织下游城市近数万群众转移。2015 年，凯里供电局共发布突发事件橙色预警 1 次、蓝色预警 2 次，启动“剑河 3・30”地震和“雷山 5・27”防汛 2 次Ⅲ级应急响应。上半年共开展保供电任务 13 次（其中特技保供电 2 次、二级保供电 6 次、三级保供电 5 次），共出动人员 5549 人次，车辆 753 车次，发电车 32 车次。

五是共同维护社会稳定。州国有及国有控股企业多为 20 世纪 80 年代以前成立的，历史欠账和历史遗留问题一直影响企业职工生活，企业不稳定因素较多。自州国资委 2012 年组建以来，与监管企业一起，积极从解决职工住房、工资福利等方面，逐步改善职工生产生活条件，虽然还存在一些遗留问题，但国有企业总体趋势是保持和谐稳定的，这是广大企业促进发展、构建和谐、维护稳定的结果。州各国有及国有控股企业在反邪教、反暴恐、反黄赌毒、反腐倡廉等方面积极发挥党的战斗堡垒作用，以企业的稳定换取了全州的社会稳定，以企业的稳定支持了全州的社会稳定。

案　例　篇

Case Studies

B.9

2014年中国移动贵州公司扶贫社会责任发展报告

孙兆霞*

摘　要：　根据党的十八大提出的“确保到2020年实现全面建成小康社会”的宏伟目标要求，贵州省委、省政府深入推进扶贫开发重点县结对帮扶工作，综合考虑黔西南州望谟县实际困难，确定中国移动贵州公司结对帮扶黔西南州望谟县。中国移动贵州公司重点支持软件建设；帮扶项目重点支持当地社区合作能力、信息能力、技术能力系统建设，建立当地人才成长支持体系；支持建立经济发展的社会行动基础；在社区治理和市场出口两方面作重点探索，为当地农村产业发展建立生态农产品品牌支持机制和市场出口平台。从精准扶贫出

* 孙兆霞，贵州民族大学反贫困与社会建设发展研究院教授。

发，深入推进新一轮扶贫开发工作，加快望谟县贫困群众脱贫致富步伐，积极探索信息化扶贫致富新路，打造社会化扶贫的贵州样板。

关键词： 中国移动贵州公司 扶贫 样板分析

根据党的十八大提出的“确保到2020年实现全面建成小康社会”的宏伟目标要求，贵州省委、省政府深入推进扶贫开发重点县结对帮扶工作，综合考虑黔西南州望谟县实际困难，确定中国移动贵州公司结对帮扶黔西南州望谟县。中国移动贵州公司作为一家具有履行社会责任的大型国有企业，响应贵州省委、省政府的号召，立即行动起来，从精准扶贫出发，深入推进新一轮扶贫开发工作，加快望谟县贫困群众脱贫致富步伐，积极探索信息化扶贫致富新路，打造社会化扶贫的贵州样板。

一 公司履行扶贫开发责任的SWOT分析

中国移动公司是服务型企业，坚持“责任、卓越”的核心价值观，体现“移动改变生活”的战略愿景，强化中国移动作为企业公民对国家、对社会的价值承诺，并且弱化了与消费者在功能利益和使用体验上的沟通。根据其行业特点，它在履行社会责任上创建开放式扶贫新机制有一定的长处和优势。

（一）创新开放式扶贫新机制的长处和优势（S）

中国移动贵州公司有强烈的企业社会责任意识，公司领导对支持地方扶贫事业高度重视，同时，公司有庞大而有效的信息服务网络、丰富的企业营运经验、雄厚的技术人才队伍、锐意进取的工作作风、良好的财务管理能力和财务状况。这些优势对企业履行社会责任比较有利，能为贫困地区扶贫开发事业提供较大帮助，是贵州移动公司在望谟县开展扶贫工作的重要支撑。

同时作为社会参与开放式扶贫的重要尝试，贵州移动公司可以在项目规划过程中更具有开放性和前瞻性、在项目实施推进过程中更具灵活性，在项目运行机制方面更具创新性，为贵州的开发式扶贫、精准扶贫战略贡献出更有价值、更可借鉴的重要经验。

（二）参与创新扶贫开发新机制的短板和劣势（W）

贵州移动公司过去没有扶贫开发的具体经验，没有相对应的企业社会责任部门，亦无从事扶贫开发工作的专业人才队伍，缺乏扶贫开发项目规划、实施、监测、评估技术和经验，对农业生产领域比较陌生，对农产品市场运行机制不太了解……这些短板都将影响公司参与扶贫的成效。要在贵州开放式扶贫创新探索中找到一条新路，必须考虑在项目规划层面引进规划决策支持专家系统。在项目推进过程中，要坚持“专业的事情交给专业的人干”，加强与地方政府和专业团队合作。为确保创新探索经验的价值，在项目监测、评估方面要引入第三方专业评估监测和经验总结团队。

（三）探索开发式扶贫工作新机制的机遇（O）

当前，中央把开发扶贫作为一项重要的战略任务来实施，省委省政府对企业参与扶贫又有具体的要求，同时贵州多年参与开发式扶贫积累了不少经验，另外本地区已有高水平反贫困研究的专家队伍及反贫困社会工作专业队伍，这些都是贵州移动公司帮扶望谟、创新开发式扶贫工作机制并能获得积极成果的有效支持。只要贯彻中央领导有关指导精神，在省委、省政府的坚强领导下，通过和望谟县委、县政府的紧密合作，在专家队伍的支持和专业团队的参与下，一定能取得有价值、有意义的成果，为中国反贫困事业做出贡献。

（四）移动公司参与创建开发式扶贫新机制的挑战(T)

地方政府扶贫开发工作以往完全由政府主导，扶贫开发中重视大规模产业扶持项目、重视大型基础设施建设，对贵州移动公司而言，这无疑是较大的挑战；本地农村社区的能力欠缺、农村引领型人才缺乏、大量有知识的青壮年农民外流，农村产业的品牌运营机制还未建立、农产品市场支持机制亟待加强，这些都是贵州移动公司帮扶望谟扶贫攻坚工作的挑战和风险。所以，在望谟帮扶过程中，加强与地方党委政府的沟通，发挥企业扶贫资源的杠杠作用及企业扶贫项目的灵活性优势，引入专业力量、连接多方资源，形成协同工作机制，构建开放式扶贫新模式，能够支持贵州移动公司望谟帮扶工作的成效和创新要求。

二　扶贫开发工作的目标与策略

（一）工作目标

中国移动贵州公司将尽力跳出传统“输血式”的救济扶贫思维模式，发挥信息化力量，培育贫困地区内生动力的“造血”功能，对望谟的帮扶力争做到“当年起步、两年推开、三年见效”，具体来说包括如下两个战略目标。

——探索建立国有企业社会责任的样板。公司本着对党和人民负责的态度，积极投身地方扶贫攻坚行动，整合可以整合的相关资源，精确瞄准帮扶地区和帮扶对象的发展需求，最大限度地发挥帮扶资金效益，探索建立国有企业履行企业社会责任的样板。

——建立开放式扶贫实验区。深刻理解党中央、国务院对扶贫开发工作的要求和贵州省委、省政府对国企参与扶贫攻坚的期待，中国移动贵州公司将建立协作平台，连同地方政府、专家团队、专业团队，建立协同工作模式，以创新为先导，共同打造引领式中国开放式扶贫实验区。

（二）工作策略

针对政府扶贫工作的特点和短板，贵州移动公司参与望谟扶贫攻坚工作的策略为：政府扶贫资源投入硬件建设，公司重点支持软件建设；政府建设大型基础设施和支持规模化农业产业项目，公司帮扶项目重点支持当地社区合作能力、信息能力、技术能力系统建设，建立当地人才成长支持体系；在政府大力推动地方经济发展的战略中，公司支持建立经济发展的社会行动基础；在社区治理和市场出口两方面作重点探索，为当地农村产业发展建立生态农产品品牌支持机制和市场出口平台。

主要体现：（1）建立协同机制。作为企业参与扶贫，中国移动贵州公司充分发挥企业运行机制优势，邀请专业研究团体、专业反贫困工作机构、社会公益组织、各类专业技术人才，与地方政府共同建立协同工作机制，以智力众筹、资源众筹工作模式，瞄准望谟县扶贫开发工作中的短板，以社会创新、项目创新、工作机制创新策略，支持望谟县扶贫攻坚工作。

（2）重视社会建设。政府扶贫重视经济目标和生态目标，但对于社会目标的推进还欠缺经验和行动，中国移动贵州公司扶贫将着力瞄准社会目标，助力地方形成经济、社会、生态三位一体的扶贫工作新机制。

（3）推动能力建设。针对政府扶贫注重基础设施建设、农业产业发展等大项目投入，缺乏农村社区能力建设工作内容的现实，中国移动贵州公司的帮扶工作将着眼于推动当地社会经济活力成长、农村社区自我发展、自我服务的能力提升，协助建立地方经济发展的社会基础。

（4）建立人才队伍体系。针对政府扶贫工作中较为缺乏人才培养项目，也较为缺乏人才培养可持续机制，贵州移动公司的扶贫工作将重点考虑几点：培养一批专业扶贫干部，特别是挂包干部、第一书记；建设一支反贫困专业社会工作人才队伍；培养一批有活力的农村产业发展带头人；建立一支农村社区服务与社区照顾人才队伍。

（5）重视市场机制建设。针对政府扶贫重在产业和基础设施投入，缺乏市场平台、市场出口建设的现实，中国移动贵州公司扶贫将重点支持农产品品牌管理运营机制和市场出口建设，支持地方农业产业的可持续发展能力。

（6）重视试点工作。贵州移动公司通过邀请专业团队介入，在地方党委政府的支持下，以策略规划为先导，建立几个发展不同产业、回应不同社会问题、指向不同创新目标的试点，以推动和完善社区治理为基本工作手法，精耕细作，建立经济、社会、生态、文化可持续发展的农村社区综合发展示范点。

三　扶贫项目实施的项目框架计划

（一）建立一个协同工作平台

建立一个政府、企业、研究机构、专业性社会组织协同工作平台，形成智力众筹、资源众筹、协同行动的平台工作。

（二）建立两个工作团队

打造一个专家支持团队，专家包括反贫困研究专家、农业技术专家、市场营销专家等，建立专家持续参与支持的工作机制；支持一个专业反贫困社会工作团队，在协同平台的支持下与中国移动贵州公司、扶贫部门、挂包干部、各有关乡镇共同组建驻点工作人员队伍和项目技术支持及运行机制，开展社区工作和项目跟进。在项目实施期间，建立与政府、企业、社区的协同工作机制并具有持续性，项目结束后，能为望谟县、黔西南州留下一支专业反贫困社会工作人才队伍，使其成为贵州专业反贫困社会工作的一支引领性人才力量。

（三）设立三个基金

一是设立农村社区服务与社区照顾试点基金，建立贫困地区农村社区服务与社区照顾的基本能力，激发社区活力，探索社会政策支持贫困农村地区社区服务体系的创新机制；二是建立县级社会创新种子基金，切实回应全县农村产业发展的需要，建立支持返乡人员创业的社会创新基金，提升望谟县农村产业发展的技术水平和市场能力与活力；三是建立农村社区合作金融种子基金，撬动农村金融资源，支持农村社区金融合作基础上的社区生计合作、服务合作及市场合作，助推农村社区发展。

（四）搞好四个试点

一是打造一个乡镇级试点，引入专业队伍协助全镇开展“经济、社会、环境”三位一体综合扶贫开发工作试点，重点放在生态产业发展的社会基础建设、农村社区综合服务体系建设、乡村治理能力提升、农村社区人才体系培养、农村经济合作组织、社区复制的培育支持等方面；二是建立民族村寨社区产业发展综合支持示范村，建立资源链接平台，以推动社区合作的方式建立社区产业发展的综合能力支持系统，打造社区乡村生态旅游示范点，培育和发展村级社区服务与社区照顾及公共事务管理能力，建立支持经济发展的社区行动机制；三是建立生态脆弱区农村社区综合发展试点，支持建立以环境保护为基础的农村产业发展的社区行动机制和农村社区服务与社区照顾机制，支持农村劳动力流动，以社区支持农业、城乡互动、企地互动等方式，建立支持生态脆弱地区经济发展可持续能力；四是建立县城近郊县乡村旅游发展示范点，建立依托县城消费人群的乡村农家乐旅游的社区合作机制，支持农村社区善治基础上的公共事务管理能力、社区合作能力、社区文化能力的整体提升，打造乡村旅游发展的社区基础，支持乡村旅游的可持续成长。

（五）实施五个“100”工程

五个“100”工程是指培养100名以上有专业能力的扶贫干部，包括挂包单位干部、第一书记、扶贫办及乡镇工作人员等，并支持其能力持续提升；培养100名以上农村发展带头人，包括村支两委干部，农村技术能人、市场能人等，建立支持机制，并支持其能力持续成长；培育100个农村经济合作组织、专业技术协会、农村社区照顾与社区服务组织，并支持其能力提升，在此基础上建立望谟生态农业发展自律联盟；建立100个“社区支持农业”“企地合作”为基础的望谟生态农产品市场网点，形成支持望谟县扶贫开发和农村产业发展的城乡互动工作网络；培养不少于100名农村产业发展技术骨干，建立支持本县农村产业发展的社区技术支持体系。

（六）实施产业扶贫项目

以产业扶贫为抓手，将地方产业融入国家“一带一路”发展规划战略，根据望谟地理条件，引入资源众筹模式，凸显绿色产业（早熟蔬菜，药用、食用香料种子加工，珍稀植物繁殖等），拉动医药、加工业等下游产业的发展；依托望谟交通枢纽点优势，利用信息化手段发展未来型物流产业；提升望谟旅游信息化发展水平，重点抓好少数民族村落和传统文化的保护、发展与推介，促进望谟旅游产业可持续发展。

B.10

2014年都匀汽车运输公司社会责任发展报告

罗 毅*

摘 要： 道路运输行业作为一个充分竞争的行业，利润薄，目前企业承担社会责任的能力有限。履行社会责任是国有企业义不容辞和责无旁贷的政治使命。2014 年，都匀汽车运输公司围绕继续深化国有企业改革，加快建立集约化、规范化、创新型现代企业。

关键词： 都匀汽车运输 社会责任 报告

一 企业简介

贵州省都匀汽车运输公司成立于 1957 年 4 月 1 日，原是省属国有中型道路运输企业，1994 年 1 月起成建制下放到黔南州，是交通部重点联系企业和交通部首批评定的二级客运企业。经营范围：汽车客运、汽车维修、汽车综合性能检测、汽车驾驶员培训、旅游业务、商业贸易等。公司现有从业员工 2000 余人，离退休职工 1000 余人。

改革开放以前，公司在由计划经济向市场经济转轨的过程中，由于包袱沉重，资金困难，经营规模萎缩，企业效益年年下滑，濒临破产，1997 年

* 罗毅，贵州省都匀汽车运输公司行政办主任。

底，公司连续三年严重亏损，亏损累计达1490万元，资产负债2400万元，账上仅有资金4300元，营运车已从400余辆减到200余辆，企业职工工资和离退休人员退休金发放都成问题，公司成为一个资不抵债的特困企业。

1998年3月，黔南州委和州政府对公司领导班子进行了重组，新的领导班子成立后，积极探索企业脱贫解困的路子，公司提出“认清形势，振奋精神，深化改革，加强管理，扩大生产，挖掘潜力，提高效益，确保减亏”的总体要求，制定了“客运为主、多元经营、协调发展”的经营思路。公司干部职工励精图治、奋力拼搏，闯出一条改革振兴之路，彻底甩掉了特困企业的帽子，企业的目标从求生存向求发展转变。

2000年以来，公司先后获得全国先进基层党组织、全省先进基层党组织、贵州省厂务公开工作先进单位、全省党风廉政建设先进集体、贵州省“五一劳动奖章”、贵州省老干部工作先进单位等荣誉，被全国总工会评为实施送温暖工程先进单位，公司于2007年及2009年连续两次被中国道路运输协会评为全国百强诚信企业，下属的都匀客运总站被交通部评为全国交通系统文明汽车客运站，获得全国五一巾帼奖、全国女职工建功立业标兵岗的称号，黔南交通驾校两次被评为全国优质诚信百强驾校。

二 履行社会责任情况

（一）诚信经营、依法纳税，履行好企业经济责任

经济保障是履行社会责任的坚强基础。公司在发展过程中为适应市场经济的要求，积极调整产业结构，在确保运输主业巩固和发展的同时，不断适应市场变化，及时果断地调整经营策略，形成运输主业、新兴产业互相跃进的产业结构。企业经营管理有了根本性突破，逐步从计划经济的束缚中走了出来，公司坚定了狠抓发展不动摇的决心，全司干部职工艰苦奋斗，增收节支，企业的经济实力得到壮大。2014年，公司完成客运量1602万人次，同比增长2.76%；客运周转量135012万人公里，同比增长2.38%。全年营业

收入7531万元，同比增长16.4%；实现利税1293万元，同比增长5%；实现利润980万元，同比增长9%。

客运主业：面对挑战，转变思路、调整策略、强化管控，极力扭转市场环境恶化的不利局面。不断优化客运资源，积极推进线路和客运市场整合，努力挖掘新的运行线路，加速实施公司客运的战略部署，年内共新增班线15条，保持稳定增速。继续加大车辆更新力度，全年新增班车45辆、更新79辆，目前公司客车总数达979辆。加大旅游客运管理力度，公司成立了旅游客运公司，黔南高原旅游公司购置了7辆大型高级客车投入营运。进一步推进县区客运资源整合，以提高市场占有率为重点，充分挖掘、争取客运资源，成立了瓮安出租车公司、平塘分公司、罗甸分公司。

多种经营：商贸经营加大改造力度、强化服务保障、持续深度挖潜，打造了平桥建材市场、百美商务酒店、沿河饮食一条街等多种产业。

驾校狠抓市场、稳健发展。秉承“文明诚信办驾校、优质服务树品牌”的教学理念，在市场竞争激烈和大环境的影响下，经过全校职工的艰苦努力，驾校圆满完成年度培训任务，学员考试一次合格率继续保持90%，并连续三次被中国道路运输协会评为“全国文明诚信优质服务驾校”。

维修厂共完成车辆二级维护1812辆次，材料销售205万元。机动车检测站共检测车辆7605辆，同比增长5.8%。运通尾气检测公司共检测车辆14666辆，同比增长37%。8名技术人员获得汽车维修技师资格。

基础建设：2014年，完成荔波新站选址和征地拆迁工作，公司前期投入936万元征地60亩，项目预计总投资7000万元，随着该项目的实施，公司将进一步开发旅游经济产业。全面加快瓮安汽车城项目建设，年度内投资300万元完成汽车检测站、维修车间、大型停车场建设。瓮安北站项目在300万元征地款的基础上，增加投资400万元用于拆迁安置及办理前期手续。完成福泉南站规划选址，项目征地25亩，预计投资753万元。做好黔南交通枢纽汽车东客运站建设项目筹备协调工作，项目预计总投资3亿元。

（二）保障安全、维护稳定，履行好企业安全责任

安全生产事关人民群众生命财产安全，关系社会稳定大局，公司是道路运输企业，安全生产不仅是企业的生命线，也是企业的第一责任，确保人民群众出行安全，是公司要履行的一项非常重要的社会责任，公司认真落实国家有关安全生产工作部署，深入学习习近平总书记、李克强总理重要批示，按照“全覆盖、零容忍、严执法、重实效”的总体要求，进一步推进本质安全型企业建设，狠抓责任落实和过程管控，精心布置落实了“安全生产大检查”及“安全生产年”等专项活动，严格执行“五严禁”规定。全面落实企业安全生产主体责任。完成企业安全生产标准化建设工作。公司以852分顺利通过道路运输二级企业达标考评。完善GPS及北斗系统监控管理制度，加大车辆动态监控和对违法行车行为的处罚力度。构建企业安全文化，广泛开展了“创先争优”“建功立业”，组织开展争创“安全文明车”、争当“安全文明标兵”、“党员身边无事故”等主题实践活动。在活动中，对12名优质服务明星和54名安全文明标兵进行了表彰。公司被交通运输部、公安部、安监总局联合表彰为“道路客运安全年”活动成绩突出单位，被授予“贵州省安全生产先进集体”称号。有3名驾驶员被省文明委、交警总队、运管局表彰为“全省文明驾驶员”。

（三）保护环境、节能减排，履行好企业生态责任

公司作为一个能耗较高的企业，实现节能环保是企业的责任基石，公司将环境保护作为企业可持续发展战略的重要内容，注重履行企业环境保护的职责，通过环境保护体系的建立和设备技术的更新，力求有效实现环境保护与可持续发展。公司不断加大车辆更新力度，大力推进使用符合国家标准的环保节能车型，2014年，公司新购20辆节能环保公交车，淘汰高能耗车辆，减少能源消耗和尾气污染排放。建立了汽车尾气检测站，提高资源利用效率。在职工中广泛开展环保节能教育，切实增强职工的环保意识和企业的环保责任。

（四）关注民生、回报社会，履行好企业内部责任

富民强企是公司发展的根本目标和最终任务，公司始终坚持以人为本的发展理念，大力构建和谐企业、打造民生工程，认真落实职代会制度和厂务公开工作，不断推进民主管理、民主决策进程，在住房分配、确定薪酬等热点、敏感问题上，成立完全由职工代表组成的住房分配领导小组、职工工资协商领导小组来开展工作，公司领导不参与、不干涉、不说情，让职工自己当家做主，形成风清气正、凝心聚力的良好氛围。2013 年，公司荣获“全国厂务公开先进单位”荣誉称号。

为改善职工生活居住条件，公司实施了剑江河安居工程建设，为职工修建住房 10 万平方米共 1200 套，公司还积极主动申请建设总投资 1800 万元 15000 平方米 300 套国家廉租住房项目，现已全面竣工并分配到职工手中，从根本上改善公司职工的居住和生活环境，公司切实做到了职工人人有房住、住好房。2000 年以来，公司每年都给在职职工上调工资，为离退休职工发放生活补助费，职工生活质量和幸福指数逐年提高。公司还积极实施再就业工程，安置困难职工，最大限度地提供就业岗位。

参与社会公益事业，大力响应省委、省政府，州委、州政府的号召，与结对帮扶的荔波县佳荣镇开展社会扶贫工作，公司建立了专项扶贫基金和组织机构，结合企业实际，采取一些具体的扶贫措施，为消除“空壳村”，发展壮大集体经济，增强村集体自身“造血”功能和综合实力，根据佳荣镇威岩村急需建设一个规范的汽车修理厂的需求，公司帮助解决喷漆房、四轮定位仪、大梁较正仪、举升机等汽车修理配套设备，并提供技术支持，总投资约 15 万元。帮助当地贫困户掌握一技之长，拓宽就业渠道，根据报名情况，公司定于 2015 年 10 月 9 日开办第一期汽车驾驶培训班共 10 人，为学员免除学费及食宿费，人均培训成本约为 6000 元，后期还要开展 50 余人的培训计划。公司提供劳动就业岗位，选拔合格的人才进入企业工作，特别注重优先录用符合条件的当地大学生、技能人才、中专生，以一人就业带动一户脱贫为目标。佳荣镇镇政府推荐了 5 名人员参加荔波车站招工考试，经考

试合格录用后，公司将提供工作岗位和劳动保障。下一步，公司还将结合企业实际，充分利用企业资源、技术、资金、管理、市场等方面的优势，共同与佳荣镇制定有针对性的帮扶方案和措施，努力做到对象精准、扶真贫、真扶贫，确保扶贫项目真正惠及贫困对象。

企业的发展离不开社会各界的支持和关爱，企业承担社会责任是推动和谐社会的必然要求，是企业发展的内在动力。今后，公司仍将重视社会责任的履行和社会价值的实现，以“可持续发展”为核心，坚持企业发展与社会责任并重的理念，努力实现企业、社会和自然的和谐发展。为此，我们在追求经济效益和保护员工利益的同时，要秉承诚信经营观念，推进环保节能、维护安全稳定、积极参与公益，努力实现员工成长、客户满意、政府放心，有力促进企业与社会和谐发展。

多年来，企业在经营发展的同时也为履行社会责任做了一些工作，道路运输行业作为一个充分竞争的行业，利润薄，目前企业承担社会责任的能力有限，但是，履行社会责任是国有企业义不容辞的使命，我们要继续深化国有企业改革，加快建立集约化、规模化、创新型现代企业，创造更大的社会效益和经济效益，努力促进企业与社会协调和谐发展。

B.11
2014年开磷集团社会责任发展报告

夏兵　童祥龙　韩玉江*

摘　要：贵州开磷控股（集团）有限责任公司成立于1958年，是国家在第二个五年计划期间建设的全国三大磷矿石生产基地之一。经过五十多年的建设与发展，开磷控股现已成为集矿业、磷化工、煤化工、氯碱化工、氟化工、硅化工、贸易物流、建筑建材、物业服务等多元产业为一体的现代化大型企业集团。2014年，贵州开磷集团围绕继续履行好社会责任，持续改进经营环境，提高管理和运营水平，建设资源节约、环境友好的绿色开磷做了一系列工作，企业社会责任履行情况明显好转。

关键词：贵州　开磷集团　社会责任

一　贵州开磷集团基本情况

贵州开磷控股（集团）有限责任公司前身为贵州开阳磷矿，成立于1958年10月，是国家在第二个五年计划期间建设的全国三大磷矿石生产基地之一。经过50多年的建设与发展，现已成为集矿业、磷化工、煤化工、氯碱化工、氟化工、硅化工、贸易物流、建设建材、物业服务等多元产业为一体的现代化大型企业集团。现有职工14300人；2013年实现销售收入

* 夏兵、童祥龙、韩玉江，贵州开磷控股（集团）有限责任公司政工部。

235.34 亿元；2014 年实现销售收入 311.70 亿元。拥有年产 700 万吨磷矿石、350 万吨高浓度磷肥、60 万吨合成氨、30 万吨甲醇、15 万吨硝酸铵、30 万吨硝酸、30 万吨硝基复合肥、15 万吨烧碱、15 万吨聚氯乙烯、2 万吨黄磷、5 万吨高纯磷酸、5 万吨二氧化碳、12 万吨季戊四醇、2 万吨无水氟化氢、1 万吨白炭黑、10 亿块磷石膏砖及系列配套新型建材产品、1 亿条塑料编织袋生产能力，是我国最大的磷矿石地下开采企业和磷肥行业“三强”企业之一。

开磷控股集团拥有得天独厚的磷资源优势。开磷矿区属于国家规划矿区，探明储量达 10 亿吨，具有磷矿资源储量大、品位高、有害杂质少、重金属元素镉检测不出的特点，五氧化二磷平均含量为 33.67%，全国五氧化二磷含量超过 33% 的优质磷矿 78% 集中在开阳磷矿区，是国内唯一不经选矿就可直接用于生产高浓度磷复肥的优质原料，享有“磷中之王”的美誉。按照开磷矿区已探明储量和现有磷矿石生产能力，开磷矿区资源还可开采上百年，为开磷矿区可持续发展提供了资源保障。进入 21 世纪以来，开磷矿区先后制定和实施“三步走”发展战略和“新三步”发展战略，用 14 年时间，使开磷矿区销售收入从 5.39 亿元增长到 311.70 亿元；资产总额从 16.81 亿元增加到 416 亿元；主要经营指标实现了年均 30% 以上的增长。先后被国家和贵州省人民政府确定为“全国首批循环经济工作试点单位”和“建设百亿元大型企业集团试点单位”，是我国“十一五”化肥工业发展指南规划中特大型磷肥基地建设单位。先后获得“首批国家级绿色矿山试点单位”“首批国家级矿产资源综合利用示范基地”“国家认定企业技术中心”“中国化工行业技术创新示范企业”“两化融合石化行业示范单位”、全国石油和化学工业“环境保护先进单位”“节能减排先进单位”等荣誉称号，开磷矿区发展循环经济成为“贵州改革开放 30 年最具影响力事件”。

按照省委省政府实施工业强省战略和更好更快发展的要求，开磷矿区全面启动建设千亿企业的“新三步”发展战略：依托已经形成的多元产业平台，进一步向磷、煤精细化工产业延伸，向氟化工、硅化工、氯碱化工产业拓展；进一步推进磷、煤、氟、硅、氯碱化工的耦合共生；进一步实施国际化战略，在经济全球化进程中加快“走出去”步伐，主动吸纳和整合资源；进一步提高资本运营能力，加快企业上市步伐，借力资本运作实现跨越发展，使开磷销售收入增长到1000亿元。站在新的起点，开磷人正迈步踏上建设千亿开磷的新征程。

二　企业技术创新

2014年开磷控股集团投入技术创新与循环经济发展项目资金30.7亿元，实施矿业及化工科技进步和技术创新项目52项，申请专利153项，主持和参与制定、修订国家标准3项，行业和贵州省地方标准6项，国家认可实验室和全国化工技术创新示范企业通过复审。通过计量认证扩项评审，增加了土壤中有机物检测指标等项目共114个参数，检测参数达到2356个。申请职业卫生技术服务资质，通过贵州省安监局组织的现场评审。

一是针对传统的磷酸二铵生产方法改进工艺，利用优质资源、采用自主创新技术，在行业内首家创造性地开发生产出符合绿色产品发展趋势，不需染色剂的本色精品磷酸二铵，使每吨产品降低成本60~80元，同时在施用后避免了染色剂等有机物对土壤的污染。

二是结合我国粮食生产对化肥品种多元化的需求，在国内首家开发了尿素级磷酸二铵和利用肥料级湿法磷酸开发了可同时用于滴灌肥的工业级磷酸一铵，丰富了我国化肥品种。

三是利用磷矿中伴生的有价氟、硅、碘资源，建成了国内第一条利用磷肥生产含氟废气吸收液年产2万吨无水氟化氢联产1万吨白炭黑国产化示范装置和超低浓度碘回收装置，为新兴产业的发展奠定了基础。

四是利用工业固废物拓展新型建材产业，形成了相对完善的新型建材产品体系。

在科技创新与技术进步的实践中，开磷控股集团不断增加投入，

2014年围绕技术创新战略，从完善技术创新体系、提升技术创新能力入手，以国家认定企业技术中心为架构建立起了“磷化工技术研发中心、煤化工技术研发中心、矿业开发研发中心、新型建筑材料研发中心”和一个创新成果转化“中试基地”。并在江苏中关村科技园区注册成立了“江苏开磷新材料产业化研究设计院”，有力推动了技术创新战略的实施，在企业内部搭建起了一个上下结合、相互协调、分工明确的技术创新平台，使技术创新网络建设日趋完善。科技创新与技术进步助推了开磷控股集团实体经济的转型和跨越式发展，使主业保持了年均30%以上的增长速度。

在新型工业化方面，开磷控股集团以建设生态工业园区为依托，在贵州省内形成了以黔中产业带为基础的“一体两翼”产业集群。并规划了江苏临港工业园精细化工项目和湖南衡阳高端涂料生产工业园，实施了内蒙古赤峰季戊四醇项目退城入园，使开磷控股集团地跨四省五市的产业布局全部进入工业园区。通过技术创新及新型工业化的推动，企业整个生产过程已逐步发展成为无废、少废和绿色产品的生产过程。

（1）按照建设生态文明的要求，以保护生态环境为目标，在磷矿山地下开采中全面推广应用了获得国家科技进步二等奖的“磷化工全废料自胶凝充填采矿”新工艺，使资源回收率平均达到85%以上，该项技术的推广应用，可延长矿山服务年限20年以上。按开磷控股集团现有资源储量计算，可盘活资源储量17500万吨，价值1000亿元以上。同时防止和避免了矿山工程地质灾害对生态环境的影响，减少了大量工业固体废弃物堆存占地，减轻了矿山尾矿库的压力，实现了矿山开采安全、清洁生产和绿色发展。

（2）在磷石膏和工业黄磷炉渣的开发研究及综合利用方面，公司利用高浓度磷肥和黄磷生产副产品“磷石膏和黄磷炉渣”在开发建设了世界上首条以二水磷石膏和黄磷炉渣为主要原料的“一步法”生产高强耐水磷石膏砖的生产线和原料制备技术的基础上，进一步开发建设了年产30万平方米石膏砌块生产线和20万立方米石膏基加气混凝土生产线，同时开发了与新型磷石膏砖配套使用的11种粉体建筑材料。制定了产品质量和应用技术规范地方标准。为发展开磷新型建筑墙体材料产业，提供了可靠的技术支撑。项目在获得全国化工科技进步一等奖的基础上，获得贵州省优秀新产品、新技术一等奖。

（3）大力开展资源综合利用工作，提高废渣、废水、废气的综合利用水平，实现矿山废矸、磷石膏、黄磷尾气、黄磷炉渣、化工废水等废物的资源化利用，开发了磷矿伴生资源氟、硅、碘资源综合利用技术，建设了工业化应用生产线，最终形成“原料—产品—资源—产品”的内部闭合循环系统。利用黄磷尾气作工业热源，减少二氧化硫排放量42.12吨，节约标准煤2.8万吨，利用工业废水42万立方米。改造了化工生产废水处理系统，实现了磷化工废水集中处理，循环利用不外排，年可循环利用工业废水1100万立方米，矿山井下涌水900万立方米，节约取水费和排污费2500万元。利用大型硫酸装置余压余热，开发了能量梯级利用回收系统，在利用余热发电的同时，满足化工生产装置用气需求，并将发电后排出的蒸汽用于新型磷石膏建材蒸压养护和花卉大棚的保温，在园区内形成了余压余热的四级梯级利用，建成了硫酸余热回收系统和4×12MW发电机组，每年可发电3.4亿千瓦时，每年可节约12.24万吨标准煤。利用磷矿中伴生的有价氟硅碘资源，开发了国内第一条利用磷肥生产含氟废气吸收液年产1000吨无水氟化氢国产化中试装置生产线的设计，并组织了项目的实施。2010年10月生产出纯度为99.94%的无水氟化氢产品。在此基础上通过不断优化设计，完成了世界上首条2万吨无水氟化氢联产1万吨沉淀白炭黑全部国产化示范装置的建设，利用自主开发的超低浓度碘气液混提工艺，实现了100吨碘化物示范装置的建设。

（4）与南京化工设计院共同合作开发的大型硫酸装置低温热能回收国产化技术，在开磷控股集团进行了全面推广应用，与国外引进技术相比，累计节省投资4亿多元，应用该技术代替燃煤产蒸汽，每年可生产蒸汽200万吨，节约循环冷却水3200万吨，节约标准煤23.06万吨，减排二氧化碳57.5万吨，节电2800万千瓦时。具有十分可观的经济效益和环境效益。

（5）与贵阳市公交公司合作，利用合成氨生产尾气和氨库驰放气自主开发了甲烷液化气，并以甲醇为原料开发了 M85、M100 等三个品种的新型燃料，在贵阳市建成了 3 个加气站，满足了贵阳市公交公司 700 辆出租车和 260 辆公交车对新型燃料的需要。

（6）为改变湿法磷酸生产传统的磷石膏湿法排放生产工艺，开磷控股集团与四川自贡机械厂合作，利用该厂生产的管状皮带进行了湿排改干排的试验和应用，先后建成了大水工业园 1.5 千米和息烽磷煤化工基地 6.2 千米管状皮带输送系统，实现了磷石膏干排干堆，每年可节约磷石膏堆存占地 300 余亩，减少磷石膏排放新鲜水补水量近 1200 万立方米，减轻了磷石膏堆场对生态环境的影响。

三　履行环保责任

（1）树立绿色环保理念、方针、原则及工作重点。

环境保护工作理念和方针："珍爱生命，创造安全、清洁、舒适的作业环境；遵纪守法，建立环保、节能、降耗的文明企业，实现可持续发展"；环境保护工作基本原则："预防为主，防治结合，综合治理"；环境保护的工作重点："坚持不懈地抓好工业废气、废水、废渣的综合利用，特别是磷石膏的再利用和资源化"。"绿色是发展的灵魂，环保是企业的生命"。为实现可持续发展，建设资源节约型、环境友好型企业，开磷以科学发展观为统领，坚持用生态经济理念改造提升传统产业，以实现资源的高效利用和循环利用为核心，以形成资源综合利用、共生耦合、互为促进、协调发展为目标，提出"抓好两头，做强做大中间"的绿色发展思路，忠实履行"惜我资源、护我环境、利我地方、惠我百姓"的诺言与责任。

（2）严格推行和实施"绿色开磷"。

开磷控股集团的产业特点、生产规模和发展方向决定了必须走出一条经济发展和环境保护相互协调的可持续发展工业道路。进入 21 世纪以来，企业在制定并实施企业发展战略时，就将环境保护、污染物减排和发展循环经济作为企业发展方向的基本定位。“十一五”期间，提出了“转化资源，创造效益”的经营理念和“扎紧两头，做大中间，延伸产业，闭合循环”“资源—产品—废弃物—再生资源”的发展模式。并在实践中积极探索，大胆创新，不断提升企业核心竞争力，走出了一条科技含量高、经济效益好、资源消耗低、环境污染少、人力资源优势得到充分发挥的新型工业化道路，成为贵州省和全国循环经济的领跑者。

（3）2014 年主要环境保护指标完成情况。

2014 年，企业用于环境保护的总支出 22764 万元，环境保护设施总投资 22954.6 万元。2014 年，企业固体废弃物排放量 571.02 万吨，废气排放总量 1013913.8 万标准立方米，磷煤化工生产废水“零”排放，矿山废水排放总量 57.42 万吨，其中化学需氧量、氨氮、二氧化硫、氮氧化物四项总量控制污染物排放量分别为 19.655 吨、0 吨、4401.12 吨、314.596 吨，各子公司污染物排放总量全部控制在与地方政府签订的减排目标责任书规定范围内以内。

表 1　2014 年主要产品能源单耗情况

名称	计划目标	实际完成	降(升)幅(±)(%)
磷酸一铵	99kgce/t	98.8kgce/t	基本持平
磷酸二铵	119kgce/t	117.6kgce/t	-1.2
黄　磷	14150kwh/t	13700kwh/t	-3.2
合成氨	1915kgce/t	1914.3kgce/t	基本持平
烧　碱	680kgce/t	646.4kgce/t	-4.9
电　石	1200kgce/t	1103.8kgce/t	-8.0
硝基肥	180kgce/t	152.3kgce/t	-15.4

表 2　2014 年主要能源消耗情况

原料煤(吨)	燃煤(吨)	电力(万千瓦时)	柴油(吨)	汽油(吨)	液化气(吨)
823548.0	265120.9	260033.1	9228.2	948.2	15.7

四　生产安全和产品安全情况

（一）树立严格的安全理念

开磷的产业特点是集众多高危行业于一身，国家实行安全生产许可制度的五个行业中，开磷占有四个。开磷集团安全生产一直保持良好业绩，矿山百万吨死亡率、亿元工业产值死亡率、10 万从业人员死亡率均低于国内同行业水平。

2014 年，开磷控股集团认真贯彻落实《中华人民共和国安全生产法》和“安全第一、预防为主、综合治理”的方针，遵循“以人为本”的安全管理理念，坚持“科技兴安”“依法管理”的安全发展战略，并不断加大安全生产投入，提高本身安全化水平，积极构建安全生产长效机制。坚持从“发展是第一要务，安全是第一责任”的高度定位安全工作。在长期的生产实践中，通过不断总结、完善和持续改进，开磷集团提炼深化了独具特色的安全管理理念、行为规范和工作准则，形成了“统一领导、分级管理、单位负责、群众监督”的安全管理体制和“坚持一个理念，贯彻一个原则，完善两个体系，实施两个方法”的运行模式。企业拥有完备的安全设施、健全的规章制度、配套的专业管理机构、队伍和先进、科学的管理理念，形成健全完善的大安全管理格局。2014 年，开磷控股集团未发生较大的生产安全事故，下属单位发生十余起轻重伤的一般事故。

（二）建立健全安全生产的应急管理机制

开磷控股集团按照专业和职能分工分别制定有防范各类突发事件应急预案，各二级单位结合生产安全特点以及政府安全监管部门的要求，分别制定各类事故应急救援总预案、专项预案和现场处置方案，定期组织演练并不断总结完善，有效地防范重大安全事故和意外灾害事故的发生。在贵州省安监局的安排协调下，以护矿队为基础，启动了矿山救护队建设工作，认真抓好人员培训取证、救护器材购置和硬件设施建设等各项工作，顺利通过省安监局考核认定，纳入省矿山救护队统一指挥。配合省军区陆军预备役师组建了核生化应急救援队，提升了应急救援的整体功能。开磷控股集团应急救援中心（贵州省危险化学品应急救援息烽基地），坚持开展岗位练兵和应急备勤值守工作，保障企业安全生产的同时，随时听从上级的指令和调遣，组织装备和力量迅速投入到事故救援和抢险中。2014 年，共出警 71 次，出动车辆 179 台次，出动人员 981 人次。为最大限度地减少突发事件及其人员财产损失、维护企业生产安全和社会稳定提供有效保障。

（三）完善各项安全生产制度

2014 年，开磷控股集团遵照《国务院关于进一步加强企业安全生产工作的通知》（国发〔2010〕23 号）及中央领导同志关于“党政同责、一岗双责、齐抓共管”要求和指示精神，修订完善了企业安全生产责任制及奖惩制度，强化现场管理，深入开展“反违章年”活动，进一步完善各单位、各岗位安全操作规程，督促员工严格遵守，从而保证安全生产持续有效地开展。

一是按照矿山、化工行业标准化创建达标规范，常态化推进安全标准化工作并取得显著成效。在矿山建立安全避险“六大”系统，建成矿山安全标准化信息管理系统，实现了安全工作信息化、规范化和标准化，集团下属化工、矿山、建筑施工、机电、塑编行业全部获得安全标准化三级企业资质。2014 年，开磷控股集团认真学习新修改的《中华人民共和国安全生产法》，认真贯彻落实中央领导同志、省委省政府主要领导同志关于安全生产工作的重要指示精神和要求，遵照省政府办公厅、省国资委关于集中开展除大隐患防大事故安全生产大检查工作精神和要求，全面组织开展“反违章年”活动，突出现场管控，提升危险源辨识与评价水平，完善现场管理标准和管理制度，进一步强化现场管理、严格执行工艺纪律和各项规章制度。

二是在开磷控股集团统一部署下，各单位全面坚持开展危险源辨识活动，排除安全隐患。重点以车间、班组为单元开展危险源辨识和评价工作，针对班组工作内容及岗位上可能存在的危险源、危害因素，班组每班对照岗位规范或施工作业程序进行检查和确认，采取相应的防范控制措施，以消除事故隐患，从而达到实现安全生产的目的。开磷控股集团按照生产安全事故隐患排查治理相关制度规定，认真落实安全隐患排查治理和防控工作职责，建立生产安全事故隐患治理效果评价、报告奖励、档案管理、预案管理等长效机制，消除事故苗头，预防生产安全事故的发生。按照《关于印发〈企业安全生产费用提取和使用管理办法〉的通知》（财企〔2012〕16 号）的规定和要求，足额提取安全生产费用，专项用于完善和改进安全生产条件。2014 年，开磷控股集团共提取 7948.53 万元，使用 6233.11 万元，截至 2014 年 12 月底，财务账面结余 6366.87 万元。2014 年，矿业总公司用沙坝矿、青菜冲矿顺利完成矿山二级标准化升级，马路坪矿一级标准化矿山成为全省非煤矿山标准化的标杆。塑料包装公司创建工贸行业二级标准化获得贵州省安监局的考评和认定。

（四）产品安全情况

开磷始终如一地坚持产品质量安全的传承和实践，坚定实施品牌发展战略，提高企业的竞争能力，以贯标认证为契机，切实提高企业的管理水平；以精细化管理为手段，建立质量创新机制；以专业化管理为措施，提高产品的质检水平；以科学发展观为指导，大力推进科技进步和循环经济，促进产品质量的提升；以国家标准为基本要求，以用户标准为根本要求，生产满足用户需求的产品；以客户的满意为目的，坚持优质的售后服务。把“修合无人见，存心有天知”的古训落实到确保产品安全行动上。“开磷牌”磷酸一铵、磷酸二铵、重过磷酸钙、普通过磷酸钙、复混（复合）肥等主要产品先后被评为“贵州省名牌产品”“中国农民喜爱的农资品牌”，“开磷牌”重过磷酸钙获得“中国名牌”的荣誉，“开磷牌”商标被评为“贵州省十佳著名商标”，通过澳大利亚检验检疫局（AQIS）出口商资质认证。先后被商务部、国务院国资委授予“全国农资流通行业 3A 信用企业”“多彩贵州 100 强品牌”和“多彩贵州十大品牌”；董事长、党委书记屈庆麟被授予

“多彩贵州品牌创新年度人物”称号，排名第一。

“十一五”期间，开磷控股集团通过 ISO9001 质量管理体系、ISO10012 测量管理体系、OHSAS18001 职业健康安全管理体系和 ISO14001 环境管理体系认证，一直保持注册资格。开磷控股集团在采购合同中坚持社会责任有关要求，不再以追求最大的利润为首要目标，而是要引进全面的社会责任建设，保持长久的信誉和公信力，以形成可持续发展的竞争新优势。2014 年，产品的国家抽检合格率和送检合格率为 100%。2014 年，产品满意度调查的满意率为 97.5%。

五　和谐劳动关系

（一）树立和谐的基本理念

开磷始终坚持把和谐作为企业管理的基本理念、基本管理方法和企业发展目标；以追求和谐，以和为贵为出发点，以构建企业劳动关系和谐为重点，以坚持“发展为了职工”和依靠职工办企业为根本方针，以建设尊重人、关心人、理解人、爱护人为内容的企业人本文化为基础，实现了企业和谐发展。

（二）建立健全工会组织

开磷集团审议通过《开磷控股集团改制上市方案》和《开磷公司改制上市方案》，通过了《提高住房公积金缴存比例办法》。工会经费保障企业每年向工会组织拨出经费，每月按照工资总额的 2% 拨出经费，支持工会工作，组织对困难职工进行补助。企业保证工会合理运转、行使职责企业为工会提供工作场所，并与工会保持沟通，企业发生重大变化时向工会及职工通报情况。从公司到各二级单位都建立了独立工会委员会，现有二级基层工会 19 个，有固定工作场所，工会工作与党委、行政工作同安排、同布置、同检查、同考核。坚持职工代表大会制度和民主管理制度，四级厂务公开工作扎实有效推进，荣获全国厂务公开先进单位，大大提高职工对企业的信任度。开磷控股集团按照国家《劳动法》《劳动合同法》等有关法律规定与职工签订劳动合同，签订劳动合同分三类，即无固定期、固定期和完成一定工作任务的劳动合同。2014 年末除精神病患者未签订合同外，其余职工均签订了劳动合同。同时，实行跟踪动态管理，劳动合同签订率100%。

（三）严格保障企业职工各种权益

企业与工会订立集体合同，保证用工方面的公平、公正。在集体合同中明确规定禁止在招用、薪酬、福利、晋升等方面出现性别歧视、民族歧视、种族歧视、宗教歧视、生理歧视，保证了用工的公平、公正，《集体合同》三年一签，现在已经为第五轮，均没有发生合同禁止现象。企业严格执行国家法律法规，尊重职工，为职工体面劳动创造良好条件。集体合同条款按照国家规定，通过省劳动部门审核，认定对职工劳动给予充分尊重，每年还对集体合同履行情况进行检查，企业完全严格执行合同。按国家规定为职工按时交纳各项社会保障基金，开磷控股集团职工，在正常履行劳动合同过程中，依法享有国家规定的企业职工社会保险待遇，即养老保险、失业保险、医疗保险、生育保险、工伤保险。同时，开磷控股集团还为职工建立了补充医疗保险、住房公积金、住房增量和补充养老保险（企业年金），职工按规定享有企业福利待遇。按照国家规定执行职工的工作时间和休息休假时间，开磷控股集团按照国家《中华人民共和国劳动法》《中华人民共和国劳动合同法》规定，实行每天 8 小时工作制，平均每周工作不超过 40 小时的工作制度。根据生产特性特点不能实行每天 8 小时工作制的，按规定实行其他工时制度和休息办法，但保证职工每周休息两天。在国家法定节假日期间，企业依法安排职工休假，对不能安排休息休假的，按国家规定支付加班工资。实施职工带薪年休假制度（职工累计工作满 1 年不满 10 年的，年休假 5 天；满 10 年不满 20 年的，年休假 10 天；满 20 年的，年休假 15 天。国家法定休假日、休息日不计入年休假的假期）。职工在当班时间，免费享有企业提供的保健饭，对职工就餐进行补贴。

（四）努力改善职工居住条件及文化设施

对单身宿舍实行公寓化管理，让职工睡一个好觉、洗一个好澡、吃一顿好饭。在社区建立了健身苑，1 个健身房，1 个游泳池和 1 个田径体育场，每年为 2 个图书室订阅图书，现藏书量达 32000 多册（不含 167 种杂志），荣获贵州省和全国职工书屋称号，有 12 个塑胶篮球场、2 个足球场。

（五）健全职工保障制度，提高职工福利待遇

目前，开磷控股集团为职工建立了养老保险、失业保险、医疗保险、生育保险和工伤保险。在此基础上，还为职工建立了补充医疗保险、住房公积金和企业年金。不但确保企业职工享有规定的社会保险，而且，职工还按规定享有企业职工福利待遇。按照国家规定给予职工应得福利待遇，开磷控股集团还按规定计提和使用职工福利费用。比如职工患病、死亡应享受劳保和抚恤等福利待遇。对特殊环境（夜班、高温、低温、井下、可能产生有毒有害的环境等）下工作的职工给予特殊津贴和休养待遇。从分配政策着手，开磷控股集团坚持把分配政策向一线职工和特殊工种岗位倾斜，对特殊环境工作人员在其计件工资中充分考虑特殊津贴等因素，用提高岗位系数的方式进行体现，同时结合休假制度合理安排休养。

严格保障职工健康，定期为职工进行身体检查。开磷控股集团职工在入职、在劳动合同期内每工作两年、离职时，均需要接受身体检查。按照岗位需要，严格执行 HSE 体系管理标准，定期组织职工进行体检，2014 年体检 2000 多人，女职工妇科病及生育健康检查 2437 人。同时，在开磷控股集团《集体合同》中，明确了职工劳动保护用品发放、女职工权利保护、职业病防治、改善职工生产作业环境、“三废”治理和环境监测检查等劳动安全与卫生项目。2014 年，新就业人员未发现职业病例，原老职工病亡 10 人。

（六）加强职工的教育与培训

开磷控股集团职工教育培训的指导思想：以培育社会主义核心价值观为

指导，以践行开磷核心价值观为主线，全面贯彻落实企业人力资源发展规划，协调配置培训资源，加大对职工培训工作的硬件、软件投入，重点抓好班组长业务技能培训，从业人员安全教育培训，特种作业人员取审证培训，技术工种技能鉴定考前培训，中高级管理人员综合能力提升培训，进一步夯实培训管理工作基础，强化职工合法、合规性培训，着力提高培训工作的针对性和可操作性，努力培养一支业务过硬、技术精湛、作风优良的职工队伍。

具体培训项目按照企业发展战略对人才的需求，围绕提出的人才规划目标逐项开展职工教育培训工作。具体包括：以渗透企业文化教育为基础，强化职业道德教育的全员职工思想政治培训；以管理技能提升为重点，提高中级管理人员综合素质和管理能力的内部管理技能等级取、审证培训；以业务技术培训和岗位实践为主线，提高职工技能和技术水平的技能等级鉴定培训；安全技术培训；新聘大中专毕业生岗前培训；高级管理人员培训；开磷控股集团以贵阳职业技术学院磷煤化工分院招生进行学历培训。2014 年，开磷控股集团共组织开展从业人员培训共 169 期，培训 9013 人次。组织安全生产专项培训 6 期（次）342 人次。

六　积极参与社会各种公益事业

开磷作为国有大型化工企业，始终以社会效益优先为最基本的价值取向，提倡为国家振兴、民族兴旺尽自己更多的义务。注重处理好与当地利益相关者的关系，扎实推进责任关怀活动，积极支持当地经济、社会和文化的发展事业。把践行“感恩祖国、感恩社会”的开磷感恩文化元素落实在行动上，赢得广泛信任和赞誉。

（一）积极保护弱势群体

开磷控股集团坚持发展成果由全体职工共享，14 年的跨越发展，在册在岗职工人均收入增长了 8 倍，年均增长 20.46%，除按规定为职工提取“五金”外，还为职工兑现住房存量补贴和发放住房增量补贴，为职工建立了补充养老保险和补充医疗保险。为内退职工和年满70周岁以上的退休人员发放生活补贴、节日慰问金，按30%比例为内退职工和退休人员缴存住房增量补贴（在岗职工为10%），并为他们建立了补充医疗保险。定期为困难职工发放生活补助；每年行政拨款20万元建立教育基金，解决困难职工子女和孤儿读书问题（从托儿所到大学毕业），长期坚持做到了“三不让”承诺，即不让一个职工因困难吃不起饭，不让一个职工因困难看不起病，不让一个职工子女因困难读不起书。

（二）支持社会灾害防治

开磷控股集团认真落实科学发展观，坚持走“科技含量高、经济效益好、资源消耗低、环境污染少”的新型工业化道路，围绕节能、降耗、减污、增效的目标，努力发展循环经济，保护生态环境，实施了加强资源循环利用和固体废弃物开发工程，逐步形成了低投入、低消耗、低排放和高效率的节约型增长方式，初步形成了矿业、磷化工、煤化工、建设建材、贸易、物业六大产业，促进了企业可持续发展。每年都要组织职工开展防洪抗洪义务劳动，矿肥基地所属单位均对洋水河进行清理。

公司主动与当地利益相关方建立伙伴关系。开磷在资源开发和矿山建设及开采过程中，注重抓矿区土地复垦，恢复矿区植被。按照制定的《开阳磷矿区地质灾害综合治理方案》，落实美化矿区环境、恢复植被责任，成立专门组织机构和绿化队伍，负责对矿区崩落区、塌陷区进行土地复垦，并开展矿区绿化和植树造林。在矿区建设了五个育苗基地，种植花木品种30多个，花卉品种100多个。矿区绿化面积占可绿化面积80%以上，总绿化面积达21万平方米。人力、物力的大量投入，取得了明显效果。10年来，未发生洪涝灾害，保证了一方人、财、物的平安。

（三）积极支持社会公共卫生建设，支援贫困地区公共卫生建设

开磷控股集团坚持把“三良支农图的是讲良心，党建扶贫为的是工农情”的强农惠农富农心声写在积极履行社会责任的实践中。心系“三农”，

扶贫开发，坚持在工业化城镇化农业现代化“三化同步”中做勇担社会责任的排头兵。大力开展“良肥、良种、良法”帮扶活动，推进“造血式”扶贫工程，取得明显实效，有力促进了农业增产、农民丰收和地方经济发展。先后被评为全省履行社会责任先进单位、全省“双万”结对帮扶优秀单位，开磷控股集团董事长、党委书记屈庆麟被评为“CCTV2010 年度三农人物”后，再次荣获“2014 中国改革十大杰出企业家”称号。2014 年，共送肥（磷酸二铵和高塔硝基复合肥）6662 吨。其中，为息烽县全县送肥 6427 吨（小寨坝镇 456 吨）；为独山县上司镇玉水镇送肥 85 吨；为省国资委小城镇建设帮扶点兴义市玉龙新区雨樟镇送肥 150 吨。

七　结语：责任展望

做一个受人尊重的国有企业是开磷永恒不变的追求。开磷集团将坚持“利与天下、惠及员工”的企业宗旨，继续履行好社会责任，持续改进经营环境，提高管理和运营水平，建设资源节约、环境友好的绿色开磷，与各利益相关方分享由此带来的经济效益和社会效益，共同推进企业与社会的共同发展与进步。

B.12 2014年贵州建工社会责任发展报告

贵州建工集团有限公司行政办

摘　要：2014 年国民经济进入新常态，减速慢行的建筑业告别高速增长时代，行业竞争更加激烈，提高市场绩效成为企业在百舸争流的建筑业市场搏击中占有一席之地的首要任务。在成为国际化、区域化、多元化建设集团的战略目标引领下，贵州建工集团合理有序布局市场，适应市场变化，有效地提高了市场占有率，承接任务、完成产值、实现利润及上缴税收等各项经济指标稳步增长，保持了作为贵州建筑业领军企业的地位。2014 年，贵州建工集团围绕企业社会责任管理做了一系列工作，社会责任履行情况明显好转。

关键词：贵州建工集团　社会责任　精细化　管理

一　企业简介

贵州建工集团有限公司前身为省级施工企业，成立于 1952 年，后隶属关系几经变更，归属贵州省建筑工程管理局。党的十一届三中全会以后，国家拉开了城市经济体制改革的帷幕，建筑业进入市场经济。1983 年省建工局更名为省建筑工程总公司，由行政管理单位转变为生产经营企业。1994 年省建总公司更名为贵州建工集团总公司。2010 年 12 月改制更名为贵州建工集团有限公司，具有境外工程承包和劳务合作经营权，是具有中国房屋建筑工程施工总承包特级资质和法人资格的大型综合性企业集团。

贵州建工集团有限公司现拥有从业人员50000余人，年产值300亿元。有一、二级建造师1554人，高、中、初级专业技术人员及各类注册人员2857人，各类施工技术人员2059人。科技是人类发展的不竭动力，公司依靠科技进步，不断提高企业生产技术水平，积极开发、引进新技术、新设备、新工艺，加大科技投入，取得了7项国家级工法，38项国家级实用新型专利及发明专利，荣获全国和全省科技进步奖20余项；荣获国家优质奖章4个，荣获鲁班奖工程6个，全国AAA安全文明标准化诚信工地28个，国家级、省级示范工程40个，贵州省安全文明样板工地81个，省优工程182个，占全省省优工程的70%以上。公司自2004年取得房屋建筑工程施工总承包特级资质以来，实施“品牌战略”，坚持“重合同守信用，坚持标准管理，持续有效改进，满足顾客需求”的质量方针，执行企业自行编制的《工程项目管理实施细则》《安全文明施工规范管理手册》《项目标准化管理流程控制作业指导书》《精品工程细部实施要点手册》，先后通过ISO9002质量体系、国际质量标准体系认证和ISO14001环境管理体系标准的认证，使企业国际化上了一个新的台阶。

二　社会责任管理

（一）目标引领发展，强化发展责任

2014年，是贵州经济加速发展的一年，省委省政府坚持主基调主战略，牢牢守住发展和生态两条底线，全省综合经济实力跃上新台阶，经济增速继续位居全国前列。省委、省政府高度重视建筑业发展，全省各项建设行动计划深入推进，为建筑业发展提供了广阔的空间，省政府提出“2017年全省建筑业实现总产值、增加值翻番，增加值占GDP比例上升到8%以上”的目标。2014年6月，省委书记赵克志亲临建工集团调研，明确提出“把建

筑业和建材产业培育成为我省重要支柱产业，支持建工集团做大做强”，进一步提振了集团全体干部和员工的士气。集团党委审时度势，提出“通过引进战略投资者，实施企业混合所有制改造，把集团建成集投资、房地产、建筑设计、施工、新型建筑建材研发等为一体的国际化、区域化、多元化现代建设企业集团，至2017年底完成建安产值420亿元”的发展目标，为集团的发展指明了思路和方向，充分说明了建工集团以目标引领发展，以强烈的责任感和使命感为加快发展做出贡献。

（二）推进项目管理转型，增强企业综合竞争实力

按照《贵州省国资委监管企业产权制度改革三年行动计划》，建工集团有序推进产权制度改革，努力构建有利于集团科学发展的产权制度和体制机制。根据集团产权制度改革框架方案制定的任务书、时间表、路线图，坚持产权制度改革与生产经营相结合的原则，既要积极稳妥推进产权制度改革成功，又要大力发展生产经营，确保生产经营不下滑，改革改制工作初见成效。2014年6月，建工集团与绿地控股集团成功签署《贵州建工集团与绿地控股集团战略合作框架协议》，为集团产权制度改革翻开了崭新的篇章。集团与中国铁路通信信号股份有限公司对集团所属的“贵州建工集团城市建设房地产开发公司”进行股权重组，组成利益攸关的命运共同体，为进军房地产市场奠定了坚实基础；牵手中国兴业太阳能技术控股有限公司，双方拟定在建筑节能产品、绿色建筑、建筑施工工业化等方面开展深度合作，打开了集团发展绿色建筑事业、创造出人与自然和谐美好环境、切实履行社会责任的空间。建工集团企业改革工作的一系列举措，向企业实现股权多元化、优化资源配置、增强活力与市场竞争力的目标迈出一大步，有力地促进了企业的持续健康发展。

（三）加速科技创新，引领行业发展

建筑业是我国国民经济重要的支柱产业，其关联度高、带动性强，对国民经济的快速发展和居民生活水平的提高起着重要的支撑和引领作用。建工

集团作为贵州省建筑业的骨干力量，在发展进程中不断依靠科技创新提高管理水平、提升工程质量，力求走出一条科技含量高、经济效益好、资源消耗低、环境污染少的新型工业化道路，起到带动和引领贵州建筑业发展的作用，从而推进贵州经济全面发展。在经营管理过程中，集团更加重视科技创新工作，不断加强对科技创新工作的领导，成立了集团科技工作委员会并制定管理办法，从机制上进一步激发科技创新的动力。全集团以精细化管理和标准化施工为载体，组织集团技术人员参与创精品工程经验交流、创精品工程讲座、质量现场观摩会，参加贵州省地方标准《绿色施工管理规程》编制工作等，在全集团大力推行集团结构优质工程评选，积极研发、推广和应用新技术、新设备、新材料、新工艺，提高工程技术含量，促进企业技术管理升级，使集团企业的工法和专利研发能力进一步提高，科技不断进步，同时加强专利与工法的申报工作，提高知识产权保护意识，加强知识产权保护对于创新驱动发展的支撑作用。2014 年，集团 20 项工法通过省住建厅评审为 2012 ~ 2013 年度贵州省级工法；11 个工程被评为第十批贵州省建筑业新技术应用示范工程；共获得授权的国家专利 13 项。在全国工程建设优秀质量管理小组评比中，5 项成果获奖，4 人获得卓越领导者、2 人获优秀推进者称号。截至目前，全集团共获得国家专利 38 项，国家级工法 7 项，省级工法 58 项，企业工法 67 项。

（四）丰富完善文化体系，打造企业软实力

随着经济全球化进程加速，国际经济竞争日趋激烈，企业之间的竞争与可持续发展越来越依赖“软实力”的较量。建工集团在发展过程中坚持文化立企，遵循经济发展规律，用优秀的企业文化引领经济的发展，用经济的发展不断完善和丰富企业文化。2014 年，集团产值在 2013 年突破 200 亿元大关后加速冲刺达到 260 亿元，在贵州省为数不多的百亿企业行业中继续大步前行，展现了向上的生命力，踏上了新的发展征程。在成为国际化、多元化、区域化建设集团的企业愿景指导下，集团成立了文化战略小组，在历史积淀、传统演化、整理提炼等多种因素基础上，融合中国优秀的传统文化、

哲学文化和现代管理理念，结合当前站在新起点、立足新任务、谋求新发展这一历史性阶段的发展要求，积极搭建文化交流平台，提炼出六大核心理念：秉承“诚信、敬业、奉献”的核心价值观和“五为”主流价值观，坚持“创新、合作、进取”的企业精神，贯穿“善作善成、勇于挑战”的企业作风，坚守“文明、遵纪、爱岗、友善”的员工守则，最终向员工、客户、合作者及社会公众创造出幸福空间。这六大核心理念体现出企业的经营之道、精神、形象、素质以及目标，具有鲜活的生命力和强大的影响力，具有集团新时期的特点和与时俱进的隽永内涵，对集团持续健康发展具有战略导向意义。

（五）维护职工合法权益，构建和谐劳动关系

职工劳资情况。贵州建工集团各级企业依照《中华人民共和国劳动法》《中华人民共和国劳动合同法》等相关法律法规，与全部职工签订劳动合同，职工集体合同动态覆盖率达到100%。尊重职工劳动，维护职工尊严，关心职工生活，公平对待职工，杜绝劳动歧视。集团所有企业按时足额为职工缴纳养老、失业、医疗等基本社会保障费用。2014年集团在岗职工平均工资增长率为21.25%，有效地激励了员工不断改善工作方法和工作品质，持续不断地提高履职尽责能力。

职工培训情况。建工集团在自身发展过程中关注职工长远发展，为职工合理规划职业生涯，加强培训，有效保障了人才建设跟进集团发展战略，实现了企业和员工共同进步。在加强员工培训工作中积极想办法、建载体、搭平台，依托合作院校、集团培训中心、项目现场，坚持外培和自培并行，从领导层、骨干层、技术层、劳务层四个层面展开高端培训、常规培训、专项培训、基本培训四大培训，人才建设取得实效。2014年，全集团共有3000余人次接受施工员、安全员、质检员、材料员、预算员、资料员等八大员及建造师的取证培训、继续教育培训以及职业素质能力培训；组织63名中高层管理者分别参加贵州企业经营战略赴美高级研修班、第三期德国“工业和民用建筑工程及设计技术培训”、厦门大学跟班培训等各类管理与技术研

发班；全年共推荐评审各系列中高级专业技术职务226人，通过贵州省人事厅评审187人。集团人力资源开发与管理荣获第十五届省级现代化管理企业创新成果一等奖。

民主管理情况。建工集团坚持把职代会作为厂务公开的主要形式，严格按照《贵州建工集团职代会实施细则》，坚持重大事项和关系到职工切身利益的问题必须经过职代会审议，做到未经职代会审议的经营决策方案不实施，未经职代会审定的改革措施不出台，未经职代会决定的涉及职工切身利益的事项不执行。2014年集团公司本部共召开职工代表会议6次，审议了集团2014年行政工作报告、本部组织机构调整、中层干部任免等重大事项及薪酬方案、奖金考核办法、绩效工资考核办法、职工带薪休假管理办法等重要规章制度共22项。有效发挥职工董事、职工监事作用，积极开展民主评议、厂务公开、提合理化建议等职工参政议政工作，形成了自下而上的民主监督形式，保障了职工民主决策、民主管理、民主监督的权利，使职工的知情权、参与权、表达权、监督权落到实处，有效促进了劳动关系的和谐稳定。

三　社会责任履行情况

（一）经济责任履行情况

2014年国民经济进入新常态，减速慢行的建筑业告别高速增长时代，行业竞争更加激烈，提高市场绩效成为企业在百舸争流的建筑业市场搏击中占有一席之地的首要任务。在成为国际化、区域化、多元化建设集团的战略目标引领下，集团合理有序布局市场，适应市场变化，有效地提高了市场占有率，承接任务、完成产值、实现利润及上缴税收等各项经济指标稳步增长，保持了贵州建筑业领军企业的地位。

合理布局省内区域市场。2014年，全省经济呈现新的发展势头，建工集团积极抢抓发展机遇，在加快全省建筑业发展上进一步发挥了表率作用。通过采取积极主动措施与地方政府加强联系与沟通，寻求地州市与企业合作

的新模式，大力组建受地方政府管控的区域公司，分别与安顺市人民政府、铜仁市人民政府、遵义市人民政府签订了战略合作框架协议，为建工集团市州区域市场拓展战略的实施和地方建筑业的加快发展奠定了基础。建工集团与地方政府的合作取得了重大进展，集团与铜仁市人民政府共同出资组建的“贵州建工梵净山建筑工程有限公司”已挂牌成立；与安顺市人民政府共同出资组建的“贵州建工安顺建筑工程有限公司”目前已办理完成公司营业执照注册；集团二公司与瓮安县人民政府共同注资成立了贵州黔中置业建安投资有限责任公司。与此同时，集团积极推进加强与地方人民政府的合作，主动参与地方城镇化建设，承接的清镇、毕节等职教园区，贵阳高新区工业园区，铜仁、遵义、安顺、都匀等城市的旧城改造等政府重点项目建设进展顺利。

省外、国外市场拓展取得新进展。在贵州建筑市场竞争激烈的状况下，集团顺应国家和省政府支持的“走出去”战略，继续加快“走出去”步伐，在“走出去”的过程中逐步向“走进去”转变，不断加大省外、国外市场的拓展力度。2014 年，集团省外承接任务在 2013 年省外取得 120 亿元承接任务的基础上实现了新的突破，达到 150 亿元，占集团公司工程任务承接总量的 30%。在拓展国外市场上，集团积极与商务厅等政府主管部门沟通联系，了解国家对海外工程的优惠政策和政策导向，在决策承接项目时认真考察并进行综合评审，合理规避经营风险。由集团有限公司与神州长城装饰工程有限公司组成联合体中标的柬埔寨“金界娱乐二期”项目，位于柬埔寨首都金边市，合同金额为 1.4 亿美元（约 8.4 亿元人民币），合同工期 745 天，项目总面积 14.5 万平方米，建筑高度 106 米，由三栋塔楼构成，框架结构，工程内容包括土建、机电、幕墙、室内精装修等分部分项工程。目前，公司单位项目经理部与建设单位办理好工程项目场地的交接手续后已正式进场开始全面组织施工。

承接重点项目和大项目有新突破。近年来，贵州建工集团把承建体量大、技术复杂的重点项目和大项目作为主攻方向，取得了明显成效，有力地提升了企业在市场中的竞争实力和影响力。2014 年，集团承接单个合同额上亿元的项目116个，总金额256亿元，占总承接任务量的59.5%；3亿元以上项目有27个，总金额109亿元，占总承接任务的25.4%；5亿元以上项目有5个，总金额37亿元，占总承接任务的8.6%。由集团有限公司承建的重庆朝天门国际商贸城一组团一期工程，建筑面积614521平方米，合同价14.51亿元，是重庆市2014年市级重点工程，建成后将成为“西部领先、全国一流”的国家级大型综合批发市场。该项目在实施过程中科学管理、精心组织、合理分工，狠抓工期进度，其中一标段提前17天实现主体结构封顶，得到了建设单位的充分肯定，展现了贵州建工集团作为贵州省建筑施工龙头企业的综合实力。

（二）生态环保责任

随着经济发展、城镇化进程的加快，环境问题越来越受到世界的关注，在全社会倡导厉行节约、节能减排的背景下，高耗能、高浪费的建筑业发展模式已难以为继，绿色建筑、建筑工业化发展已势不可当。贵州建工集团在追求经济效益不断攀升的同时注重环境意识的提升，积极向绿色建筑、建筑工业化领域探索，推动企业向环境友好方向迈进。集团率先在贵州建筑施工行业中开展了ISO14001环境管理体系标准的认证工作，所属10家建筑施工总承包企业连续13年通过ISO9001、2000/ISO14001、2004/OHSAS18001、GB/T404350－2007一体化管理体系标准认证审核，2014年通过“质量/环境/职业健康安全”整合管理体系贯标的外审，保障环境和职业健康安全工作深入持久。2014年11月21日，集团与国内太阳能、建筑节能技术等节能环保领域的领军企业中国兴业太阳能技术控股有限公司签订战略合作协议，与之携手着力于新型建筑建材和建筑节能产品的研发、投资、生产应用，以及绿色建筑的设计、施工服务，探索科技含量高、工程质量好、资源消耗低、环境污染少的新型建筑业之路，创造出人与自然和谐共处的美好环境与生活空间，实现贵州建工集团乃至贵州建筑业绿色建筑整体水平的提升，促进贵州经济社会的良性发展。

推进绿色、集约化施工，实现工程项目的精细化管理是公司不断努力的

方向，建工集团与上海鲁班软件有限公司签订了战略合作协议，整体采购该公司 BIM 系统平台，开始在多个项目中开展 BIM 技术的应用。利用 BIM 技术的虚拟大数据优势，整合各种项目的相关信息，建立建筑模型，通过数字信息仿真模拟建筑物所具有的真实信息，在工程项目策划、运行和维护的全生命周期过程中进行共享和传递，使工程技术人员对建筑信息做出正确理解和高效应对，为项目管理各方提供协同工作的基础，从而实现优化设计、提高质量、缩短工期、降低成本的目标，推动项目管理向建筑节能型、环境友好型方向迈进。由贵州集团有限公司承建的成都军区总医院综合住院楼新建工程项目，建筑面积 110886 平方米，是成都军区近年来建筑面积最大和综合性最强的医院工程，施工内容包含土建、安装、精装修、智能网络、动力管道等专业工程，工程难度大，专业复杂，工期紧迫。该项目引进了 BIM 项目管理系统贯穿于整个施工过程，有效控制了施工成本，优化了项目管理过程，优质、高效地完成了施工任务，项目提前 40 天完成主体结构封顶，再一次在省外书写了贵州建工速度，展示了贵州建工集团建筑铁军一般顽强的战斗力和拼搏精神。

（三）履行社会责任

坚持责任理念，竭力回报社会。贵州建工集团在自身发展的同时，坚持“诚信立业、回报社会”的责任理念，积极支持公益事业，2014 年 6 月为中国检察官教育事业捐款 10 万元。大力开展干部下基层帮村扶贫活动，建工集团作为省直机关扶贫工作队成员单位，与省科技厅、贵州广播电视台、黔西南民族职业技术学院一起深入帮扶联系晴隆县，了解制约当地经济社会发展、人民生活水平提高的主要问题，采取了一系列帮扶措施，内联外引、穿针引线、倾情服务，帮助协调项目建设资金 2000 多万元用于当地产业化发展和基础设施建设，捐款 10 万元为晴隆县马场乡小学食堂征地、购买课桌椅，并选派 8 名干部参加驻村帮扶，帮助联系村脱贫致富，取得一定的成效，受到当地政府和群众的一致好评。

建工集团各单位都把履行社会责任当作是企业经营发展的天然使命和最

终目的。一年来，集团各单位积极开展困难职工帮困互助活动、两节送温暖活动、梦圆金秋助学行动、夏日送清凉活动，积极参与红色老区建设、新农村建设、扶贫开发建设，向困难地区开展扶贫捐助活动等。全年共帮扶困难职工 1632 人，走访慰问生病住院困难职工 257 人次，对 100 余个在建项目进行慰问，帮扶及慰问金额共计 130 万元。集团工会组织各单位职工 216 名参加义务献血活动，累计献血量达 30400 毫升。集团建筑医院积极响应集团关爱农民工、回报社会的号召，开展“送健康进工地”“送健康进社区”大型巡回义诊活动 19 次，免费为农民工和老百姓进行健康体检、疾病筛查并发放药品，共投入资金 40 万元，产生良好的社会效应，体现了贵州建工集团作为国有企业在履行社会责任上一如既往、勇于担当的精神。

促进就业，保障社会和谐稳定。建筑业是促进社会就业的重要行业，集团现有在册员工 4957 人，提供管理岗位近万个，每年接收一批大中专毕业生到集团实习和工作。在大学生接收工作上，集团不断加大力度，加强企校合作，分别与厦门大学、重庆大学、贵州职业技术学院、贵州师范大学、贵州财经学院、贵州建设学校等省内外院校建立战略合作关系，充分实现资源共享、互助合作、优势互补，2014 年共接收 371 名大学生到集团工作。在推动贵州省农村富余劳动力转移工作上，建工集团继续发挥重要作用，施工一线劳务用工 90% 以上是使用农民工，为进城务工人员提供电工、抹灰工、建筑油漆工、精细木工、石工、砌筑工、防水工、管道工、钢筋工、架子工、建筑普工及中小型建筑机械操作工和塔式起重机驾驶员等特种作业工种就业岗位。2014 年集团在建工程 1100 多个，省内工程项目以贵阳为中心向周边辐射，覆盖全省九大地州市，提供农村富余劳动力的就业岗位保持上升态势，达到 5.7 万个以上，在推进贵州省城镇化建设中起着不可替代的作用。

专　题　篇

Special Topics

B.13

贵州省国有企业履行社会责任困境分析及治理对策研究

郭　丽*

摘　要： 当今世界经济进入大调整大过渡时期，中国经济进入新常态特定发展阶段，经济增长速度放缓、经济结构优化、经济动力转化的变化，对国有企业社会责任的履行，无疑会带来更为严峻的新挑战。近年来，贵州省国有企业履行社会责任成效明显，总体上国有企业履行社会责任的能力不断提升，意识不断增强，初步形成政府引导激励，行业全力助推、企业主动履责、社会共同参与的基本格局。然而，贵州省国有企业履行社会责任仍然受到企业领导人意识不强、角色错位、体制机制缺失、制度不完善、监督不到位等因素影响，进展

* 郭丽，贵州省社会科学院党建研究所所长，研究员。

缓慢。国有企业只有致力于企业发展，通过端正认识、角色定位准确、建立健全体制机制、加强监督、营造良好外部环境等相关措施和手段，才能履行好社会责任。

关键词： 国有企业 社会责任 困境 出路

国有企业是推进国家现代化、保障人民共同利益的重要力量，是党和国家事业发展的重要物质基础和政治基础。中国共产党十八届三中全会通过的《中共中央关于全面深化改革若干重大问题的决定》明确指出："国有企业总体上已经同市场经济相融合，必须适应市场化、国际化新形势，以规范经济决策、资产保值增值、公平参与竞争、提高企业效率、增强企业活力、承担社会责任为重点，进一步深化国有企业改革。"① 中共中央国务院 2015 年 9 月印发的《关于深化国有企业改革的指导意见》强调："社会主义市场经济条件下的国有企业，要成为自觉履行社会责任的表率。"② 自觉意味着"主动"，也意味着履行社会责任是国有企业适应国际化的内化行为，是企业生产与发展的根本要求。本文就近年来国有企业社会责任履行情况进行跟踪调查，针对贵州省如何推进国有企业社会责任履行提出建议与对策。

一 国有企业社会责任的理论发展分析

社会责任（Corporate Social Responsibility）（简称 CSR）是指企业在创造利润、对股东承担法律责任的同时，还要承担对员工、消费者、社区和环境的责任。③ 20 世纪初期，社会责任概念产生，学术界和理论界对此争议很

① 《中共中央关于全面深化改革若干重大问题的决定》，人民出版社，2013，第 10 页。

② 《中共中央国务院关于深化国有企业改革的指导意见》，2015 年 9 月 13 日，人民网。

③ 百度百科。

大。其中以鲍恩（Bowen，1953）《商人的责任》一书将企业社会责任界定为“商人按照社会目标和价值，做出相应的决策，采取相关行动”① 最受关注。至此，社会责任的理论被人们逐渐认识和深化。以米尔顿·弗里德曼为代表的自由经济派认为企业的唯一目标就是盈利，对股东负责，履行社会责任必然投资，投资就会给企业发展带来影响。直到20世纪80年代，利益相关者理论鼻祖美国经济学家弗里曼等人认为企业是一组契约的联结点，这组契约就包括各个利益相关者如政府、管理者、雇员、顾客、供应商等的利益。利益相关者理论的产生颠覆“股东至上”理论，社会责任的研究转向责任范畴和责任内容，90年代以后，博克（Burke）和劳格斯顿（Logsdon）提出战略性企业社会责任的理念，将社会责任理念引入企业发展战略，融入企业发展的每一个环节，成为企业战略发展的一个组成部分。21世纪，国际认证标准ISO26000，将包括政府在内的所有社会组织的社会责任归纳为组织管理、人权、劳工实践、环境、公平营运、消费者议题、社区参与和发展等七个方面。

我国对社会责任研究起步较晚，20世纪90年代才起步，对社会责任进行较为系统全面研究的是袁家方主编的《企业社会责任》，他将社会责任定义为：“企业在生存与发展的同时，为维护国家社会的利益而所需尽的义务。”2006年，我国企业发布的首个《国家电网公司2005社会责任报告》明确将企业社会责任定义为“对股东、员工、客户、供应商、社区等利益相关者以及自然环境承担责任，以实现企业与经济社会可持续发展的协调统一”。直到2008年，政府才公开发布企业社会责任标准，即国家国资委制定颁布的《关于中央企业履行社会责任的意见》，明确规定坚持依法经营诚实守信、不断提高持续盈利能力、切实提高产品质量和服务水平、加强资源节约和环境保护、推进自主创新和技术进步、保障生产安全、维护职工合法权益、参与社会公益事业等8个方面，② 作为企业履行社会责任的内容，2015

① 杨爱萍：《西方企业社会责任概念综述》，http：//www. ltbka. com，2014－10－24。

② 国务院国有资产监督管理委员会文件，国资发研究［2008］1号。

年6月，中国标准化研究院正式发布GB/T 36000－2015《社会责任指南》、GB/T 36001－2015《社会责任报告编写指南》和GB/T 6002－2015《社会责任绩效分类指引》三项国家标准，标志着社会责任国际标准ISO26000在中国的落地，无疑是中国社会责任领域的一个里程碑。

二　贵州省国有企业履行社会责任困境分析

企业履行社会责任理论上已经没有争议，但在实践层面上仍对社会责任的内容、范畴接受程度和认可度不一，加之履行能力强弱不一，导致国有企业社会责任履行总体进展缓慢。

（一）国有企业对履行社会责任实践困境

我国经济进入新常态发展阶段，作为我国经济中重要单元的企业，注定在经营和发展模式上将面临重大变革，在体制倒逼下国有企业履行社会责任将比以往更具有挑战性。各种类型、各种行业、各种规模对企业履行社会责任的理解和看法不一致，导致社会责任履行存在很大障碍。一是理解存在“盲区”。不同性质和不同规模的国有企业对社会责任的理解和认同不一致。有的国有企业将依法纳税和合法经营视为履行社会责任；有的国有企业认为企业积极参与慈善事业、完善公共设施，就间接履行了社会责任；有的企业认为履行社会责任就是从事慈善事业；有的企业认为“为政府挑担子”，将政府的指令不折不扣地执行，如参与生态移民搬迁工程，参与政府安排的精准扶贫、党建扶贫；有的企业将社会责任作为重塑企业形象和领导干部争取政治资源的主要渠道。二是社会责任履行与企业发展不相匹配。国有企业在发展进程中必须经过初创、成长、成熟、衰退、蜕变几个阶段，在履行社会责任方面，也要经历能力有限→能力提升→能力最强→能力大幅度下降几个阶段。[①]

① 许晓明、陈啸：《企业需求、企业能力与社会责任匹配探讨——一种新的企业履行社会责任的理论分析框架》，见《中国企业社会责任报告》，中国财经出版社，2006。

这就意味着社会责任的履行，很大程度上不仅受限于企业发展理念，更主要受限于履职能力。国有企业发展顺利，履行社会责任也就顺利，国有企业发展不顺利，社会责任的履行是一定会受到影响的。在经济运行下行的条件下，社会责任履行的能力必然会随之发生不同变化，不应以“一把尺子量到底”，机械执行社会责任标准，给企业造成巨大压力和负担。企业办社会的现象大量存在。三是社会责任建设推进面临边缘化风险。从实践来看，各种类型国有企业推进社会责任工作的力度不均。中央国有企业有专职人员负责，省级国资委监管企业和市州国有企业均无专职人员负责，有的由办公室负责，有的由群团组织人员兼职负责，很多企业既无机构也无人员负责。

（二）国有企业履行社会责任制度困境

从国际上来看，2010 年诞生的 ISO26000 社会责任标准，适合发达国家和发展中国家有关公共或者私人部门所有类型的组织。ISO26000 框架有十个部分，标准的核心部分覆盖社会责任 9 个方面的内容，即组织管理、人权、劳工、环境、公平经营、消费者权益保护、社区参与、社会发展、利益相关方合作，将社会责任归纳为 7 个方面，37 个核心议题，217 个细化指标。从国内看，在国家层面上仅有国务院国资委颁布的《关于中央企业履行社会责任的指导意见》，对其他种类的国有企业的社会责任没有明确规定，各省国资委都是参照《关于中央企业履行社会责任指导意见》执行，使得省级层面和市州层面国有企业履行社会责任在“软规定”下，只能是“软执行”。在法律层面，国有企业社会责任没有专门规定，与企业社会责任相关的法律规定就涉及 30 部，内容相当分散。虽然 2015 年发布的社会责任国家标准一定程度上意味着社会责任推进统一行动的开启，但是从国家层面上一直缺乏社会责任国家战略规划，目前正在制定的国家“十三五”规划似乎也没有关于企业社会责任的整体性专项规划（国务院国资委正在制定的也仅仅是中央企业社会责任“十三五”规划），这充分说明我国在推进国有企业履行社会责任方面是无法提供一个统领性部署的。根据《中国上市公司社会责任能力成熟度报告（2014）》，2013 年中国 200 家市值最大的上市公司社会责任能力成熟度指数平均得分仅为28.08分。在社会责任能力成熟度的六个评价维度上，200家市值最大的上市公司在经济价值创造能力维度上的表现最好，在合规透明运营能力维度上的表现次之，但二者的得分也分别只有58.17分和34.76分，处于弱能级；在社会责任理念与战略、社会价值创造能力、环境价值创造能力以及社会责任推进管理能力等维度上的表现都处于无能级水平，得分分别仅为28.02分、23.11分、14.80分和9.65分。

（三）国有企业履行社会责任缺乏体制保障

国有企业履行社会责任缺乏体制保障体现在两个方面。一是总体制缺乏。政府是国有企业履行社会责任的推进者，具有不可推卸的责任和义务，肩负着统筹规划、统筹安排的任务。事实上，企业社会责任推进职能在国家层面来看，缺乏统一性，具有分散性和割裂性，形成“多龙治水”的局面，管理权主要分布在工商、安监、环保、质检等部门，缺乏统一的高层治理构架，独立监管机构缺乏，缺乏体制保障，无法形成合力，导致国有企业社会责任工作推进缓慢。

贵州省国有企业社会责任推进工作同全国许多省份一样，省级层面缺乏高层治理架构，社会责任推进职能较为分散，呈现出“多龙治水”的格局，实际是“无人管治”局面。政府根据实际情况需要国有企业履行社会责任。如2014年省政府为达到2020年全省与全国一道全面建成小康社会的奋斗目标，要求从2014年起，12个大型国有企业分别对应12个贫困县，5年共支持5000万元的规定，一年1000万元。比如2014年乌江流域暴发百年难遇的洪水，针对群众养鱼损失，乌江集团就拿出3000万元赔偿渔民损失等等。由此看来，国有企业社会责任的履行，政府的确发挥引导作用，但是显示出政府随意性较大，缺乏统筹和部署。当前贵州省主要由工业经济联合会（行业协会）作为国有企业社会责任履行工作的重要推手，具体职能是组织企业社会责任星级企业评定、企业社会责任报告发布会、百强企业评定等等。

但在实际操作中，对国有企业是否履行社会责任一无管理权限，二无固定工作经费来源，很显然，贵州省近4000家企业，只由工业经济联合会负责推进，力量不够，分量也不够。

二是国有企业内部社会责任的管理体制缺失。国有企业社会责任工作的推进不仅靠依靠政府治理体制的推动，也要依靠企业内部健全管理体制。贵州省国有企业除央企比较重视外，如乌江集团专门成立社会责任机构，领导层面由谁挂帅却没有明确，所辖企业也没有相应的科室和人员来主抓，使得社会责任推进在企业内缺乏体制保障，工作出现“断层”难以推进。

（四）国有企业履行社会责任缺乏机制保障

机制是指机体的构造和工作原理，即一个工作系统的组织或部分之间相互作用的过程和方式。贵州省国有企业履行社会责任处于一种“引导与自觉兼存”的状态，由于机制不健全，导致国有企业履行社会责任存在很多“乱象”。

一是缺乏评价机制。国有企业发展是履行社会责任的前提条件，经济业绩是履行社会责任的基础。对企业履行社会责任的评价自然而然地将经营业绩作为首要标准和重要评价指标，没有将社会责任细化和具体化，国有企业社会责任履行缺乏一定的参照物，履行社会责任随意性较大。有的国有企业高级管理层为了个人的政治前途，急于推进一些对企业不适合的发展创新项目，如赤天化的新型项目投资上亿，给企业带来不可挽回的损失。

二是缺乏考核机制。考核机制是国有企业社会责任履行的重要方法。如果缺乏考核机制，就会导致国有企业履行社会责任的不一致性。有的国有企业经济实力较强，将社会责任履行融入企业文化，认为履行社会责任是天职，履行社会责任自觉性较高；有的国有企业生存能力较弱，竞争力不强，就会认为发展是企业的第一要务，使得国有企业履行社会责任具有不均衡性。

三是缺乏监督机制。监督机制包括外部监督机制和内部监督机制。外部监督机制由政府和社会组成。从政府视角看，尽管政府各职能部门对国有企业履行社会责任负有一定的监督职责，但是由于“多龙治水”，未形成合力，监督作用成效甚微；社会对国有企业履行社会责任的监督，由于受到社会责任信息公开程度的影响，社会对企业的监督作用也是可想而知的，只是企业生产产品出现质量问题，消费者利益或人身安全受到损害时，国有企业社会责任才会引起关注，这种事后监督往往对国有企业的社会责任履行于事无补。内部监督是指企业监事会监督。当前，贵州省国有企业监事会的成员主要由国资委委派，负有联系、监督职能。由此可见，监事会成员要具备专业技术、财务会计、经济管理、法律等方面的知识，但是实际上，董事长和总经理是全国有企业的掌权派，国有企业的监事会主席、监事实际受制于董事长和总经理，弱化监督职能。

（五）国有企业履行社会责任的外部环境不健全

国有企业是在一定的社会环境中履行社会责任的，这就意味着社会责任履行得好与坏离不开国有企业所处的社会环境。当前，贵州省国有企业履行社会责任的自觉意识仍较弱，仍然依靠政府的引导推动。很大程度上，政府对国有企业社会责任工作的态度决定了社会责任履行的力度。国有企业履行社会责任的外部环境不健全，具体表现在以下几个方面。

一是政府存在一定的缺位。政府要制定国有企业社会责任公共政策，简单来说就是政府利用自身的权威和资源优势，鼓励企业盈利的同时，制定一定的激励措施，推动和鼓励国有企业履行社会责任，充分调动不同国有企业履行社会责任的积极性和主动性。事实上，政府要求国有企业履行社会责任，却没有相关的配套措施和手段。

二是不发达的行业协会弱化社会责任监督。贵州省国有企业履行社会责任主要依靠工业经济联合会推动，协会人员均是退休返聘人员，消费者协会和环保协会均不发达，仅仅依靠工业经济联合会的力量推动国有企业社会责任工作力度远远不够。

三是新闻媒体的舆论力量较弱。新闻媒体具有影响广泛和传播快的特点，是国有企业履行社会责任的重要宣传武器，也是国有企业履行社会责任的监督力量。事实上，无论是新闻还是网络，都没有形成对国有企业社会责任固定的报告制度，国有企业履行社会责任的好与坏与社会脱节，媒体作为社会了解国有企业社会责任履行情况的重要渠道，宣传力度不够，揭露和批评社会责任履行差的国有企业的曝光频率更低。

三 加强贵州省国有企业履行社会责任的对策建议

面对经济运行下行，国有企业处于改革、发展、转型的关键时期，站在新的历史节点和拐点，面对新的挑战考验，国有企业要履行好社会责任，要以宣传社会责任、完善制度体系、健全体制机制、加强监督、建立健全良好的社会环境为主要手段和措施，才能推进企业更好地履行社会责任。

（一）科学界定国有企业社会责任内容，加大国有企业社会责任的宣传力度

国有企业履行社会责任是国有企业的生存与发展的根本，是由企业自身的功能和性质决定的。可以说国有企业履行社会责任首先要解决好“履行什么样的社会责任”的问题，这一问题解决不好，将会导致社会责任空泛化，没有操作遵循。从国际上来看，有 ISO26000 标准，包含 7 个方面的核心内容；从国内看有 2015 年 6 月中国标准化研究院发布的 GB/T36000 - 2015《社会责任指南》的内容来看，国有企业社会责任的内容仍过度宽泛，与各地国有企业发展的实际情况不相吻合，操作存在很大难度。贵州省要结合本省发展实际，合理界定国有企业社会责任，使之更具有可操作性。从纵向上看，中央企业、省国资委监管企业、各市州国有企业社会责任履行要区别对待，中央企业要继续带头履行好社会责任，为贵州经济社会发展贡献力量，为社会分责、为政府分忧，积极将社会责任上升至企业战略和企业文化高度；省级国有企业要保证国有资产保值增值，维护职工权益、维护环境、保障产品质量、参与社区建设，以扩大企业影响力作为企业社会责任的主要内容；对于改制后经济效益较差的市州国有企业，履行社会责任主要包括企业的生存与发展、员工权益、环境保护。

加大国有企业社会责任宣传力度。积极创新完善国有企业社会责任宣传

报道方式。一是建立贵州省国有企业社会责任专门网站。每年年初选定一个社会责任主题，将工业经济联合会每年对国有企业社会责任主题评定结果定期在社会责任网上进行发布。二是频繁举行国有企业社会责任各种会议和活动，如“良好消费环境示范企业”“良好企业公众形象”“国有企业社会责任论坛”“社会责任企业高层圆桌会议”等方式，逐年扩大社会责任的影响力，提升社会对国有企业社会责任的知晓率，提高社会对国有企业的关注度。三是加大国有企业社会责任履行的曝光度，特别是对企业发展前景好，社会责任履行好、和经济效益好的国有企业进行表彰，加大对社会责任履行不好的国有企业曝光力度。

（二）建立健全国有企业社会责任体制机制，完善国有企业社会责任管理体系

1. 建立国有企业社会责任管理体制

贵州省要在省委层面建立国有企业社会责任工作领导小组，由分管工业经济的省领导负责担任领导小组组长，办公室设在经济信息化委员会，由经济信息化委员会主任担任办公室主任，下设专门负责处室。设立统一的国有企业社会责任的管理部门，避免政出多门的问题，提升管理效率。加强国有企业社会责任顶层设计。根据贵州省经济社会发展需要，国有企业领导小组要充分整合全省社科研究力量，对国有企业履行社会责任总体情况进行全面了解和掌握，制定国有企业社会责任的中期规划，统筹安排部署，逐步推进社会责任工作。一是加强对民营企业社会责任管理。民营企业 2015 年已占贵州省国民经济总量的 48.5%，在国民经济总量中占有举足轻重的地位，民营企业社会责任也要纳入社会责任规划，在贵州乡镇企业局成立民营企业社会责任办公室，安排专门机构和人员负责，制定《贵州省民营企业社会责任管理条例》，将民营企业社会责任纳入规范管理。二是加强国有企业社会责任建设管理。在国有企业内部不同层级企业设立专门机构和专职人员，负责国有企业社会责任工作规划、通知、联络、报告、通告、反馈等相关工作。

2. 建立国有企业社会责任保障机制

一是建立社会责任联席机制。定期召开省经济信息化委员会和省国资委、省安监局、省质监局、省工商局、省劳动保障局、省环保局关于国有企业社会责任履行联席会议，定期进行情况通报，分析社会责任履行中的突出问题，找准解决社会责任履行的有效措施，形成合力共同推进社会责任工作。

二是建立一定比例投入机制。每年根据国有企业的盈利情况，建立一定比例的资金投入保障机制，确保国有企业社会责任的顺利履行。

三是建立国有企业社会责任评价指标体系。越是在加速发展、加快转型、推动跨越背景下，国有企业也面临转型、体制改革，国有企业职工大量下岗分流，给社会造成巨大压力，员工合法权益越易受到侵犯，更需建立评价机制。建立科学合理的评价指标体系，将经济、员工权益、诚信经营、环境保护、社区建设、社会公益事业六大板块细化成评价指标体系一级指标。然后进一步将这些指标细化。

四是建立考核机制。评价企业履行责任好坏，就一定要有考核制度。坚持一年一次考核，使考核工作制度化、规范化。政府部门与有关行业协会（组织）配合共同进行专业评估，将外部评估和内部评估结合起来，积极发挥社会中介组织在社会责任评估中的作用。

五是建立监督机制。建立不定期监督制度，整合环境部门、质检部门、安监部门、劳动部门、统计部门、税务部门和工商行政管理部门的力量，对国有企业不定期进行抽查。借鉴美国政府的做法，设立了专门的社会性投资公司，将企业社会责任的履行状况纳入到资金投放的审核范围。社会责任投资强调对社会稳定、经济发展及环境保护等方面。加强公民、社会舆论和新闻媒体的监督作用，建立国有企业专门的举报电话、增加新闻媒体的曝光次数和频率。

六是建立问责机制。明确国有企业社会责任问责制度，采取相应的问责手段和方式，以此推进国有企业社会责任履行。

七是建立激励机制。政府是国有企业社会责任的引导者和推动者，政府要采取一定的激励措施，如国有企业可以享受税收、投资、基础设施建设招标投标等方面的优惠。

四 完善国有企业社会责任法律制度，确保国有企业安全履行社会责任

一是完善《公司法》。完善公司治理制度，国有企业社会责任必须通过公司治理才能从理论和具体的法律法规转化成现实。合理的公司治理制度有利于社会责任的推进，合理划分股权结构、董事会、监事会和经理层的权限；制定合理的决策机制、用人机制、监督机制和激励机制。正确理解企业股东利益最大化与社会责任履行的矛盾。

二是完善《劳动法》整合现有《劳动法》和IAO26000标准的内容，制定我国与国际挂钩的企业员工利益条款，引导企业尊重和保护员工权益，不断改善工作条件。

三是完善《消费者权益保护法》。完善侵害消费者知情权的法律责任，补充民事责任、行政责任和刑事责任。

四是完善《环境保护法》。健全资源利用制度，促使企业主动提高资源利用率，加大对污染环境行为的处罚力度。

五是完善《税法》。修改《税法》，降低交税比例，鼓励企业捐赠和谁责任投资行为。提高企业排污费标准。增加《刑法》中对环境犯罪的罚金具体数额。

六是加快企业社会责任立法。社会责任是一个系统工程，应加快贵州省企业社会责任立法，尽快制定包括省国资委监管企业、民营企业、外资企业等在内的《贵州省企业社会责任履行条例》。

五 政府要扮演“引导者”角色，营造国有企业责任履行的政策环境

政府肩负着国有企业社会责任履行的引导和推动作用，政府要营造良好的政策环境，推动国有企业社会责任的履行。

（一）政府要成为国有企业社会责任的有力组织者

一是建立国有企业社会责任管理体系。整合各政府职能部门的力量，成立国有企业社会责任管理机构，专人专职。二是组织相关部门定期召开国有企业社会责任报告会议，并将收到的检举情况汇总，反馈给相关职能部门，要求将处理结果上报。三是整合省社科界、各高校力量，加强对国有企业社会责任的理论研究和对策探讨，逐步形成符合贵州省国有企业实际的社会责任体系和实施方案，定期召开座谈会、理论研讨会、现场观摩会，有序推进国有企业履行社会责任。

（二）政府要成为国有企业社会责任的实践者

一是组织全省科研力量、行业协会组织和中介机构，对全省国有企业履行社会责任的现状进行彻底摸底，掌握实情，结合贵州实际，研究和制定国有企业社会责任标准，使得中国标准化研究院发布 GB/T 36000 - 2015《社会责任指南》、GB/T 36001 - 2015《社会责任报告编写指南》和 GB/T 6002 - 2015《社会责任绩效分类指引》三项国家标准在贵州落地。

二是组织国有社会责任培训。制定《国有企业社会责任培训规划》，组织国有企业负责人和相关部门的负责人进行培训，将社会责任、社会责任产生背景、发展历程、国际国内社会责任履行的主要做法及经验等作为培训内容，普及单位每一个职工，使国有企业提高履行社会责任意识，从而更好地履行社会责任。

（三）充分发挥监督者的作用

政府是国有企业的投资者，监事会是政府监督企业的有效武器，要充分利用监事会的力量，从供应商环节就履行自己的监督职责，掌握国有企业履行社会责任的每个关键点和重点，避免社会责任履行滞后和不履行或者是乱履行。

（四）政府要成为国有企业社会责任秩序的维护者

建立国有企业信息发布、表彰、奖励等制度，定期举办社会责任发布，公布社会责任履行好的企业名单，对于损害消费者利益、损害员工利益、破坏环境等严重行为，要公开提出批评或处罚，并对相关责任人和领导者要追究其主要责任，达到承担刑事责任的要移交司法部门处理。

（五）政府要成为国有企业社会责任发展的战略规划者

政府对国有企业在国内和国际竞争力的提升，负有重要使命。一是政府要制定国有企业社会责任 5 年发展规划，每年选择社会责任重点进行，如 2015 年，贵州省以扶贫为重点，社会责任的中心和重点就是扶贫。二是选择具有较强竞争力的国有企业，支持其保持与国际社会责任的一贯性，使其在国际市场上具有较强的立身之本。

六　规范社会责任审查机制，加强社会责任的社会监督

一是确定社会审计的范畴。将员工权益保护、环境保护、消费者权益保护、产品质量等作为审查重点。二是制定审计准则和审计标准。即审计人员从事国有企业社会责任必须遵循的一系列规则、程序指标体系的总称。制定国有企业社会责任审计标准和审计准则，将审计工作更加科学和规范。三是确定全国统一的企业社会责任审计职业资格考试制度。四是建立审计定期披露制度。

B.14
贵州省国有企业履行社会责任问卷调查分析与思考

郭 丽*

摘 要： 履行社会责任是国有企业神圣的职责，也是社会对国有企业的要求。近年来贵州省国有企业社会责任履行情况究竟如何，值得关注。对此，笔者针对这一思考，随机对安顺、贵安新区、六盘水、黔西南、仁怀、铜仁和威宁等地的国有企业进行问卷调查，对问卷结果进行分析，并提出相应的对策建议。

关键词： 国有企业 社会责任 问卷调查 分析思考

自中国共产党十八届三中全会通过《中国共产党关于若干重大问题改革的决定》后，国有企业社会责任履行从国家层面上明确提出高要求，将国有企业社会责任履行作为国有企业深化改革的六大部分之一。为进一步了解贵州省国有企业社会责任履行情况，本课题组选择部分省国资委监管企业、中央直属企业和市州国有企业进行问卷调查，并进行研究，分析当前影响贵州省国有企业社会责任履行的因素，提出相应的对策建议，期望为政府职能部门决策提供咨询和参考作用。

---

* 郭丽，贵州省社会科学院党建研究所所长、研究员。

一 研究对象与调查内容

（一）研究对象

2014 年贵州省规模以上工业企业上升到 3895 个，比 2013 年的 3590 个增加了 305 个，但规模以上国有工业企业却由 2013 年的 225 个减少到 156 个，其所占的比重也由 2013 年的 6.27% 降低到 4.01%，降低了 2.26 个百分点。本报告资料来源于全省范围内国有企业问卷调查，本次调查共收回有效问卷 67 份，从地区来看，主要是安顺、贵安新区、六盘水、黔西南、仁怀、铜仁和威宁等市、县国有企业，共计发放问卷 105 份，收回有效问卷 67 份。

（二）调查内容

本问卷共分为三个部分。第一部分是企业基本信息，共计 30 项。具体包括：企业注册类型、企业规模、企业产业、企业行业、企业注册资金、企业从业人员、企业资产总额、企业工业总额、工业增加值、企业营业收入、企业利税总额、企业产值利税率（%）、资金利税率（%）、销售利税率（%）、资本保值增值率（%）、总资产贡献率（%）、资产负债率（%）、产销率（%）、研发机构数（个）、研发人员（人）、研发经费（亿元）、研发项目数（项）、新产品开发项目数（个）、新产品开发经费支出（亿元）、新产品销售收入（亿元）、专利申请数（件）、引进国外技术经费支出（亿元）、引进技术消化吸收经费支出（亿元）、购买国内技术经费支出（亿元）、技术改进经费支出（亿元）。第二部分是社会责任认知状况，共计 3 项。具体包括：您对“企业社会责任”的了解程度如何，您觉得“企业社会责任”应该包括哪些方面，贵公司是如何体现“社会责任”理念的。第三部分是企业社会责任的建设状况，共计 22 项。具体包括：通过履行企业社会责任，贵公司主要希望获得什么价值；为履行好企业社会责任，贵公司主要开展哪些方面的社会公益工作或活动；贵公司的社会责任工作主要是由哪个部门负责的；在贵公司中，开展社会责任工作主要由哪个级别的管理者进行决策；负责企业社会责任工作的相关工作人员又是如何进行安排的；你们企业开展社会责任工作的相关经费是怎么解决的；贵公司对开展社会责任工作的宣传，其主要渠道和形式是什么；贵公司将主要通过什么方式来提升履行社会责任的工作水平；为更好履行企业社会责任，贵公司最希望获得的外部支持是什么；贵公司对于生态文明建设与企业发展有什么看法；在环境保护方面，贵公司已经做到哪些；在资源节约方面，贵公司已经做到的有哪些；贵公司共组织开展了几次环保知识宣传培训；贵公司发生环境安全突发事件及处理情况；贵公司如何开展新建项目的环境评估；促使贵公司履行生态责任的原因；贵公司在安全生产责任方面有哪些举措；贵公司在产品安全质量问题或消费者投诉案件情况；贵公司的劳动纠纷情况；贵公司 2013 年整治“四风”成效如何等等。

二　问卷调查结果状况

（一）被访者的总体情况

本次调查共发放问卷 105 份，收回有效问卷 67 份。其中，从规模来看，大型国有企业 25 家，占被调查企业总数的 36.8%；中型国有企业 18 家，占被调查企业总数 26.5%；小型国有企业 20 家，占被调查企业总数的 29.4%；微型国有企业 5 家，占被调查企业总数的 7.4%。从产业来看，第一产业 9 家，占被调查企业总数的 15.5%；第二产业 15 家，占被调查企业总数的 25.9%；第三产业 32 家，占被调查企业总数的 55.2%。从行业来看，农林牧渔 3 家，占被调查企业总数的 4.8%；医药卫生 1 家，占被调查企业总数的 1.6%；建筑建材 10 家，占被调查企业总数的 15.9%；冶金矿产 9 家，占被调查企业总数的 14.3%；石油化工 7 家，占被调查企业总数的 11.1%；水利水电 7 家，占被调查企业总数的 11.1%；交通运输 3 家，占被调查企业总数的4.8%；信息产业6家，占被调查企业总数的9.5%；机械机电3家，占被调查企业总数的4.8%；服装纺织3家，占被调查企业总数的4.8%；专业服务2家，占被调查企业总数的3.2%；环保绿化3家，占被调查企业总数的4.8%；其他4家，占被调查企业总数的6.0%。

（二）国有企业社会责任的认知状况

一是对社会责任的了解程度的认知。受调查者对“企业社会责任”的了解程度如何？回答“很了解”的有效百分比为19.1%；比较了解的有效百分比为41.2%；一般的有效百分比为39.7%（见表1）。

表1　请问您对“企业社会责任”的了解程度如何？

类别		频率	百分比	有效百分比	累计百分比
有效	很了解	13	17.6	19.1	19.1
	比较了解	28	37.8	41.2	60.3
	一般	27	36.5	39.7	100.0
	合计	68	91.9	100.0	
缺失	9999	3	4.1		
	系统	3	4.1		
	合计	6	8.1		
合计		74	100.0		

二是社会责任包括哪些方面。受调查者回答“坚持诚实守信，确保企业产品货真价实的责任”的有效百分比为14.4%；“坚持科学发展，担负起增加税收和国家发展的使命”的有效百分比为13.1%；“坚持可持续发展，高度关注节约资源，改变经济增长方式，发展循环经济”的有效百分比为13.5%；“坚持环境保护，担当起维护自然和谐的重任”的有效百分比为13.1%；“支持公共服务建设，担当起发展医疗卫生、科技教育和文化建设的责任”的有效百分比为10%；“发展慈善事业，重视和承担起扶贫济困的责任”的有效百分比为10.4%；“维护职工权益，确保职工待遇和承担起保护职工生命，健康的责任”的有效百分比为14.6%；“推动科技创新，重视

科技研发和引进技术的消化吸收，加大资金投入”的有效百分比为10.9%。其中，个案百分比达到90%以上的是“坚持诚实守信，确保企业产品货真价实的责任”和“维护职工权益，确保职工待遇和承担起保护职工生命、健康的责任”两项。个案百分比达到80%以上的是“坚持科学发展，担负起增加税收和国家发展的使命”、“坚持可持续发展，高度关注节约资源，改变经济增长方式，发展循环经济”、“坚持环境保护，担当起维护自然和谐的重任”。个案百分比达到70%以上的是“推动科技创新，重视科技研发和引进技术的消化吸收，加大资金投入”。个案百分比达到60%以上的是“支持公共服务建设，担当起发展医疗卫生、科技教育和文化建设的责任”和“发展慈善事业，重视和承担起扶贫济困的责任”（见表2）。

表2　企业社会责任包括哪些方面

单位：%

类别		响应		个案百分比
		频率	有效百分比	
企业社会责任包括哪些方面?	坚持诚实守信,确保企业产品货真价实的责任	65	14.4	92.9
	坚持科学发展,担负起增加税收和国家发展的使命	59	13.1	84.3
	坚持可持续发展,高度关注节约资源,改变经济增长方式,发展循环经济	61	13.5	87.1
	坚持保护环境,担当起维护自然和谐的重任	59	13.1	84.3
	支持公共服务建设,担当起发展医疗卫生、科技教育和文化建设的责任	45	10.0	64.3
	发展慈善事业,重视和承担起扶贫济困的责任	47	10.4	67.1
	维护职工权益,确保职工待遇和承担起保护职工生命、健康的责任	66	14.6	94.3
	推动科技创新,重视科技研发和引进技术的消化吸收,加大资金投入	49	10.9	70.0
总计		451	100.0	644.3

三是问及贵公司是如何体现“社会责任”理念的。回答“企业发展战略中有社会责任描述”的有效百分比为60.3%；“已制定社会责任目标、指

标和管理方案”的有效百分比为6.3%；“有专门负责企业社会责任的办公室及主管”的有效百分比11.1%；“已编写发布社会责任报告”的有效百分比为12.7%；“与利益相关方建立有效的沟通机制”的有效百分比为7.9%（见表3）。

（三）国有企业社会责任建设状况

一是公司通过社会责任获得什么价值。期望“提高企业和品牌知名度和影响力”的有效百分比为32%；期望“提升企业的市场营销效果”的有效百分比为10.2%；期望“增强员工对企业的归属感和满意度，加强企业凝聚力”的有效百分比为35.2%；期望“加强与利益相关方的联系，建立良好的公共关系”的有效百分比为10.9%；“完成上级党政部门交办的任务，建立良好体制内工作关系”的有效百分比为11.7%（见表4）。

表3 基于自身的认识，那么贵公司是如何体现“社会责任”理念的？

单位：%

类别		频率	百分比	有效百分比	累计百分比
有效	企业发展战略中有社会责任的描述	38	51.4	60.3	60.3
	已制定社会责任目标、指标和管理方案	4	5.4	6.3	66.7
	有专门负责企业社会责任的办公室及主管	7	9.5	11.1	77.8
	已编写发布社会责任报告	8	10.8	12.7	90.5
	与利益相关方建立了有效的沟通机制	5	6.8	7.9	98.4
	其他	1	1.4	1.6	100.0
	合计	63	85.1	100.0	
缺失	9999	3	4.1		
	99999	5	6.8		
	系统	3	4.1		
	合计	11	14.9		
合计		74	100.0		

二是贵公司对社会责任开展哪些活动。回答“环保与可持续发展宣传”的有效百分比为23.2%；“灾难救助”的有效百分比为14.7%；“支持教

育”的有效百分比为7.4%；“扶贫济困”16.3%；“促进社会创新”的有效百分比为5.8%；“助推社群发展”的有效百分比为4.7%；“文化扶贫”的有效百分比为3.7%，关爱职工为24.2%（见表5）。

表4 公司需要通过社会责任获得什么价值频率

单位：%

类别		响应		个案百分比
		频率	有效百分比	
价值列表[a]	提高企业和品牌的知名度和影响力	41	32.0	62.1
	提升企业的市场营销效果	13	10.2	19.7
	增强员工对企业的归属感和满意度,加强企业凝聚力	45	35.2	68.2
	加强与利益相关方的联系,建立良好的公共关系	14	10.9	21.2
	完成上级党政部门交办的任务,建立良好的体制内工作关系	15	11.7	22.7
总计		128	100.0	193.9

表5 公司开展了哪些活动频率

单位：%

类别		响应		个案百分比
		频率	有效百分比	
价值列表[a]	环保与可持续发展宣传(含环境保护、节能减排、环保倡导、绿色办)	44	23.2	65.7
	灾难救助(特指规模性灾难的捐资及相关服务)	28	14.7	41.8
	支持教育(含义务教育、普通高等教育、青年社会教育、非经营性职)	14	7.4	20.9
	扶贫济困(含弱势人群扶助、妇女儿童救助、农村发展、小额信贷等)	31	16.3	46.3
	促进社会创新(含企业社会战略、社会企业投资、扶持NGO发展等)	11	5.8	16.4

续表

类别		响应		个案
		频率	有效百分比	百分比
价值列表[a]	助推社群发展（含企业志愿者、社区建设、非政治性群众工作等）	9	4.7	13.4
	文化扶贫（含定点文化帮扶、向农村捐献图书、电脑及相关文化用品）	7	3.7	10.4
	关爱职工（对家庭困难的企业职工，进行专门慰问与帮助）	46	24.2	68.7
总计		190	100.0	283.6

三是问及贵公司社会责任由哪些部门负责。回答“由政工部门/党群部门（如党委办公室，团委、工会等）”的有效百分比为55.7%；“行政部门，办公室”负责的有效百分比为34.3%；由“独立的企业社会责任部门负责”的有效百分比为4.3%（见表6）。

四是问及开展社会责任主要由哪个级别的管理者进行决策的。回答“由董事会进行决策”的有效百分比为13%；“由党委会决策”的有效百分比为52.2%；“由党委书记、总裁（总经理和CEO）决策”的有效百分比为23.2%；“由分管的党委副书记、副总裁（或副总经理）决策”的有效百分比为4.3%；“由相关职能部门主管进行决策”的有效百分比为4.3%（见表7）。

表6 贵公司的社会责任工作主要是由哪个部门负责的

单位：%

类别		频率	百分比	有效百分比	累计百分比
有效	政工部门/党群部门（如党委办公室，团委、工会等）	39	52.7	55.7	55.7
	行政部门，办公室	24	32.4	34.3	90.0
	独立的企业社会责任部门（或者公共事务部门）	3	4.1	4.3	94.3
	其他	4	5.4	5.7	100.0
	合计	70	94.6	100.0	
缺失	9999	1	1.4		
	系统	3	4.1		
	合计	4	5.4		
合计		74	100.0		

表7　在贵公司中，开展社会责任工作主要由哪个级别的管理者进行决策

单位：%

类别		频率	百分比	有效百分比	累计百分比
有效	由董事会进行决策	9	12.2	13.0	13.0
	由党委会决策	36	48.6	52.2	65.2
	由党委书记、总裁（或总经理、CEO）决策	16	21.6	23.2	88.4
	由分管的党委副书记、副总裁（或副总经理）决策	3	4.1	4.3	92.8
	由相关职能部门主管进行决策	3	4.1	4.3	97.1
	其他	1	1.4	1.4	98.6
	8	1	1.4	1.4	100.0
	合计	69	93.2	100.0	
缺失	9999	1	1.4		
	99999	1	1.4		
	系统	3	4.1		
	合计	5	6.8		
合计		74	100.0		

五是问及负责企业社会责任工作的相关工作人员是如何安排的。回答“有专职工作人员”的有效百分比为20%；“有兼职工作人员”的有效百分比为48.6%；“临时抽调人员完成相关工作”的有效百分比为28.6%（见表8）。

表8　负责企业社会责任工作的相关工作人员是如何安排的

单位：%

类别		频率	百分比	有效百分比	累计百分比
有效	有专职工作人员	14	18.9	20.0	20.0
	有兼职工作人员	34	45.9	48.6	68.6
	临时抽调人员完成相关工作	20	27.0	28.6	97.1
	其他	2	2.7	2.9	100.0
	合计	70	94.6	100.0	
缺失	9999	1	1.4		
	系统	3	4.1		
	合计	4	5.4		
合计		74	100.0		

六是问及企业开展社会责任工作的相关经费是怎么解决的。回答每年都有专项经费的有效百分比为15.7%；根据需要临时拨付的有效百分比为80%。

七是问及企业社会责任宣传渠道。回答“企业社会责任报告”的有效百分比为22.4%；经过各类媒体专访、专题、报道的有效百分比为24.1%；直接投放相关媒体广告的有效百分比为8.2%；企业会自行组织各种论坛、沙龙、座谈会等公关活动的有效百分比为19.4%；企业会在第三方组织的相关活动进行推广的有效百分比为18.8%（见表9）。

八是问及企业希望政府能给的政策支持时。回答“希望相关部门能就具体工作给企业正式发公函（或红头文件）”的有效百分比为12.8%；“希望相关部门能对企业的社会责任工作，提供资金上的支持”的有效百分比为22.4%；“希望相关部门能对企业社会责任工作优秀的企业提供经营上的便利”的有效百分比为20.9%；“希望相关部门能组织走访企业社会责任工作优秀的企业和主管部门”的有效百分比为15.8%；“希望相关部门能为企业的企业社会责任工作成果颁发奖项授予荣誉”的有效百分比为7.7%；“希望相关部门能向企业的优秀企业社会责任工作人员给予相关荣誉”的有效百分比为2.6%（见表10）。

表9 社会责任的宣传渠道频率

单位：%

类别		响应		个案
		频率	百分比	百分比
渠道列表	企业社会责任报告(及各类专报)	38	22.4	54.3
	各类媒体专题、专访、报道等	41	24.1	58.6
	直接投放相关媒体广告	14	8.2	20.0
	与媒体及出版社合作，制作相关专栏(专题节目)，出版品牌图书	4	2.4	5.7
	招募企业社会责任的形象代言人(或者形象代言机构)为企业做推广	3	1.8	4.3
	企业会自行组织各种论坛、沙龙、座谈会等公关活动	33	19.4	47.1
	企业会在第三方组织的相关活动进行推广	32	18.8	45.7
	其他	5	2.9	7.1
总计		170	100.0	242.8

表 10　政府能给的政策支持是哪些频率

单位：%

类别		响应		个案百分比
		频率	百分比	
政府政策支持的种类	希望相关部门能就具体工作给企业正式发公函（或红头文件）	25	12.8	37.9
	希望相关部门能对企业的社会责任工作，提供资金上的支持	44	22.4	66.7
	希望相关部门能对企业社会责任工作优秀的企业提供经营上的便利	41	20.9	62.1
	希望相关部门能提供企业社会责任的专题培训和教育机会	34	17.3	51.5
	希望相关部门能组织走访企业社会责任工作优秀的企业和主管部门	31	15.8	47.0
	希望相关部门能为企业的企业社会责任工作成果颁发奖项授予荣誉	15	7.7	22.7
	希望相关部门能向企业的优秀企业社会责任工作人员给予相关荣誉	5	2.6	7.6
	其他	1	.5	1.5
总计		196	100.0	297.0

九是问及最希望获得外部支持时。回答“希望政府能给更多相关政策支持”的有效百分比为 33.8%；“希望媒体能以建设性的方式参与和报道”的有效百分比为 15.2%；“希望企业的相关工作的策划和实施，获得更好的第三方的参与和服务”的有效百分比为 12.6%；“希望能建立起更加规范有效的工作体系和人才结构”的有效百分比为 14.1%；“希望能够更多地了解相关的政策、行业经验和创新的机会”的有效百分比为 21.2%（见表 11）。

表 11　最希望获得的外部支持频率

单位：%

类别		响应		个案百分比
		频率	百分比	
有哪些外部支持[a]	希望政府能给更多相关政策支持	67	33.8	95.7
	希望媒体能以建设性的方式参与和报道	30	15.2	42.9
	希望企业的相关工作的策划和实施，获得更好的第三方的参与和服务	25	12.6	35.7

续表

类别		响应		个案
		频率	百分比	百分比
有哪些外部支持[a]	希望能建立起更加规范有效的工作体系和人才结构	28	14.1	40.0
	希望能有优秀的专业人士加盟到我们的企业中	6	3.0	8.6
	希望能够更多地了解相关的政策、行业经验和创新的机会	42	21.2	60.0
总计		198	100.0	282.9

十是问及有哪些渠道履行社会责任时。回答“为企业内部相关工作人员组织企业社会责任专题培训和讲座”的有效百分比为29.4%；“参与第三方专业机构组织的企业社会责任培训和研修项目”的有效百分比为16%；“聘请专业机构（或专家）为企业制定企业社会责任的工作体系”的有效百分比为5.3%；“组织专题的座谈会，邀请专家对企业的企业社会责任工作进行评议”的有效百分比为12.8%；“招聘企业社会责任专业人士加入本企业”的有效百分比为2.7%；“走访企业社会责任工作做得比较好的企业，学习相关先进经验”的有效百分比为29.9%；“加入一个企业社会责任专业人员组成的组织”的有效百分比为3.7%（见表12）。

表12　有哪些渠道履行社会责任频率

类别		响应		个案
		频率	百分比	百分比
履行的渠道[a]	为企业内部相关工作人员组织企业社会责任专题培训和讲座	55	29.4	80.9
	参与第三方专业机构组织的企业社会责任培训和研修项目	30	16.0	44.1
	聘请专业机构(或专家)为企业制定企业社会责任的工作体系	10	5.3	14.7
	组织专题的座谈会,邀请专家对企业的企业社会责任工作进行评议	24	12.8	35.3
	招聘企业社会责任专业人士加入本企业	5	2.7	7.4
	走访企业社会责任工作做得比较好的企业,学习相关先进经验	56	29.9	82.4
	加入一个企业社会责任专业人员组成的组织	7	3.7	10.3
总计		187	100.0	275.1

三 存在问题分析

贵州省国有企业履行社会责任，总体上初步形成了“政府引导激励、行业全力助推、企业主动履职、社会共同参与”的基本格局。但仍处于初级阶段，具有不均衡性和不同步性。根据问卷调查结果分析显示，主要存在以下几个方面的问题。

（一）员工对社会责任的认知不到位

通过问卷结果显示，本课题组得知，对企业社会责任比较了解和很了解的有效百分比为60.3%，一般了解甚至不了解的有效百分比为39.7%，什么是社会责任以及国有企业为何要履行社会责任的目的与意义，根本不清楚。有的认为坚持诚实守信、确保企业货真价实，坚持科学发展、担负起增加税收和国家发展的使命，坚持可持续发展、高度关注节约资源、改变经济增长方式、发展循环经济，坚持环境保护、担当起维护自然和谐的重任，推动科技创新、重视科技研发和引进技术的消化吸收、加大资金投入，维护职工权益、确保职工待遇和承担起保护职工生命、健康的责任就是企业需要履行的社会责任，而“支持公共服务建设，担当起发展医疗卫生、科技教育和文化建设的责任”和“发展慈善事业，重视和承担起扶贫济困的责任”相对企业来说，应是政府的责任，不是企业责任。

（二）国有企业对社会责任的关注度和重视度不高

从问卷调查的结果分析显示，尽管被调查企业总数中，有60.3%的企业在企业发展战略中有社会责任的描述，存在“重口号”“轻执行”，国有企业重视和关注社会责任的实际操作不够。如已制定社会责任目标、指标和管理方案的企业数仅占被调查企业总数的6.3%，意味着不足8家企业对履行社会责任制定出具体方案，有专门负责企业社会责任的办公室及主管的企业数仅占被调查总数的11.1%，仅有7家企业设有专门的办公室及主管；

与利益相关方建立了有效的沟通机制的企业数仅占企业总数的7.9%，只有9家企业与利益相关方建立沟通机制；甚至连企业最常用的与社会沟通的主要交流方式的编写企业社会责任报告的企业数也只占企业被调查总数的12.7%，仅有8家企业。究其原因，国有企业社会责任不是一个“硬指标”，可执行也可不执行。国有企业履行社会责任很大程度上是例行公事，有的将社会责任工作放在政工部门/党群部门（如党委办公室、团委、工会等），有的将社会责任工作放在行政部门或办公室，68家国有企业只有3家国有企业有独立负责社会责任的机构；具有专职员工负责社会责任工作有24家国有企业，兼职负责社会责任工作的有34家，临时抽调人员负责社会责任工作的有20家。

（三）国有企业履行社会责任的预期值与现实落差大

企业的生存与发展是企业履行社会责任的前提条件。国有企业履行社会责任的预期值中，有41家国有企业认为履行社会责任能提高企业和品牌的知名度和影响力；有45家国有企业履行社会责任认为能增强员工对企业的归属感和满意度，加强企业凝聚力；有13家企业认为能提升企业的市场营销效果；有15人认为履行社会责任是为了完成上级党政部门交办的任务，建立良好的体制内工作关系；有14人认为是为了加强与利益相关方的联系，建立良好的公共关系，国有企业对于履行社会责任是有所图。希望相关部门就具体工作给企业正式发公函（红头文件）的有25人；希望相关部门能对企业的社会责任工作，提供资金上的支持的有44人；希望相关部门能对企业社会责任工作优秀的企业提供经营上的便利的有41人；希望相关部门能提供企业社会责任的专题培训和教育机会的有34人；希望相关部门能组织走访企业社会责任工作优秀的企业和主管部门的有31人；希望相关部门能为企业的企业社会责任工作成果颁发奖项授予荣誉的有15人；希望相关部门能向企业的优秀企业社会责任工作人员给予相关荣誉有5人。因此可以得知，政府在推进国有企业履行社会责任工作中除了让国有企业“做什么”以外，还要让国有企业知道

“为什么要做”，做好有何价值和意义，国有企业履行社会责任的积极性和自觉性将会更高。

四 加强国有企业履行社会责任的对策建议

国有企业社会责任履行工作的推进，是一项复杂的系统工程，只有通过政府、行业协会、企业内部、社会力量整合，国有企业社会责任工作才能开创新的局面，为国有企业求发展、树形象、社会认同奠定良好基础。

（一）加强国有企业履行社会责任的宣传和培训

一是充分利用各类媒体、报纸不定期对国有企业履行社会责任进行专题报道、专访；二是与媒体及出版社合作，制作相关专栏（专题节目），出版品牌图书；三是招募企业社会责任的形象代言人（或者形象代言机构）为企业做推广；四是组织企业社会责任各种论坛、沙龙、座谈会等公关活动；五是加大对国有企业领导层面、企业内部相关处室和部门以及广大员工进行社会责任理论与实践知识的培训力度，营造企业内部认识社会责任、理解社会责任、践行社会责任的良好氛围；六是利用“走出去”“请进来”的方式加强社会责任的经验交流与学习。收集和整理社会责任履行好的国有企业，组织国有企业领导人和企业从事社会责任工作的“走出去”学习经验，把社会责任履行好的国有企业的具体负责人“请进来”，到各个国有企业介绍社会责任工作开展的做法及经验。

（二）建立企业内部社会责任工作管理体制和投入保障机制

一是在企业内部建立企业社会责任工作的管理体制。成立以企业党委为中心的社会责任工作领导小组，组长由董事长和总经理担任，下设独立机构，专职人员负责，企业内部各个部门负责人作为社会责任工作组的成员，如进入销售部门负责产品质量保证；工会负责职工权益保护，各个部门都是社会责任的履行者和任务承担者，将社会责任融入企业的日常管理工作中，将社会责任工作与企业年度计划同部署、同规划。二是建立社会责任投入保障机制。国有企业履行社会责任，需要一定的专项经费开展本项工作，各企业内部应建立社会责任投入机制。

（三）积极营造国有企业社会责任履行的良好氛围

一是政府制定一系列政策和措施，激发国有企业履行社会责任的积极性和主动性。比如对履行社会责任好的国有企业采取减税，扶持企业发展优先考虑。二是行业要加大国有企业履行社会责任的测评力度，建立国有企业社会责任考核指标体系，加大对国有企业社会责任培训和交流力度，引进社会责任专业人员。三是加大社会对国有企业的监督力度。建立国有企业社会责任专门的举报电话，专门处理机构，反馈机制，利用杂志、报纸等对举报事件进行信息反馈。

大　事　记

Key Events

B.15
2014年贵州国有企业社会责任大事记

黎嫦娟　王　曼*

一月

2014 年 1 月 6 日　贵州全省经济和信息化工作会议在贵阳召开。会议的主要任务是贯彻落实党的十八届三中全会、中央经济工作会议、全国工业和信息化工作会议和省委十一届四次全会、全省经济工作会议、全省第二次工业发展大会精神，回顾总结 2013 年全省经济和信息化工作，安排部署 2014 年重点工作。

2014 年 1 月 8 日　贵州省国资委召开监管企业安全生产专题会议，总结 2013 年安全生产工作，传达国家领导同志和省委、省政府主要领导同志近期关于安全生产工作的重要批示指示及全省安全生产电视电话会议精神；学习省人民政府办公厅关于贯彻落实《国务院办公厅关于进一步加强煤矿

* 黎嫦娟、王曼，贵州省社会科学院副研究员。

安全生产工作的意见》等文件；对监管企业元旦至春节前后安全生产工作进行了安排部署。

2014 年 1 月 21 日　贵州省国资委召开监管企业负责人会议暨“五个一批”工作推进会。会议总结了 2013 年工作，研究部署深化国资国企改革和 2014 年生产经营、“五个一批”工作。

二月

2014 年 2 月 2 日　茅台集团董事长袁仁国获评“2013 年度慈善推动会?”。

2014 年 2 月 11 日　贵州省国资委召开企业监管负责人会议，传达学习省委全面深化改革领导小组第一次会议精神，对监管企业产权制度改革进行再动员、再部署。

2014 年 2 月 17 日　贵州省国资委召开 2014 年第二次安全生产督察领导小组专题会议，听取各督察小组今年以来工作开展情况的汇报，传达近期召开的全省安全生产电视电话会议及有关安全生产文件精神，对下一步安全生产工作进行安排部署。

2014 年 2 月 19 日　中石化宣布，公司将启动油气销售业务重组，引入民资实行混合所有制，授权董事长在社会与民营资本的持股比例不超过 30% 的情况下，行使有关权力。此举被视为混所有制改革的破冰之举。

2014 年 2 月 20 ~ 25 日　为使 3 月 1 日召开的贵州 · 北京大数据产业发展推介会圆满举行，贵州省经信委副主任、省民营经济发展局（省中小企业局）局长龙超亚率经信委信息化推进处处长程三知、省中小企业局郭谦、高瑞处长、省中小企业服务中心主任刘川等，到上海、南京两地进行大数据项目招商。

2014 年 2 月 26 日　下午贵州省经信委召开全省经济和信息化、国防工业系统党风廉政建设暨纪检监察工作会。

三月

2014 年 3 月 1 日下午 贵州·北京大数据产业发展推介会在北京中关村国家自主创新示范区展示中心隆重举行。全国政协副主席、致公党中央主席、科技部部长万钢出席推介会，工业和信息化部部长苗圩出席会议并讲话。省委书记、省人大常委会主任赵克志、北京市委副书记、市长王安顺致辞，省委副书记、省长陈敏尔作现场推介，省委常委、贵阳市委书记陈刚主持推介会。省领导秦如培、王江平及来自全国著名科研机构的专家学者、来自大数据及其关联产业的知名企业家等共 500 余人出席会议。

2014 年 3 月 5 日 习水电厂开展“映山红”爱心活动。

2014 年 3 月 10 日 贵州省国资委召开系统企业纪检监察工作会议，总结 2013 年系统企业党风廉政建设工作，研究部署 2014 年系统企业党风廉政建设和反腐败工作。

2014 年 3 月 13 日 贵州省召开 100 个产业园区成长工程推进工作视频会暨园区现场观摩活动。副省长王江平出席会议并作重要讲话，省政府副秘书长吴勇主持会议，副秘书长陈革出席，贵州省经信委副主任吴晓森通报 2013 年全省产业园区成长工程推进情况，并就 2014 年工作提出安排意见。

2014 年 3 月 13 日 下午借助第 18 届西部制造业博览会，贵州省在西安曲江国际会议中心召开 2014 年贵州省军民融合发展推介会，旨在搭建军民技术成果展示、信息交流、资源共享、市场开拓和资本对接的平台，寻求互利共赢，共同推动军民融合发展。

2014 年 3 月 17 日 贵州省国资委监管企业产权制度改革三年行动计划启动暨推介会在贵州饭店国际会议中心一楼宴会厅举行。

2014 年 3 月 28 日 第二届中国贵州人才博览会隆重举行。贵州省国资委组织茅台集团、盘江集团、建工集团、久联集团等 19 户监管企业参加博览会。各参展企业从今年 1 月份开始，组建组织机构，明确专人负责，在人才需求统计、人才政策汇编、展台展位设计、进场布展及人才招聘等各个环节上认真准备，精心组织，提供 345 个人才引进岗位，保证了工作的效率和质量。在人博会期间，参展的19户企业现场接洽各类人才880人次，其中博士27人，硕士319人，本科（大专）534人，高级职称15人，中级职称9人。目前，各企业正和各类人才进一步对接，做好引才的后续工作。预计可签约500余人。

2014年3月21日 下午3时《贵州省无线电管理条例（草案）》起草小组第一次会议在省无线电管理局召开。

四月

2014年4月9日 贵州省国资委召开安全生产督察领导小组2014年第三次专题会议，各监管企业分管安全的负责同志参加会议。会上，七个安全生产专项督察小组对今年以来工作开展情况进行了汇报，国资委督察领导小组对监管企业一季度安全生产工作情况进行了总结、对下一步工作进行安排部署。

2014年4月13日 黔西南州基础金融服务“信合村村通”工程启动仪式在兴义市举行。

2014年4月16日 保利久联集团下属新联爆破集团获省委组织部、省科技厅、省科协皮肤同意建设院士工作站，成为贵州省首批创新型领军企业。

2014年4月17日 贵州省国资委组织召开14户重点工业企业工作会议，传达4月16日召开的全省二季度工业经济运行调度会议精神，安排部署相关工作。

2014年4月28～29日 贵州省国资委监管企业2014年首次现场观摩活动走进茅台集团和乌江水电公司生产车间及在建项目现场，实地观摩了各监管企业的经营管理、项目建设和发展布局。

2014年4月28～29日 贵州省国资委监管企业2014年第一次现场观摩活动在贵州正式拉开帷幕，贵州省副省长王江平率省直有关部门负责人及27户贵州省国资委监管企业负责人组成的观摩团先后来到中电振华集团、开磷集团、乌江水电公司、茅台集团，看车间、看项目、看现场，观摩监管企业生产经营和项目建设情况，通过现场观摩，推动监管企业结对开展“比学赶帮超”活动，促进企业生产经营和改革发展。

2014年4月28～29日 贵州省国资委举行了监管企业第一次现场观摩活动。

五月

2014年5月7日 贵州久联企业集团有限责任公司、瓮福（集团）有限责任公司、贵州安大航空锻造有限责任公司、贵州航天精工制造有限公司、中国振华（集团）新云电子元器件有限责任公司5家企业列入工信部2014年度两化融合管理体系贯标试点。

2014年5月7日 贵州省国资委召开监管企业第二批党的群众路线教育实践活动推进会，传达学习中央党的群众路线教育实践活动视频会议精神，总结交流监管企业前一阶段教育实践活动开展情况，部署下一阶段工作。

2014年5月14日 上午贵州省委常委、省人民政府常务副省长谌贻琴主持召开“四个一体化”产业推进工作座谈会。王江平副省长出席会议并讲话，省政府办公厅吴勇副秘书长、省经济和信息化委、省发展改革委、省财政厅、省国土资源厅、省环境保护厅、省财政厅、省能源局、贵州电网公司和部分一体化项目企业负责人参加了会议。

2014年5月14日 由贵州省政府主办，省投促局、贵州省经信委承办的贵州·重庆装备制造产业投资项目推介会在重庆举行。

2014年5月29日 上午由贵州省国资委、贵州省经信委和久联集团在久联民爆公司九八五五分公司文化广场举行2014年“安全生产月”首日活动暨启动仪式，标志着贵州省国资委系统第十三个“安全生产月”活动正式开始。

2014年5月30日 下午由贵州省经信委主办、省工经联承办的“2014贵州省企业社会责任报告发布会”在贵阳召开。

2014年5月30日 黔北电厂映山红志愿者捐助金沙县八角小学。

六月

2014 年 6 月 3 ~ 4 日　为贯彻落实省直属机关党委关于深化党建帮扶工作有关要求，切实推进务川党建扶贫、同步小康工作。贵州省经信委中小企业发展促进中心主任、党支部书记白亿钢一行，在务川县经贸局领导的陪同下来到务川县砚山镇大桥村开展以“共帮扶，促发展”为主题的帮扶活动。

2014 年 6 月 10 日　上午，贵州省经济和信息化委员会在贵阳召开了全省经信系统生态文明建设工作推进会，贯彻落实全省生态文明建设大会精神，安排部署生态工业建设有关工作。

2014 年 6 月 10 日　贵州省国资委党委副书记、常务副主任谢谦，党委委员、副主任胡永忠到西南能矿集团指导督促比学赶帮超活动，在听取西南能矿、产投集团、黔晟国资、贵旅集团四户结对企业联合召开的比学赶帮超活动第二次推进会上的工作情况汇报后，谢谦同志高度肯定了四户企业相互帮扶、深化合作、抱团发展的做法及取得的成效。

2014 年 6 月 10 日　第四届“绿色中国 · 2014 环保成就奖”颁奖典礼揭晓，贵州茅台酒荣膺“2014 年绿色中国 · 杰出绿色健康食品奖”。

2014 年 6 月 12 日　在全国电力可靠性指标发布会上，贵阳供电局喜获殊荣，成为南方电网公司西部第一家供电可靠性金牌企业。

2014 年 6 月 13 日　为认真贯彻落实陈敏尔省长在开磷调研期间作出的重要指示精神，省经济和信息化委党组书记、主任李保芳在贵阳组织召开会议，专题研究开磷煤电磷（化）一体化循环经济技术改造项目推进有关工作。

2014 年 6 月 17 日　贵州省国资委监管企业与金融机构合作座谈会在贵阳召开。

2014 年 6 月 24 日　金元集团与上海电力学院共同签署了产学研全面合作协议。

七月

2014 年 7 月 1 日　贵州省属国有重点企业改革发展督导推进会议在贵

阳召开。省委副书记、省长陈敏尔出席会议并讲话。他强调，要深入贯彻落实习近平总书记系列重要指示，按照省委、省政府的决策部署，着眼发展全局，强化责任担当，不断推动省属国有企业改革发展取得新成果，为全省经济社会发展做出新贡献。

2014 年 7 月 15 日　经贵州省公路学会科技奖评审委员会评审通过，贵州路桥集团第四分公司与贵州省交通建设咨询监理有限公司思剑高速 ZJLB2 总监办联合完成的《贵州喀斯特地形深谷特高填方施工过程控制及完工后变形与稳定性的分析与研究》技术成果荣获贵州省公路学会科学颁发的科学技术奖二等奖。

2014 年 7 月 15 日　国资委宣布了首批四项改革试点企业名单。其中国家开发投资公司、中粮集团有限公司进行改组国有资本投资公司试点；中国医药集团总公司、中国建筑材料集团公司进行发展混合所有制经济试点；新兴际华集团有限公司、中国节能环保公司、中国医药集团总公司、中国建筑材料集团公司开展董事会行使高级管理人员选聘、业绩考核和薪酬管理职权试点；在国资委管理主要负责人的中央企业中选择 2 ~ 3 家开展派驻纪检组试点。

2014 年 7 月 19 日　由省政府指导，贵州省经信委主办的首场贵州白酒宣传推介活动在北京世纪金源大饭店隆重举行，标志着“走遍大地神州　醉美多彩贵州”——2014 黔酒中国行宣传推介活动正式启动。

2014 年 7 月 23 日　“国酒茅台·国之栋梁——2014 希望工程圆梦行动”大型公益助学活动启动仪式在北京举行。贵州茅台集团连续三年向中国青基会累计捐款达 3 亿元，资助 6 万名贫困大学新生圆梦大学。

2014 年 7 月 25 日　贵州省国防工业系统帮扶工作交流座谈会暨“职工服务帮扶中心”挂牌仪式在中电振华集团举行。

八月

2014 年 8 月 4 日　由贵州省经信委组织举办的全省信息化与工业化融合管理体系贯标培训会在贵阳市举行。会议特邀了工信部电子科学技术情报研究所专家到场授课，专家针对两化融合管理体系和评估指标提出的背景、原则、架构、应用与推广等方面进行了详细解读。贵阳市重点企业代表、市区（县）工信部门负责同志等共计80余人参加了培训。

2014年8月8日 贵州省国资委、省金融办在贵阳举办“借力资本市场助推贵州国企改革”会议。

2014年8月12日 由省政府指导，贵州省经信委主办的2014“醉美贵州”黔酒中国行宣传推介活动在广州隆重举行。

2014年8月20日 贵州省经信委党组成员、省国防工会主席孙建国带队到际华三五三七公司开展省国防工会“金秋助学”活动，为际华三五三七公司6户困难职工家庭送去一万八千元助学金，帮助困难职工家庭子女顺利进入大学就学。

2014年8月20日 工业和信息化部在贵阳组织召开贵州久联民爆器材发展股份有限公司研发的硝酸肼镍起爆药自动化生产装备科技成果鉴定会。

2014年8月22日 第五届力帆时骏集团“金秋助学”捐赠仪式在力帆时骏集团邓川厂内举行。

2014年8月28日 贵州省国资委团工委在乌江水电公司举行2014年系统企业团组织青年文明号风采巡展活动。

2014年8月29日 由贵州省政府指导、省经信委主办的2014黔酒中国行宣传推介会在兰州隆重举行，这是黔酒中国行活动继7月19日在北京、8月12日在广州宣传推介之后的第三站。

九月

2014年9月12日 贵州省经信委与省住建厅联合组织召开磷石膏建材产品推广应用工作会议。

2014年9月19日 为适应贵州省工业快速发展的形势，推动工业转型升级，全省第二次工业发展大会后，贵州省经信委根据省委、省政府的部署，对2011年印发实施的《贵州省工业十大产业振兴规划》进行了调整修订，正式批复《贵州省工业十大产业振兴规划（修订本）》。

2014 年 9 月 23 日 贵阳供电局车载 110 千伏自由组合式变电站带电试运行成功，成为南方电网公司首座正式投运的移动式变电站。

十月

2014 年 10 月 17 日 贵州全省扶贫开发领导小组表彰一批社会扶贫先进集体和先进个人，贵州省国资委系统企业开磷（集团）有限责任公司、中国烟草总公司贵州省公司、贵州省农村信用联社、中国贵州茅台酒厂（集团）有限责任公司、瓮福（集团）有限责任公司等 5 户企业榜上有名。

2014 年 10 月 17 日 茅台集团荣获“贵州省社会扶贫先进集体”称号。

2014 年 10 月 21 日 贵州省国资委党委副书记、常务副主任、省委全面深化改革领导小组办公室副主任（兼）黄秋斌到贵州盐业（集团）有限责任公司、西南能矿集团股份有限公司调研企业改革发展情况。

2014 年 10 月 27 日 茅台集团获中国公益广告黄河奖、“钻石级战略合作伙伴”称号及“突出贡献奖”。

2014 年 10 月 29 日 贵州省国资委党委副书记、常务副主任黄秋斌到七冶建设有限公司调研改革发展情况。七冶公司党委书记、董事长王生光重点汇报了企业股份制改革和贵州冶金建设公司改革发展有关情况。

2014 年 10 月 29 日 由贵州省国资委和中国工商银行贵州分行联合主办的助力国企改革金融服务推介会在贵州饭店举行。

2014 年 10 月底 国务院组建了由国务院副总理马凯为主任，国务委员王勇为副主任的国有企业改革领导小组，成员单位包括中组部、国资委、发改委、工信部、财政部、人社部、人民银行、证监会、银监会等，办公室设在国资委。该小组主要职责是贯彻落实党中央、国务院关于国企改革的工作部署，加强对国企改革的组织领导和指导把关，统筹研究和协调解决改革中的重大问题和难点问题，跟踪督促国企改革进展情况，及时提醒国企改革中需要注意的问题。

十一月

2014 年 11 月 4 日 上午 9：00～12：00，省大数据办组织召开了专题培训会议，专门邀请了阿里巴巴、中软国际有关技术专家，针对“云上贵州”系统平台产品进行了专题培训。

2014 年 11 月 11～12 日 为进一步落实民爆行业属地安全监督管理责任，使安全监管人员掌握行业监管知识，正确履行职责，确保全省民爆行业安全发展，贵州省经信委在清镇市举办贵州省民爆行业安全监管人员培训班。全省各市（州）及县级工信部门共计 140 余人参加培训。

2014 年 11 月 18 日 为了解掌握市州国资委在“转职能、转方式、转作风”方面的情况，贵州省国资委纪委在贵阳召开了市州国资委纪委负责人座谈会。会上，全省九个市州及贵安新区国资监管部门的纪委负责人分别介绍了各地目前监管企业情况，深化“三转”的做法、存在的问题及今后的对策和建议。

2014 年 11 月 21 日 贵州建工集团与国内太阳能、建筑节能技术等节能环保领域的领军企业——中国兴业太阳能技术控股有限公司签订战略合作协议。

2014 年 11 月 22 日 惠罗高速公路惠水至罗甸断杉段通过交工验收并通车，从贵阳到罗甸的车程将由 5 个小时缩短至 3 个小时。

2014 年 11 月 24 日 根据工业和信息化部、财政部制定的《技术创新示范企业认定管理办法（试行）》（工信部联科〔2010〕540 号），贵州省经信委组织了 5 家企业申报国家技术创新示范企业。经过审核，贵州航天电器股份有限公司成为 2014 年贵州省唯一一家获得国家技术创新示范企业称号的企业。截至目前贵州省已有 3 家企业获得此称号。

十二月

2014 年 12 月 1 日 《中华人民共和国安全生产法》（2014 年修订）正式实施。

2014年12月1日 贵州省人民政府在贵阳召开"全省信息基础设施建设三年会战动员视频会议"。王江平副省长在会上宣读陈敏尔省长的批示，代表省政府与9个市（州）政府、贵安新区管委会、中国电信贵州分公司、中国移动贵州公司、中国联通贵州省分公司、省广电网络公司分别签订会战目标任务责任书，并对全省信息基础设施建设三年会战进行动员和部署。

2014年12月3日 下午，贵州电力职业技术学院与黔北电厂本着资源共享、优势互补、相互协作、互惠互利、共同发展的原则，就校企合作达成协议，确定黔北发电厂为贵州电力职业学院的教学实习基地。

2014年12月8~12日 贵州省经信委党组成员、纪检组长，省委国防工委委员、纪工委书记刘合龙率领贵州省淘汰落后产能第二督察组工作人员，赴遵义市、铜仁市、黔东南州抽查2014年淘汰落后产能主体设备（生产线）拆除情况，对有关市（州）淘汰落后产能工作进行督察。

2014年12月11日 茅台酒股份有限公司荣膺"最佳股东回报上市公司"。

2014年12月12日 "茅台万元创业计划"落户深圳，"共青团创业中国暨茅台创业联盟深圳启动大会"成功召开。

2014年12月18日 茅台集团赤水河流域保护生态环保专项资金捐赠仪式在贵阳举行。从2014年起连续10年累计捐赠5亿元人民币，用于赤水河流域生态环境保护。

2014年12月19日 2014年贵州省"五型企业"创建工作现场交流会在贵阳卷烟厂召开，全省"五型企业"示范单位、2014年"五型企业"申报单位等50多家企业以及各市（州）政研会负责人120余人参加了会议。

2014年12月24日 贵州轮胎股份有限公司被评为"贵州省节能减排先进单位"。

2014年12月31日 国家能源局下达了《关于同意贵州省2014年火电建设规划实施方案的复函》（国能电力〔2014〕584号），同意大方二期一台66万千瓦机组纳入贵州省2014年火电建设规划。

❖ 皮书起源 ❖

“皮书”起源于十七、十八世纪的英国，主要指官方或社会组织正式发表的重要文件或报告，多以“白皮书”命名。在中国，“皮书”这一概念被社会广泛接受，并被成功运作、发展成为一种全新的出版形态，则源于中国社会科学院社会科学文献出版社。

❖ 皮书定义 ❖

皮书是对中国与世界发展状况和热点问题进行年度监测，以专业的角度、专家的视野和实证研究方法，针对某一领域或区域现状与发展态势展开分析和预测，具备原创性、实证性、专业性、连续性、前沿性、时效性等特点的公开出版物，由一系列权威研究报告组成。

❖ 皮书作者 ❖

皮书系列的作者以中国社会科学院、著名高校、地方社会科学院的研究人员为主，多为国内一流研究机构的权威专家学者，他们的看法和观点代表了学界对中国与世界的现实和未来最高水平的解读与分析。

❖ 皮书荣誉 ❖

皮书系列已成为社会科学文献出版社的著名图书品牌和中国社会科学院的知名学术品牌。2011 年，皮书系列正式列入“十二五”国家重点出版规划项目；2012~2015 年，重点皮书列入中国社会科学院承担的国家哲学社会科学创新工程项目；2016 年，46 种院外皮书使用“中国社会科学院创新工程学术出版项目”标识。

中国皮书网

www.pishu.cn

发布皮书研创资讯，传播皮书精彩内容
引领皮书出版潮流，打造皮书服务平台

栏目设置：

- □ 资讯：皮书动态、皮书观点、皮书数据、皮书报道、皮书发布、电子期刊
- □ 标准：皮书评价、皮书研究、皮书规范
- □ 服务：最新皮书、皮书书目、重点推荐、在线购书
- □ 链接：皮书数据库、皮书博客、皮书微博、在线书城
- □ 搜索：资讯、图书、研究动态、皮书专家、研创团队

中国皮书网依托皮书系列“权威、前沿、原创”的优质内容资源，通过文字、图片、音频、视频等多种元素，在皮书研创者、使用者之间搭建了一个成果展示、资源共享的互动平台。

自2005年12月正式上线以来，中国皮书网的IP访问量、PV浏览量与日俱增，受到海内外研究者、公务人员、商务人士以及专业读者的广泛关注。

2008年、2011年中国皮书网均在全国新闻出版业网站荣誉评选中获得“最具商业价值网站”称号；2012年，获得“出版业网站百强”称号。

2014年，中国皮书网与皮书数据库实现资源共享，端口合一，将提供更丰富的内容，更全面的服务。

法律声明